社 科 学 术 文 库

LIBRARY OF
ACADEMIC WORKS OF
SOCIAL SCIENCES

理论财政学

何振一 ◉ 著

中国社会科学出版社

图书在版编目（CIP）数据

理论财政学/何振一著 . —北京：中国社会科学出版社，2015.6
（社科学术文库）
ISBN 978 - 7 - 5161 - 6400 - 6

Ⅰ.①理…　Ⅱ.①何…　Ⅲ.①财政学　Ⅳ.①F810

中国版本图书馆 CIP 数据核字（2015）第 146949 号

出 版 人	赵剑英
责任编辑	王　曦
责任校对	孙洪波
责任印制	戴　宽

出　　版	中国社会科学出版社
社　　址	北京鼓楼西大街甲 158 号
邮　　编	100720
网　　址	http：//www.csspw.cn
发 行 部	010 - 84083685
门 市 部	010 - 84029450
经　　销	新华书店及其他书店

印刷装订	三河市君旺印务有限公司
版　　次	2015 年 6 月第 1 版
印　　次	2015 年 6 月第 1 次印刷

开　　本	710×1000　1/16
印　　张	16
插　　页	2
字　　数	279 千字
定　　价	60.00 元

凡购买中国社会科学出版社图书，如有质量问题请与本社营销中心联系调换
电话：010 - 84083683

目　　录

第一篇　财政关系质的研究
——社会共同需要论——

第二篇　财政关系量的研究
——客观数量界限论——

第三篇 财政关系现象形态的研究
——财政调节论与控制论——

第四篇　财政效果的研究
——社会效益论——

导　言

　　财政学既要探讨财政一般的本质和规律，又要探讨财政个别的本质和规律。财政一般寓于财政个别之中，但它并不是人类历史各个发展阶段上诸多财政个别的特殊本质和特殊形式的总括，而是对历史上出现的诸多财政个别的共同性质，或一般形式的概括。它仅仅是对财政在一切时代所共有的规定性的合理抽象。并且，"这个一般，或者说，经过比较而抽出来的共同点，本身就是有许多组成部分的、分别有不同规定的东西。其中有些属于一切时代，另一些是几个时代共有的，［有些］规定是最新时代和最古时代共有的。"① "任何一般只是大致地包括一切个别事物。任何个别都不能完全地包括在一般之中，如此等等。"② 因此，在财政研究中，对财政一般性质的认识，并不能代替对财政个别本质的认识。"一切生产阶段所共同的、被思维当做一般规定而确定下来的规定，是存在的，但是所谓一切生产的一般条件，不过是这些抽象要素，用这些要素不可能理解任何一个现实的历史的生产阶段。"③ 然而，这并不是说认识财政共同本质，研究财政一般是无关紧要的，由特殊的认识到一般的认识，再由一般的认识到特殊的认识，如果人的认识仅仅停留在对财政特殊本质的认识上，而不进一步认识财政一般本质，就会使财政的研究处于僵化状态，不能深化。研究财政一般的意义，不是用财政一般来代替财政特殊的研究，而是为了认识财政发展的共同规律，用以指导对各个财政特殊规律的认识，更好、更深刻地揭示各个历史阶段上财政的特殊本质和探索尚未认识的财政

---

① 《马克思恩格斯选集》第二卷，人民出版社 1972 年版，第 88 页。
② 《列宁选集》第二卷，人民出版社 1972 年版，第 713 页。
③ 《马克思恩格斯选集》第二卷，人民出版社 1972 年版，第 91 页。

特殊领域。毛泽东同志说："当着人们已经认识了这种共同的本质以后，就以这种共同的认识为指导，继续地向着尚未研究过的或者尚未深入地研究过的各种具体的事物进行研究，找出其特殊的本质。"① 同样，在财政研究中，也不能以财政个别的研究和概括，代替财政一般的研究和概括。所以，在财政研究的过程中，必须运用马克思主义的唯物辩证法原理，防止只重视财政一般，忽视财政特殊，用财政一般代替财政特殊的倾向；又要防止只承认财政特殊，只就财政发展的某一历史阶段上的特殊现象来概括财政范畴，否定财政一般的倾向。

一　财政一般的内涵与外延

财政个别的研究不能代替财政一般的研究，但研究财政一般并不能离开财政个别而抽象地去研究。人类的认识，总是从认识一个个具体事物的特殊矛盾开始，经过对各个具体事物的特殊矛盾之间的比较，逐步认识各种事物矛盾的共同本质，概括出共同规律。研究财政一般只能从财政个别入手，从人类社会各个历史阶段上的财政特殊去分析和认识。人类社会从产生财政起，到现在已经经历了原始氏族社会财政（后期是农村公社财政）、阶级社会财政和社会主义社会财政三个历史阶段，其中，阶级社会财政和社会主义社会财政，都是国家占据分配关系中的支配地位。因此，从财政分配中占据支配地位主体的表现形式来概括，又可以把这两个历史阶段的财政，概括为国家财政。纵观各个历史发展阶段上的财政，不论从表现形式上观察，或从矛盾运动的性质上看，都是千差万别的，各有其不同的特征，似乎毫无共性可言。但是，只要我们透过这五光十色的财政现象，对其各个特殊性进行比较，就会发现，"无论在不同社会阶段上分配如何不同，总是可以象在生产中那样提出一些共同的规定来，可以把一切历史差别混合和融化在一般人类规律之中。"② 如果把各个历史阶段上的，不同生产方式的特殊性给财政分配带来的特殊本质舍象掉，也不问财政的具体分配形式如何，不问由谁来代表社会执行财政分配职能，就会发现不

---

① 《毛泽东选集》四卷合订本，人民出版社 1964 年版，第 298 页。
② 《马克思恩格斯选集》第二卷，人民出版社 1972 年版，第 90 页。

同历史阶段上的各个财政特殊，有两点是共同的：（1）都是社会再生产过程中客观形成的，满足社会共同事务消费需要（以下简称社会共同需要）的分配；（2）都是以社会的代表占据支配地位而进行的，社会集中化的分配，反映的是社会与个人和社会集团之间的分配关系。这两个共同点用一句话概括，就是社会再生产过程中为满足社会共同需要而形成的社会集中化的分配关系，这就是财政范畴的一般本质或内涵。

财政范畴的内涵制约着财政外延，明确了财政内涵的规定性，也就明确了财政外延的规定性，凡符合财政内涵所规定的两个特征的分配，都属于财政分配范围。就是说，要从社会再生产的分配过程中占支配地位的主体和分配的目的两个方面的特征，来确定和认识财政外延。在诸分配关系中，同时符合这两个特征的，即凡以社会代表为占支配地位的主体的分配，又是以满足社会共同需要为目的的分配，都属于财政范围。财政外延受财政内涵所制约，是确定的，人们不能任意扩大或缩小。然而，财政外延所包括的各项具体内容，又是随着生产力的发展，生产方式的变迁，社会性质的变化而发展变化着。在一定的历史阶段中，某些事项是必须由社会集中去处理的，是属于社会共同事务范围的事，但在另一历史阶段上，原来的某些社会共同事务，就可能成为历史的陈迹，不再属于财政范围的事，而又会产生一些新的社会共同事务的需要。比如，在原始社会中，开一条小型水渠，甚至修一条饮用水的引水道，也要由社会出面集中人力、物力才能办到。在这种情况下，只能作为社会公共工程，由社会集中分配和使用人力、物力，进行建造，这当然属于财政分配范围的事。但到现代社会，由于生产力已达到相当高的程度，一条小型水渠已不必再由社会出面动员全社会力量，只要由某一单位，甚至某几个人就可以办成了，这样的事务已不再属于社会共同事务，因而它就退出了财政分配范围。财政内涵的稳定性与财政外延内容的变动性，这本来就是事物发展的规律。事物的内涵，是指事物的一般本质，它表现客观存在的事物是什么？是一事物区别于其他事物的内在的固有的规定性。事物的存在依赖于质，任何事物一旦失去了自己特定的质，它就不再是原来的事物，而变成另外一种事物了。事物质的规定性，是由事物内在的根本矛盾特殊性决定的，这一矛盾不到过程的终结是不能解决的。因而，事物的根本性质，事物的内涵在整个过程中是不会改变的。而事物的外延，事物的量，它表明事物的规模，以及构成成分等。量的规定性是以质为基础，但同一质可以在一定的限度内有不同的量，而量在质所允许范围内的变化，并不会导致质的根本变化。因此，在财政研究中，不能，也不应当把财政外延看成同内涵一样的确定不变。如果不是这样，就会使我们的认识僵化，妨碍财政学的发展。

二 社会共同需要的本质

社会共同事务需要，并不是人人都需要，更不是全社会人人在主观欲望和主观要求的总和。经济学上讲的需要，并不是人们在主观上对事物的欲望或要求，而是不以人们的主观意志为转移的客观要求。需要的性质和内容，都是由生产决定的，有什么样的生产，就有什么样的需要。古代王公贵族不论如何穷奢极欲，但他却不会有今天普通人的某些需要；现代人的某些引为自豪的需要，在未来的人看来，也可能显得十分可怜。新的需要总是生产发展的结果，都是一定社会的生产方式的产物。马克思说："生产资本的迅速增加，就要引起财富、奢侈、社会需要和社会享受等同样迅速的增长……。我们的需要和享受是由社会产生的。"① 需要是社会产生的一个客观范畴，作为社会需要的有机组成部分，社会共同事务消费的需要，同样也是生产的产物，由社会产生的客观范畴，它是社会发展到一定阶段上形成的社会自身存在和发展的客观需要。人类社会最初的结构是单一的，一个原始人群体就是一个社会，同时一个社会，即一个原始人群体就是一个生产单位和一个消费单位，社会单位、生产单位、消费单位是三位一体的，此时不存在独立于生产单位之外的社会共同事务，从而也就不存在社会共同事务消费的需要。而后，随着人类社会生产力的提高，原始人群体的扩大，社会的再生产组织结构发生了变化，社会不再是生产单位、消费单位、社会单位三位一体的组织，而是由几个原始人群体组成的几个生产单位和若干消费单位所构成的，社会单位与生产单位和消费单位分离了，在客观上就发生了独立于生产单位需要和消费单位需要之外的，社会共同事务的需要。所以，社会共同需要，它并不是普通意义上的大家都需要，也不是全社会个人需要和集团需要的机械加总，在阶级社会

① 《马克思恩格斯选集》第一卷，人民出版社 1972 年版，第 367—368 页。

中也不是各个阶级的共同需要，而是就社会总体或社会自身而言，是维持一定社会存在，一定社会再生产的正常进行，必须由社会集中组织的事务的需要，是一般的社会需要。社会需要按内容划分，不外是个人（集体）需要和社会一般需要两个部分。"在任何社会生产（例如，自然形成的印度公社，或秘鲁人的较多是人为发展的共产主义）中，总是能够区分出劳动的两个部分，一个部分的产品直接由生产者及其家属用于个人的消费，另一个部分即始终是剩余劳动的那个部分的产品，总是用来满足一般的社会需要，而不问这些剩余产品怎样分配，也不问谁执行这样社会需要的代表的职能。"① 社会共同需要就是这样一个理论抽象。不同社会下的社会共同需要具有不同的本质和不同的表现形式。在没有出现阶级之前的历史阶段中，社会的再生产过程中，人们之间是为了共同利益而分工合作的，社会的存在和发展是与个人利益和集团利益相一致的，社会共同需要反映的是社会总体利益与个人利益相一致的关系，在这个意义上才可以说，社会共同需要也就是全体人民的需要。当人类社会分裂为阶级之后，生产方式的性质改变了，剥削阶级占据生产关系的支配地位，剥削阶级是社会的主人，是社会的代表，被剥削阶级成了奴隶，在社会中失去了地位，剥削阶级与被剥削阶级之间的利益是对立的，剥削阶级社会的存在和发展与被剥削阶级的利益发生了分裂和冲突，从而社会共同需要的性质也就发生了根本变化，社会共同需要只是维持剥削阶级社会的存在和发展的需要，反映的是统治阶级利益与被统治阶级的利益的对抗关系。资产阶级经济学者的不正确性，就在于它抹杀了社会的阶级性，把社会看成是大家的事，是无阶级性的，从而抹杀了不同生产方式下的社会共同需要性质上的区别，否定了社会共同需要的阶级性，把社会共同需要看成是人人都需要，各个阶级都需要。在阶级社会中，剥削阶级在生产关系中处于支配地位，剥削阶级是社会的代表，社会是统治阶级的社会，并不属于劳动者。因而，从本质上说，社会共同需要，就是剥削阶级总体的需要，是与被剥削者的需要不相干的。当然，由于劳动人民同剥削者共处于剥削阶级社会这个统一体中，社会共同需要在一定条件下，劳动人民也会从中得到某些需要的满足，可是，这只能是在符合统治阶级根本利益和维护剥削阶级社

---

① 《马克思恩格斯全集》第 25 卷，人民出版社 1974 年版，第 992—993 页。

会存在和发展的必要的前提下，才能得到。同时，劳动者在社会共同事务中得到一些好处，如公共福利设施和文化体育设施等，又是以全体劳动者阶级付出更大的牺牲为条件的。在阶级社会中，劳动者是全部物质财富的创造者，全部社会共同需要的费用是由劳动者创造和承担，剥削阶级是一文不费的。劳动者与剥削者共同享受一些社会公共福利，并不能因此而改变社会共同事务对劳动者的剥削和压迫的性质，改变不了劳动者的奴隶地位。相反，劳动者在社会共同事务中享受越多，他们就要受更多的掠夺，要付出更多的劳动代价。在剥削阶级占统治地位的社会中，每一项新的社会共同事务、事项的发生和满足，都意味着对劳动者阶级更多的掠夺。

人类社会进入阶级社会后，不仅改变了社会共同需要的性质，而且也改变了社会共同需要的表现形式。原来社会共同事务需要，表现为社会中心执行社会职能的需要，而进入阶级社会后，产生了国家，国家成了统治社会的力量，"国家是整个社会的正式代表，是社会在一个有形的组织中的集中表现，但是，说国家是这样的，这仅仅是说，它是当时独自代表整个社会的那个阶级的国家"①。因而，社会共同事务的需要，则表现为国家实现职能的需要。国家产生之后，国家成了社会的主宰，引起了社会共同事务表现形式的转化，并不意味着对社会共同事务的否定，而是标志社会共同事务进入了一个新的历史阶段和增添了新的内容。因为，国家作为一种政治方量，作为阶级压迫工具，它的存在必须以执行社会职能为基础。恩格斯说："政治统治到处都是以执行某种社会职能为基础，而且政治统治只有在它执行了它的这种社会职能时才能持续下去。不管在波斯和印度兴起或衰落的专制政府有多少，它们中间每一个都十分清楚地知道自己首先是河谷灌溉的总的经营者，在那里，如果没有灌溉，农业是不可能进行的。只有文明的英国人才在印度忽视了这一点；他们听任灌溉渠道和水闸毁坏，现在，由于经常发生饥荒，他们最后才发现，他们忽视了唯一能使他们在印度的统治至少同他们前人的统治具有同等法律效力的那种行动。"② 而且，社会之所以产生国家，同样也是维持自身的存在和发展的客观需要。在阶级社会中剥削阶级与被剥削阶级之间的斗争，是对抗性矛

---

① 《马克思恩格斯选集》第三卷，人民出版社 1972 年版，第 320 页。
② 同上书，第 219 页。

盾，是你死我活的斗争，在这种情况下，没有国家这样一个剥削阶级的暴力手段，阶级社会一天也无法维持下去。"国家是表示：这个社会陷入了不可解决的自我矛盾，分裂为不可调和的对立面而又无力摆脱这些对立面。而为了使这些对立面，这些经济利益互相冲突的阶级，不致在无谓的斗争中把自己和社会消灭，就需要有一种表面上驾于社会之上的力量，这种力量应当缓和冲突，把冲突保持在'秩序'的范围以内；这种从社会中产生但又自居于社会之上并且日益同社会脱离的力量，就是国家。"①从这个意义上说，国家本身就是维持阶级社会存在和发展的一种社会共同事物，它的活动，它执行的职能本身也是维持阶级社会存在和发展的社会共同事务。关于这一点，马克思主义经典作家早已有明确的阐述。在阶级社会中，军队和法庭是镇压劳动人民的两大基本手段，是国家职能的基本组成部分，恩格斯很明确地把法律称之为"是社会共同的、由一定物质生产方式所产生的利益和需要的表现"②。在《反杜林论》中又更加明确地把国家的各项职能活动称之为社会共同事务。他说："在这个完全委身于劳动的大多数人之旁，形成了一个脱离直接生产劳动的阶级，它从事于社会的共同事务：劳动管理、政务、司法、科学、艺术等等。"③ 可见，国家产生之后，并不是对社会共同需要的否定，而是社会共同需要的变形。人类社会进入阶级社会后，社会共同需要的性质的改变及其表现形式的变化，正是财政发展史从无阶级社会财政，进入阶级社会财政历史阶段的根本标志。

三　国家与财政的关系

在阶级社会中，国家是社会共同事务职能的执行者，国家成了财政分配关系中占支配地位的主体，因而人们把阶级社会的财政称为国家财政。那么，能不能根据这一点，而得出国家财政是由国家产生的结论呢？仍然不能。因为，经济主体并不能决定经济关系；相反，任何经济

---

① 《马克思恩格斯选集》第四卷，人民出版社 1972 年版，第 166 页。
② 《马克思恩格斯全集》第 6 卷，人民出版社 1961 年版，第 292 页。
③ 《反杜林论》，人民出版社 1970 年版，第 278 页。

主体都是一定的生产方式的产物，都是客观的经济关系的体现。奴隶制社会是以奴隶主占有奴隶为特征的生产方式，奴隶制的产生并不是奴隶主创造的，而是生产力发展的结果，发生了奴隶占有关系，才产生了奴隶和奴隶主。在资本主义社会中，"资本家只是人格化的资本，他在生产过程中只是作为资本的承担者执行职能"①。是劳动力成为商品，出现了雇用劳动关系，才形成了资本家，而不是先有资本家才创造了资本关系。这一点我们从实践中也可以得到充分的证明。在我国对私人资本主义的社会主义改造中，并没有采取在肉体上消灭资本家的办法，而是采取改造生产资料资本主义所有制，消灭生产资料资本主义占有制度的办法，来实现消灭资本主义经济关系的目的。资本主义经济关系消灭了，资本家这个资本的承担者，资本关系的主体也就失去了存在的依托，也就不再是资本关系的主体了，但原来这些资本家仍然存在，我们逐渐才把他们改造成自食其力的劳动者。如果相反，采取在肉体上消灭资本家，而不改变生产资料资本主义占有关系，其结果只能是老的资本家消灭了，随之而来的必然要被新的资本家所代替，是无法消除资本主义制度的。在财政问题上同样，不是国家主体凭借政治权力创造了财政关系，而是财政关系性质的变化，财政关系的阶级性，使国家成为占支配地位的财政分配主体。

把经济关系的承担者，把经济主体看成是客观经济关系的创造者，不仅在理论上讲不通，而且在实践上也会造成一些消极影响，有可能造成人们忽视客观的经济关系的决定作用，忽视客观经济规律作用的倾向。经济规律是社会经济发展过程中，各种经济现象间的本质联系，是经济现象发展变化的内在必然性，而经济关系，则是人们在社会再生产过程中发生的，不以人们意志为转移的必然联系，因此，可以说经济规律不外是经济关系运动的必然性。如果认为经济主体可以创造经济关系，那么对经济主体来说，经济关系则不是客观的，而是经济主体意志的产物，这就必然会得出主体创造规律的不正确结论。财政问题上也一样，既然国家这个分配主体，可以凭借政治权力来创造出财政分配关系，当然也就创造财政分配规律，也就无所谓受财政规律的约束。有的

---

① 《马克思恩格斯全集》第 25 卷，人民出版社 1974 年版，第 925 页。

同志说，财政是由国家创造的，但财政关系是客观的，并不矛盾。只创造财政，不创造财政关系，那么财政又是什么呢？逻辑只能是这样，要不就是财政关系是客观的，国家主体不能创造，只能按客观财政规律办事；要不就是国家主体创造财政关系，财政关系和财政规律对国家来说，没有客观性。当然，国家作为上层建筑，对经济基础，对诸经济关系有着巨大的反作用，但反作用再大，也不能颠倒过来，到变成上层建筑创造经济基础的地步，其作用也只能是对经济关系的形成和发展，起着促进和推动作用，或者起着破坏和阻碍作用。恩格斯说："国家权力对于经济发展的反作用可能有三种：它可以沿着同一方向起作用，在这种情况下就会发展得比较快；它可以沿着相反方向起作用，在这种情况下它现在在每个大民族中经过一定的时期就都要遭到崩溃；或者是它可以阻碍经济发展沿着某些方向走，而推动它沿着另一种方向走，这三种情况归根到底还是归结为前两种情况中的一种。但是很明显，在第二和第三种情况下，政治权力能给经济发展造成巨大的损害，并能引起大量的人力和物力的浪费。"① 马克思主义不但没有认为政治权力的反作用可以创造经济关系；相反，却明确指出："不是暴力支配经济情况，而是相反地暴力被迫为经济情况服务。"②

四　财政的阶级性是怎样形成的

在阶级社会中，财政的阶级性是怎样产生的？是国家的阶级性决定的？还是财政本身所具有的？历史唯物主义者认为，是由于人类社会产生了阶级和阶级斗争才产生了国家，而不是由于国家存在而产生了阶级和阶级斗争，是经济基础的阶级性决定了上层建筑的阶级性。财政分配作为生产关系总体的有机组成部分，作为经济基础范畴，在阶级社会中，它本身就具有鲜明的阶级性，根本不需要上层建筑给它从外边打上阶级的烙印。认为否定了国家产生财政，就否定了阶级社会财政的阶级性是毫无道理的。阶级，首先是一个经济范畴，列宁说："所谓阶级，就是这样一些大

① 《马克思恩格斯选集》第四卷，人民出版社 1972 年版，第 483 页。
② 《反杜林论》，人民出版社 1970 年版，第 178 页。

的集团，这些集团在历史上一定社会生产体系中所处的地位不同，对生产资料的关系（这种关系大部分是在法律上明文规定了的）不同，在社会劳动组织中所起的作用不同，因而领得自己所支配的那份社会财富的方式和多寡也不同。"① 可见，阶级不过是生产资料私有制下生产关系的一个表现方面，生产资料私有制由此所引起的分配上的差别，是产生阶级的根源。恩格斯在分析原始社会向阶级社会过渡时说："在实行土地公有制的氏族公社或农村公社中，相当平等地分配产品，完全是不言而喻的；如果成员之间在分配方面发生了比较大的不平等，那么，这就已经是公社开始解体的标志了。""随着分配上的差别的出现，也就出现了阶级差别。"② 所以，在私有制下，财政作为社会再生产分配过程的一个特殊组成部分，它本身就具有鲜明的阶级性，至于财政分配中的阶级斗争，更不是国家决定的，它根源于在财政分配中的阶级性，根源于各个阶级都有着不同的经济利益，各阶级是共处于统一的社会再生产总体中，它们之间经济利益存在此消彼长的关系，各阶级都要尽可能地维护自己的经济利益，并且，在阶级社会中，任何一种分配关系，都是有利于统治阶级，而不利于被统治阶级的。在分配中，剥削阶级总是要尽可能多地占有劳动者创造的生产成果，而劳动者总是要尽力反抗剥削，减少剥削阶级的占有份额。财政分配更是这样，统治阶级总是千方百计把财政负担推到被剥削者头上，把财政分配作为无偿占有劳动者剩余产品的工具，这本身就充满着尖锐的阶级斗争。

五　国家职能不是财政研究的出发点

不从国家职能出发研究财政，而是把财政放在社会再生产总体中进行研究，把财政看成是社会再生产的重要组成部分，作为社会自身存在和发展的需要进行研究，这是马克思为财政理论研究留下的宝贵财产。在马克思之前，都是从国家职能出发来研究财政的，这并不奇怪：人们的认识总是要从个别出发然后认识一般，"对人类生活形式思索，从而对它的科学

---

① 《列宁选集》第四卷，人民出版社 1960 年版，第 10 页。
② 《反杜林论》，人民出版社 1970 年版，第 145 页。

分析，总是采取同实际发展相反的道路。这种思索是从事后开始的，就是说，是从发展过程的完成的结果开始的。"① 最初的财政研究，碰到的财政现象、现实完成的结果，都表现为国家实现其职能需要而进行的收支。因此，最初人们都是从国家为支配主体的分配活动出发来进行思索，把财政看成是纯国家的，是国家的附属物。这并不奇怪，这是符合认识的发展过程的，但不能停留在这种认识上，固守不放就不能使认识成为科学的。亚当·斯密在 1776 年发表了自己关于国民财富的本质和成因的著作，从而创立了财政学。在这以前，全部财政学都纯粹是国家的；国家经济被看做全部国家事务中的一个普通部门，从属于国家本身。亚当·斯密在财政研究上，比前人大大向前迈进了一步，不再把财政看成是纯国家的，而是把财政从国家的从属物中分离出来，作为独立的国家经济来研究，但是，斯密也并没有完全摆脱从国家出发研究财政的老框框，仍然把财政放在国家职能中去研究。因而，虽然创立了财政学，但并没有使财政学真正成为科学。马克思第一次把财政学的研究放到历史唯物主义基础上，财政学的研究才真正地摆脱了国家的框框，回到了社会再生产过程中，财政学才成为一门真正的科学。马克思虽然没有为我们留下一本专门的财政学著作，但是他已作了大量的研究和阐述，并作了系统的研究和写作的准备。已明确地为我们指明了，财政应当是作为社会再生产的有机组成部分，是就社会的再生产总体来研究的一个经济范畴，是社会集中化的分配。他在《政治经济学批判》导言中指出："资产阶级社会在国家形式上的概括。就它本身来考察。'非生产'阶级。税。国债。公的信用……"② 这一段话可以很明显地看出，马克思拟定在《资本论》中研究的国家经济，即财政问题，是把国家看成是资本主义社会的代表，是"资产阶级社会在国家形式上的概括"，是把财政作为资本主义社会总体考察的分配关系来研究的。

六　财政关系的质与量

　　财政研究不能只是质的分析，还必须进行量的研究，从质与量结合上

---

① 《马克思恩格斯全集》第 23 卷，人民出版社 1972 年版，第 92 页。
② 《马克思恩格斯选集》第二卷，人民出版社 1972 年版，第 111 页。

进行研究，才能更正确、更深刻地认识财政规律。任何事物都是质与量的统一体，没有无质之量，也没有无量之质。质和量是相互规定、相互制约的，质规定量的活动范围，不同的质的事物具有不同的量以及量的界限。质又是以一定的量为存在条件，任何事物的质都有一定的量的客观数量界限，如果量的变化突破了质所规定的数量界限，也就改变了事物的性质；反之，事物的质发生了变化，其数量界限也将随之变化。在财政研究中把量的研究放在重要地位，特别是在当前对财政分配数量关系的研究，还仅仅处于起步阶段，就更加必要。但在研究中，也必须防止脱离质的分析，而走向就量论量的数学游戏的道路。如果那样来研究财政数量，不仅无益，而且有害。质是一事物区别于他事物的固有的规定性，质是人们认识客观事物的基础，人们是借助事物之间的质的区别，才能把不同事物区别开来。并且，认识事物的质，也是认识事物量的基础和前提，离开对质的正确认识，也就无从正确认识量的规定性，例如，要研究财政占国民收入多大比重是正确的，就要首先弄清楚财政的内涵与外延的规定性，否则哪些属于财政职能范围的事，哪些不属于财政范围的事都弄不清楚，那么，你用任何优选法，再高深的计算，最优良的公式也是无济于事的，算出来的数，无从说明是否是最优比例。当然，对质的认识也不能代替对量的认识，并且对事物量的认识，又是对事物质的认识的深化和具体化的必要条件。财政学研究中，如果只有质的分析，原则的说明，而没有对质所规定的客观数量界限的具体分析，就不能很好地用财政理论指导实践，很难避免盲目性，毛泽东同志说过："对情况和问题一定要注意到它们的数量方面，要有基本的数量的分析。任何质量都表现为一定的数量，没有数量也就没有质量。我们有许多同志至今不懂得注意事物的数量方面，不懂得注意基本的统计、主要的百分比，不懂得注意决定事物质量的数量界限，一切都是胸中无'数'，结果就不能不犯错误。"①

　　事物也就是系统，一个系统是由许多要素构成的，因此，研究财政这一事物，这一系统，不仅要从总体上研究它的质，而且还要研究构成财政系统的各个要素的质，才能全面认识其规律。同样，研究财政量的规定性，不仅仅要研究财政系统总的数量界限，还要研究构成财政系统的各个

---

①　《毛泽东选集》合订本，人民出版社 1964 年版，第 1443 页。

要素的量的规定性，并且还要研究这些量的规定性之间的数量关系。财政作为社会再生产过程中的一个有机组成部分，相对于社会再生产这个大系统来说，财政又是这个大系统的一个子系统。因此，研究财政数量界限又必须把财政放在社会再生产系统中进行，认识财政与社会再生产这个大系统之间的数量关系，更要分析财政与社会再生产系统中其他要素之间的数量关系，这样才能正确和具体地认识财政各个数量的规定性，才能认识财政分配规律在数量上的表现。

第一篇
财政关系质的研究

——社会共同需要论——

第一章

财政起源与发展

第一节　氏族社会财政的形成

纵观人类社会发展的历史，财政不是从来就有的。它是社会发展到氏族社会阶段，社会的再生产组织结构从单一层次发展成多层次后，在社会中形成了独立于社会生产单位和消费单位之外的社会共同事务需要而产生的。

一　原始财政的萌芽

人类之初，生产力极其低下，单靠个人不可能取得足以维持生命需要的消费品，也无法抵御猛兽的侵袭，只有结成集体才能生存下去。因此，从人类产生之始就有社会。有社会存在似乎就应当有社会共同事务的存在。历史事实证明，人类社会之初，社会共同事务是不存在的。当时，由于生产力低下，人们征服自然的能力有限，完全是靠双手采集和猎取天然的植物和动物产品为生，基本上是从手到口的生产过程，因而，一个原始人群体，人数不可能太多，社会的再生产组织结构也很简单，一个原始人群体就是一个社会，同时也是一个生产单位和一个消费单位，社会、生产单位、消费单位是三位一体的。在这种社会组织层次单一的情况下，群体内每个人消费需要的满足，也就是整个社会需要的满足，不存在个人消费需要与社会共同需要的区分，当然也就没有财政。

经过一个漫长的岁月之后，人类征服自然的能力逐步提高，到蒙昧时期的中级阶段，发现了火，人类掌握了取火和用火的本领，能够用火加工食物和创造器具。火的发现和利用，对于人类社会的发展有着巨大的作用。恩格斯说："就世界性的解放作用而言，摩擦生火还是超过了蒸汽机，因为摩擦生火第一次使人支配了一种自然力，从而最终把人同动物界分开。"[1] 火的运用使人类食物的范围扩大了，比如鱼和蚌之类，只有用火加工，才能完全变成可以吃的东西。在我国古代有所谓燧人氏"钻燧取火，以化腥臊"[2] 的传说，说的就是发明发现了火的情况。食物范围扩大，食物数量的增加，就加速了原始人群体的繁衍，人数的增加，同时食物范围的扩大，也就扩大了原始人的生产领域。有了这两个条件，同一个原始人群体就出现了按年龄的自然分工，从事不同的生产活动。因而，年龄相近的同辈人之间，两性关系增多起来，并逐渐形成习惯，不同辈分之间的性关系被排除。这种按照辈分划分的婚姻集团，恩格斯把它称为"血缘家庭——这是家庭的第一个阶段"[3]，家庭的出现开始孕育原始人群体组织结构的改变。火的发现和运用，增强了人类同寒冷气候作斗争的能力，使原始人群体的生活空间和生产空间不受气候和地域的限制，创造了原始人群体在一定的地域内定居下来的条件。经过若干时候，原始人群体慢慢地定居下来，处于同一地域内的原始人群体之间，从偶然相遇发展到有比较多的联系，于是两性关系上又产生了新的因素，出现了原始人群体之间通婚的现象。随着时间的推移，这种婚姻关系，从个别的偶然现象，发展成普遍的经常现象。从而排斥了按辈分的血族群婚制，进而禁止了兄弟姊妹之间的性关系，实行了血族外的婚姻关系，莫尔根称之为普那路亚婚姻制。两个通婚的原始人群体，在同一血族内，各自都分化成以女子为核心的集团和以男子为核心的集团。每一个原始人群体内的这两个半边的男女，彼此绝对不能通婚，必须与另外一个血族组成的原始人群体的两个半边成婚。这样，原来的原始人群体就出现了新的组合，恩格斯说："每个原始家庭，至迟经过几代以后是一定要分裂的。原始共产制的共同的家庭经济……，决定着家庭公社的最大限度的规模，这种规模虽然依条件而变化，但是在每个地方都是相当确定的。不过，一旦发生同母所生子女之间不许有性交关系的观念，这种观念就一定要影响到旧家庭公社的分裂和

---

[1] 《马克思恩格斯选集》第三卷，人民出版社 1972 年版，第 154 页。
[2] 《韩非子校注》，江苏人民出版社 1982 年版，第 661 页。
[3] 《马克思恩格斯选集》第四卷，人民出版社 1972 年版，第 31 页。

新家庭公社的建立。"① 这个家庭公社就是原始人群体以直系血缘关系结合起来的社会集团，这就是氏族公社。氏族公社的出现，社会组织结构发生了新的变化，一个氏族是一个生产单位，也是一个消费单位，但它已不再是一个社会，而仅仅是组成社会的一个基本细胞单位。因为，氏族社会一开始，天然地就不能仅仅由一个氏族公社组成。在氏族内部禁止通婚的情况下，一个地域内，至少要有两个不同血缘关系的氏族存在，氏族才能存在和发展下去。并且，在前边讲过，氏族公社的出现或形成，是两个不同血统的原始人群体相互通婚的结果。所以，氏族社会一开始就是由两个氏族组成的群落。随着氏族人口的发展，一个血缘基础上的氏族，又要分化出两个或若干个新氏族，形成胞族。这样，在一个地域内，往往要存在着若干个氏族组成的氏族群落，这就是部落，部落才是一个独立的社会。恩格斯说："氏族一旦成为社会单位，那末差不多以不可克服的必然性（因为这是极其自然的）从这种单位中发展出氏族、胞族及部落的全部组织。"② 历史的事实正是这样，氏族社会的组织状况，恩格斯在《家庭、私有制和国家的起源》一书中，以及摩尔根所著《古代社会》一书中，都有详细的史料和分析。在我国民族学研究的材料中，以及考古的发现中，也都有大量例证。史实说明："我们凡遇见某一民族是把氏族作为社会单位时，我们也就可以去找出类似前面所讲的那种部落组织。"③ 社会差不多就是以不可阻挡的必然性，转化为有层次的组织结构。氏族社会组织结构的层次性，就造成了社会的生产和生活的组织活动同社会管理活动的分离，各氏族都是独立的，各管各的事情，每一个氏族内的生产和生活，都以各氏族为单位独立组织，由全体氏族成员共同生产，其成果共同耗费。但氏族之间又是相互联系，共同组成统一的社会，这就必然要发生每个氏族自己无法完成的社会共同事务，这些共同事务的执行，就成了部落的职能。这种社会的再生产组织结构的变化，社会共同事务需要的发生，也就必然引起分配关系的变化。"需要是同满足需要的手段一同发展的，并且是依靠这些手段发展的"④。"所谓的分配关系，是同生产过程的

---

① 《马克思恩格斯选集》第四卷，人民出版社 1972 年版，第 34 页。

② 同上书，第 92 页。

③ 同上。

④ 《马克思恩格斯全集》第 23 卷，人民出版社 1972 年版，第 559 页。

历史规定的特殊社会形式，以及人们在他们生活的再生产过程中互相所处的关系相适应的，并且是由这些形式和关系产生的。"① 在氏族社会的生产关系中，发生了由社会集中从事社会共同事务的需要，也就必然要产生满足社会共同事务需要的分配关系，这就产生了财政。当然，在氏族社会产生之后很长的一个时期内，氏族社会的规模还不是很大，氏族社会共同事务不仅不多，而且往往是一些临时发生的事务，并非经常存在，财政分配活动也不经常存在。并且，在发生社会共同事务时，也大都是由各氏族成员在生产之余进行，许多事情可以交由各氏族去完成，很少需要从各个氏族的生产成果中集中动员出一部分来满足。因此，尽管从社会总体的观点来看，社会劳动已分配为两个部分，一部分用来满足氏族成员个人消费需要，一部分用来满足社会共同需要，或社会一般需要。但这种分配毕竟还没有完全从各个氏族的生产和消费的活动中分离出来，所以，这时的财政仅仅处于萌芽形态。

二　原始财政的形成

当人类社会发展到蒙昧时期的最后阶段和野蛮时期的低级阶段后，氏族社会的生产力又有了很大发展，生产规模和生产的内容都进一步扩大了，这时，人们不仅掌握了植物种植，而且掌握了生产陶器等许多物质资料的生产技能。在我国西安半坡的母系氏族社会遗址的出土文物中，就发现有大量的生产和生活用工具，以及农产品。正如恩格斯在分析蒙昧时期高级阶段的情形时说的那样，"我们的确就可以看到，已经有定居而成村落的某些萌芽，以及对生活资料生产的某种程度的掌握，如：木制的容器和用具，用木质纤维作成的手工织物（没有织机），用树皮或芦苇编成的篮子，以及磨制的（新石器时代的）石器。火和石斧通常已经使人能够制造独木舟，有的地方已经使人能够用木材和木板来建筑房屋了。例如，在美洲西北部的印第安人中间，我们就可以看到这一切进步"② 。随着氏族社会的生产规模和生产范围或内容的扩大，部落要解决的共同事务也增加起来，比如随着生产力的提高，人口不断地增加，氏族社会内部派生出

---

① 《马克思恩格斯全集》第 25 卷，人民出版社 1974 年版，第 998 页。
② 《马克思恩格斯选集》第四卷，人民出版社 1972 年版，第 19 页。

来的新氏族数量也不断增加，各氏族之间及氏族成员之间，纠纷也就日益增多起来，这就增加了部落调解纠纷的工作量。再比如，人口增加，氏族数量增加，安排耕地的分配和公共的生产设施的建造等任务，也就日益繁重起来。随着社会共同事务增多，集体商议事项也增加起来，并且随着人口和氏族数量的增加，商议事情时，参加的成员也多了起来，这就要有大型集会的场所，公共活动的设施等。此外，在这个时期内，人们已积累了一些原始的医术经验，出现了专职为人们治病的人员，这种医疗虽然很原始幼稚，而且又都是和迷信巫术混杂，但毕竟是开始了社会医疗活动。此外，由于各氏族社会的人口增加和氏族个数的增多，以及生产范围的扩大，也使在同一地域内的不同部落之间，接触的机会增多，从而部落间的纠纷也就多起来。这样，不仅部落之间调解纠纷的社会共同事务增加了，而且，部落之间武装冲突的需要和保护部落、氏族安全的设施需要也经常化了。当时，武装冲突的频繁和激烈的情况，在我国神话传说中就有叙述。氏族社会各项社会共同事务的需要规模扩大和经常化之后，仅靠各氏族成员生产之余，交由各氏族分头实施是无法办到的，只有把各氏族的一部分人力和物力动员出来，集中使用，才能保证社会共同需要的满足。因而，满足社会共同需要的分配，终于全部从各个生产单位，即氏族内部的分配中分离出来，形成了独立的社会集中的分配活动，财政分配终于成为一个完整的独立形态。氏族社会财政规模，可以从我国考古学的成果中得到证实，例如在前边提到过的属于我国仰韶文化的西安半坡遗址，就是一个很好的实例。这个遗址仅发掘出的一小部分，总面积就约有五万平方米，其中可以看到许多公用设施，在村落中心是氏族成员的居住区，有密集的房屋，在居住房屋的中心部位，有一座面积约一百五十多平方米的大型房子，是公共集会的地方，有公共仓库和陶窑场，在村周围有一条深和宽都有五六米的大防御沟等设施。这些历史的遗迹说明，氏族社会发展到野蛮低级阶段，社会共同需要已有很大发展，满足社会共同需要的分配规模，也已相当可观。如果我们舍掉社会性质的不同，把这些公用设施和防御设施，与后来文明时代的财政分配维持的一些公用设施和防御设施相比，无疑，它已与文明时代财政相一致。可见，此时财政已不再处于萌芽状态，已发展成一个完整的植株。

第二节 农村公社时期财政的发展

随着岁月的推移，生产力的发展，原始社会氏族之间以血缘关系结成的部落，发展成为以地域关系结成的自由家族联合体村落，人类社会则进入了原始社会的尽头——农村公社阶段。财政分配关系又发生了新的变化。

农村公社时期，氏族社会生产方式和社会再生产的组织结构，又一次发生了大变化。第一，以前的氏族社会（包括母系氏族社会和后来的父系氏族社会）都是以血缘亲属关系建立起来的，而农村公社时期的社会是由不同姓氏、不同的血缘关系的氏族迁徙到同一个地域中建立起来的，是没有血统关系的各自由氏族联合体。第二，以前氏族社会中，社会组织结构由部落和氏族两级组成，各氏族是社会基层单位，一个氏族构成一个生产单位和一个消费单位。而农村公社时期，各氏族已不是生产单位和消费单位，已让位于一夫一妻制的家庭，社会组织结构形成了村社、氏族、家庭三个层次。第三，基本生产资料——土地，已经由全社会公有向氏族集体公有转化，形成了村社公有和家族集体所有混合形态。第四，在生产上是由各家庭分散经营。生产成果归一夫一妻制的家庭占有。马克思在谈到这一特点时说："不难了解，'农村公社'所固有的两重性能够成为它的强韧的生命的根源，因为，一方面，公有制以及由公有制发生的各种社会关系，使村社基础稳固；同时，私有房屋、耕地的分散经营、产物的私人占有等又使得个体获得发展。"① 产品归家庭占有，并不是私有制的出现，只是分配食物方式的改变，由家族统一分配改由家庭间的相互调剂。在社会进入农村公社时期后，在很长一段时期内，仍然是保持着原始共产制，就是到农村公社最后阶段，也还保留着原始共产互助的习惯，各家庭的生产成果在一定程度上，还是可以相互无偿动用的。这一点，在新中国成立前一些处于农村公社发展阶段的兄弟民族中，到处都可以看到，哪一个家庭的粮食吃光了，都可以到有粮人家的库中去取或讨，而被取走的家庭不会有任何意见。

---

① 马克思：《答维拉·查苏里奇的信》草稿，转引自《史学译丛》1955 年第 3 期，第 7 页。

　　由于农村公社时期的生产方式发生了上述一些变化，就造成农村公社的管理机构，作为社会组织，更加远离了生产单位和消费单位，已发展成单纯执行社会共同事务职能的纯社会组织，从而使财政分配也发生了新的变化：（1）财政分配职能的执行者不再是氏族公社或部落，而是农村公社这种纯社会组织。（2）由于生产物归家庭占有，氏族成了社会和社会基层单位家庭之间的中间环节，成了社会基层的管理机构。这样，氏族（家族）为了满足家族内分管的社会共同事务需要，也要进行财政收入的筹集活动，从而财政分配出现了社会中央和家族两个级次。（3）由于生产物归家庭占有，分散在各家庭保管，这样，不论是社会中央或家族为了满足社会共同需要，都已不再能直接动用各家庭的产品，而必须由社会中心通过一定形式从家庭集中起来方好使用，但当时并不直接从各家庭动员生产物，主要是通过从各家庭集中一部分人力，为社会共同需要进行生产的办法来解决。因为，以家庭为生产单位的出现，虽然是人类社会劳动生产率提高的标志，但这时的生产力毕竟还是有限的，仍然还很低下，许多家庭的生产物往往只够维持本家庭成员的生活需要，很少剩余，能够剩余的只是部分家庭，但是，在当时，从各家庭抽出一定人力集中起来，为满足社会共同需要进行生产，却是完全可能的。就是说，各家庭都存在着一定的剩余时间。因此，从各家庭抽调一定劳力为村社和家族分头耕种一定土地，以取得财政收入的形式，则成为农村公社财政分配的主要形式。此外，由于人们还保留着原始共产习惯，家庭占有，但并没有私有观念，一些有剩余产品的家庭，往往都在社会有共同需要时，志愿地把生产成果贡献给社会。所以，志愿贡献也是农村公社时期财政筹集收入的重要形式，而且越是农村公社发展后期，越成为重要形式。农村公社时期的社会组织状况及财政分配状况，可以从新中国成立前仍然处于原始社会后期阶段的一些兄弟民族历史的史实中得到进一步证实，例如，属于农村公社原生形态的云南省西盟佤族某些村寨情况，就是了解农村公社后期财政情况的生动实证，其中有一个村社，叫马散寨，它是由十多个不同姓的，不同血缘关系的氏族组成的一个原始农村公社。村寨由选举产生的大"窝郎"和若干小"窝郎"（往往是家族长）来领导和管理。每一氏族有一个家族长，由辈分最大和年长者担任，负责处理家族内的共同事务，出于家族的共同事务消费需要，往往保留一块共耕地由全家族成员耕种，收获成果归家族公用。全村寨的大"窝郎"负责主持村寨的公益事项，维护社会秩序和对外交涉、对外防御等社会共同事务。在大"窝郎"主持下，还设有从事共同事务的若干专职人员，例如，村寨设有一个公认的"奔柴"，意即"做鬼的"，专门负责宗教及治病等社会共同事务。还设有专门管理村寨收入的人员，负责公共财物收支。村寨共同事务需要，大体上通过两种方式来筹集，一种是实行共耕，开一片荒地由各户出劳力义务耕种，收获归村寨公有，用于社会共同事务开支。另一种是各家庭自由献纳，主要是针对某项共同需要，特别是大型的公共设施及防卫设施、宗教活动等需要，大体上都是采取这种办法。由各家庭直接出人出物，有时是全体社员志愿随意承担多少，有时是某些社员来自愿承担，例如佤族的村寨，一般是坐落在山坡和山顶上，没有井，他们的生活用水，都要把山泉引进村，一般是采用竹子修成水槽引水进村寨。村寨修水槽时，由村寨的大"窝郎"领全寨人员自动带上工具和竹木等物品进行修建。再如，佤族村寨的防御设施的工程也是很大的，一个大寨内往往又包括几个小寨，除小寨要修筑防卫寨墙外，整个村寨也要修筑寨墙、壕沟等防御设施。寨墙一般是用木材和荆棘等材料围起来的三至四米高的屏障，墙外挖掘二至三米深，三至四米宽的水沟，寨门外水沟上，架设吊桥，等等。修筑这种工程也和修水槽一样，由各户出人、出物进行。当发生村寨间武装冲突时，则全寨能参战的男子都自动带上武器参加战斗，由各家妇女给各家参战人员送饭，战争所需的其他费用，则动用村寨公有的财物。

　　佤族对原始宗教信仰很深，全寨每年宗教活动很多，这方面的社会共同需要的费用也很大，也是一项主要的财政开支。佤族的宗教活动不单纯是迷信活动，他们把它看成社会再生产所必需的活动。比如每年修引水槽时，就要"做水鬼"祈求全年风调雨顺，由"奔柴"杀鸡宰猪举祭。宗教活动所消耗的人力物力来源，小量的如治病和看卦等要杀鸡等消费，由"奔柴"自备；大型的活动所费，则靠有负担能力的家庭志愿提供。大的宗教活动都要剽牛祭神，并且耗费大量的米和酒。每次都由"奔柴"和愿意出牛出酒主祭的人商量，出多少牛，他们认为"剽牛"越多越好。因此，出牛主祭者往往都要把自己所有的牛都拿出去，并且耗费掉自己多年所积蓄的粮和酒，以致有的剽一次牛，马上就穷下来，连饭都没有吃的①。以上史实说明，农村公社时期财政，仍然是原始民主的财政，这里还看不到政治权力的干预。有的同志认为，农村公社的社会管理机构已成纯社会组织，这种纯社会组织就是国家。这种认识是不符合历史事实的，在农村公社中，作为阶级压迫工具的国家根本不存在。农村公社虽然基本生产资料——土地已大部分转化为家族集体所有，生产成果已归一夫一妻家庭所有，但人们并没有私有观念，还保留着原始共产的习惯，就是到了农村公社最后阶段，虽然已开始出现私有财产，但人们私有观念仍然很淡薄。这时的公社内部虽然有贫富差别的出现，但私有制度尚未最后确立，阶级也并没有形成。这一点，有大量历史材料可以作为证据。没有形成阶级，当然也就没有阶级斗争，那么作为阶级斗争不可调和产物的国家，怎么会产生呢？纯社会组织是和国家有着本质区别的，这是马克思主义早已肯定了的。恩格斯在谈原始农村公社平等时说："……至少没有社会阶级，这种平等在开化得比较晚的民族的原始农业公社中还继续存在着。"② 可见恩格斯并没有认为农村公社中存在阶级。恩格斯接着说："我依据摩尔根，详细地叙述了这种制度，因为我们在这里有可能研究还不知有国家的社会组织。国家是以一种与全体固定成员相脱离的特殊的公共权力为前提的，所以毛勒凭其正确的直觉，确认德意志的马尔克制度是一种纯粹社会的制度，虽然它以后大部分成了国家的基础，但在本质上它是和国家不同的。"③ 可见，原始社会财政从产生，直到发展到农村公社阶段，都是与国家没有因果关系的。

第三节　原始财政向国家财政的演变

农村公社的出现，标志着原始氏族社会开始解体，原始社会已发展到最后阶段，开始了从无阶级社会向阶级社会演变。社会发展的史实证明，国家并不是某一天的早晨突然出现在人世间的，它是随着原始社会瓦解和私有制的确立，在阶级形成和发展的过程中，阶级斗争日益激化的情况

---

① 以上材料主要是中国社会科学院经济研究所曾参加民族调查的朱家祯同志提供。另可参见田继周、罗之基著《西盟佤族社会形态》一书，云南人民出版社1980年版。

② 《马克思恩格斯全集》第20卷，人民出版社1971年版，第194页。

③ 《马克思恩格斯选集》第四卷，人民出版社1972年版，第91页。

下，从农村公社的社会组织基础上逐渐演变而来的。它是"靠部分地改造氏族制度的机关，部分地用设置新机关来排挤掉它们，并且最后全部以真正的国家权力机关来取代它们而发展起来的"①。同样，国家财政也是随着农村公社生产关系的发展变化，逐步从农村公社财政演变而形成的。它是由于原始共产制解体，私有制产生和发展，贫富分化日益扩大，富有者占据了社会关系的主导地位，引起社会共同需要的性质改变的结果。

国家财政从严格意义说，应当称为阶级社会财政，或阶级财政。国家与国家财政，都是在农村公社瓦解过程中形成的，两者的关系并不是国家创造了阶级财政，而是阶级财政的初步形成，为国家产生提供了经济条件，阶级财政是农村公社解体过程中产生的新的生产关系的组成部分，而国家是新的生产关系产生出来的上层建筑。因而，不是国家产生或国家萌芽之后，凭借其政治权力参与分配而形成了财政关系；相反，国家产生或萌芽要借助于阶级财政的支援。列宁说："任何社会制度，只有在一定阶级的财政支持下才会产生。"② 当然，国家的最初形成要以原始财政向阶级财政转化为经济基础，并不是说国家对阶级财政的形成完全处于消极地位。相反，国家一经形成，就必然要反作用于财政，积极保护和推动本阶级的财政发展，消除和改造不利于本阶级财政发展的因素，对加速阶级财政的形成和发展起着积极作用。国家和阶级财政相互之间，就是这样在原始社会的尽头辩证地萌发着。这种情况，从现代一些开化较晚、还处于原始社会后期发展阶段的一些民族历史资料中随处可见。农村公社发展的最后阶段中，随着主要生产资料从家族公有，逐步转化为家庭私有，一夫一妻父系家庭私有制的出现，各个家庭的富裕程度上的差别越来越明显，在农村公社内部出现了富裕户和贫困户的两极分化。富裕户借助自己富有，对农村公社的社会共同事务贡献大，而逐渐取代了原来依血缘关系推举的贫困的家族长，并且取得执行社会共同事务职能的带头人的地位。前边讲过，农村公社财政收入，大部分是通过社员自愿捐献方式筹集的，谁出得多，谁就可以取得办事的主持者地位，谁就会得到社会的称赞，往往会被推举为公益活动的主持人，就会在群众中提高威望。加之在农村公社中任

---

① 《马克思恩格斯选集》第四卷，人民出版社 1972 年版，第 105 页。
② 《列宁选集》第四卷，人民出版社 1960 年版，第 683 页。

公职，不仅是无报酬的，而且在执行公职、处理社会共同事务中发生的一些费用往往还要自备。比如，西盟佤族的习惯，寨中开会商量什么公共事务时，都要由主持人泡酒，边喝边议，最后议决了还要轮流喝酒，才算定下来，不喝酒不算数。这样，贫困户是无力承担公职的。因此，社员们往往从经常对公社财政贡献大、有能力承担执行公职费用的人中间推举村寨的公职人员。随着贫富差别的发展，富裕户对村社财政贡献越来越大，结果农村公社财政分配权逐步被富裕户所掌握，越来越多的公职权力被富裕户取得，贫困户逐步被排挤出去。富裕户就是这样靠自己富有，通过向农村公社财政多做贡献的方式取得公共权力的。富裕户借自己的富有取得村社的财政权力，借财政权力取得执行公职的权力后，就开始借助自己已取得的财政力量和公职权力，来取代和排挤原来在民主基础上自然形成的村寨领袖，并开始改造村寨执行社会共同事务职能的机构和设立新的机构、新的职能，以服务于富有者的利益。例如，在我国处于农村公社最后发展阶段上的少数民族中，他们的宗教信仰很深，富裕户往往都利用这一点，把宗教活动进一步神秘化，创造一些更加固定的新的宗教活动形式，把宗教活动和政治活动结合起来，使宗教活动变成为一种公共权力，以巩固已取得的权力和进一步取得村寨的公共职能。要建立新的职能，新的社会管理机构，就要发生新的消费，这主要的就要靠富裕户手中掌握的村寨的财政力量的支持，没有财政支持是办不到的。在云南勐海县布朗山的布朗族的农村公社发展史中，可以看到上述情况。在那里有一个老曼峨寨，寨中管理宗教事务，及婚丧之事的头人叫"召曼"，当富裕户借助财政力量取得村寨"召曼"地位后，就利用宗教活动，一方面巩固自己的地位，一方面把宗教活动和管理村寨职能结合起来，以控制或篡夺村寨的行政管理权力。例如，他们提高和尚的社会地位，赋予其干预村寨行政事务的权力，把和尚划分成几个等级，最高一级为"大和尚"叫佛爷，主持寺庙的全部宗教活动，并规定村寨主管"召曼"，不再由全体社员推选，而要听取神的意志，由佛爷主持下在庙中实行"神选"。村寨其他各头人的产生，都要经过佛爷拴线认可，这就用宗教色彩把本来是村寨的公职人员，披上了一件神的外衣，从而巩固了富裕户取得的执行社会共同事务权力的地位。富裕户则借助手中取得的财政力量，用宗教活动的名义，供给寺庙活动的费用，以维持其存在和发展。取得村寨权力的富裕户和寺庙佛爷之间，就是这样相互利用、相互依赖来逐渐篡夺村寨权力和改变社会共同事务的性质，来为富裕集团服务①。当富裕户借助财政力量取得并巩固自己的执行社会共同事务职能的地位后，反转来就又利用取得的地位，促进有利于富裕阶层的财政关系发展，改造不利于富裕阶层的财政关系，巩固已经形成了的阶级财政。例如，富裕户利用自愿捐献的财政筹款形式，可以取得村寨财政分配权和管理社会共同事务的权力，但当他们取得了社会权力后，如果再继续采用自愿捐献办法，就对他们不利了，因而，一旦他们巩固了自己的地位，就着手改变这种财政分配关系，变自愿捐献为按户摊派形式。这种按户规定固定数额的摊派形式，实际上就是捐税的一种雏形。这种摊派的出现，是国家萌芽后反作用于阶级财政的一个重要表现。所以，恩格斯说："为了维持这种公共权力，就需要公民缴纳费用——捐税。捐税是氏族社会所完全不知道的。"有的同志用恩格斯这句话来论证财政是国家产生的，恩格斯说的是由于国家出现，发生了捐税这种分配形式，并没有把捐税同财政等同起来。捐税只不过是财政发展史上特定阶段出现的一种分配形式，它既不是财政分配的最初形式，也不是财政分配的全部形式，这一点在本书第十章中将作进一步分析，这里不再赘述。就国家财政来说，最初，捐税也不是主要形式，在奴隶制国家中，捐税并不占财政收入的主要地位，而主要是靠直接掠夺奴隶劳动。所以，把恩格斯这句话理解成国家产生了财政，不仅不符合恩格斯本意，也不符合历史事实。

总之，历史事实说明，不是国家创造了阶级财政；相反，是阶级财政为国家的产生奠定了经济基础。当然，农村公社财政演变成阶级财政之后，财政分配的现象形态，也就从纯社会机关执行的社会集中化分配，逐步转化为国家执行的社会集中化的分配，国家成了社会共同需要的代表，从而社会共同需要性质被扭曲为国家职能的需要。当然，决定事物存在的，有内在的原因，又有外在的条件。如果不是就阶级财政产生的本源而言，仅就阶级财政所表现的现象形态而言，国家财政是要以国家的产生为外在条件的，没有国家也就没有国家执行分配的财政现象形态，从这个意

① 参见中国少数民族社会历史调查资料丛刊《布朗族社会历史调查》（二），《民族问题五种丛书》，云南省编辑委员会编，云南人民出版社 1982 年版。

义上说，没有国家，就没有国家财政，当然也是有道理的。

原始社会财政发展到阶级财政阶段以后，这是财政史上的一次根本性转折，从此，在财政分配活动中充满了阶级斗争，表现出鲜明的阶级性，与原始社会财政有着本质的区别。

第四节　阶级社会财政在各个发展阶段上的特殊性质

阶级社会财政，从现象上看，都是国家为了实现其职能需要而进行的分配活动。不过，阶级社会财政与阶级社会的三种不同形态相适应，它经历了奴隶制社会财政、封建制社会财政和资本主义社会财政三个历史阶段，具体地表现为三种不同类型的剥削阶级国家财政形态。阶级社会财政在这三个历史阶段上，由于各个社会形态下的生产关系性质不同，以及由此决定的社会再生产组织结构的差别，又各有其独特的性质和特征。

一　奴隶制国家财政

奴隶制国家财政是阶级社会财政发展的第一阶段。奴隶制社会中，奴隶占有制生产方式居支配地位。在这种生产方式下，其生产关系的特点是：（1）奴隶主占有全部生产资料，并占有奴隶本身和奴隶的全部劳动成果；（2）以使用奴隶劳动为物质资料的谋得方式，并且在非生产领域也使用奴隶劳动；（3）主要生产资料——土地，实行以国王为代表的奴隶主阶级集体私有制，所谓"溥天之下，莫非王土；率土之滨，莫非王臣"[1]，就是对我国奴隶社会所有制状况的描述。奴隶社会生产关系的这些特点，决定了奴隶制国家财政的本质和特点。

首先，由于奴隶社会的所有制的特征，是以国王为代表的奴隶主集体私有制，表现为国王所有制，国王就是奴隶主阶级总体的体现，就是国家的代表，"朕即国家"，也是奴隶社会的代表。国家、社会，奴隶主阶级总体三位一体，集中于国王一个人身上，因而，国王的需要，也是奴隶主阶级总体的需要，又是奴隶社会的共同需要，这就造成了奴隶社会财政具有国家财政收支与图王个人收支不分的特征。

---

[1]　《诗经·小雅·北山》。

其次，由于以使用奴隶劳动为物质资料的谋得方式，并且国王代表奴隶主阶级，本身就是最大的奴隶主，占有最大数量的奴隶，因此，奴隶制国家财政分配，又具有直接使用奴隶劳动、直接占有和支配奴隶劳动成果的特征。

最后，奴隶制社会的生产资料所有制形式，虽然表现为国王所有制，但并不是国王直接占有和使用全部土地和奴隶，而是把土地和奴隶分封给各个奴隶主管理和使用，被分封的大小奴隶主，既从属于天子，又是一个独立的土地和奴隶的占有者，在这种经济关系下，国王并不直接在初次分配中支配从属于他的奴隶劳动生产物，而是归各分封的奴隶主占有和支配，然后由各受分封的奴隶主向国王进献一部分产物，这就是贡纳形式。所以，有人说奴隶社会的财政分配形式主要是贡，是有一定道理的。不过应当说，从贡所占财政收入的比重来说，并不是主要形式，主要形式还是直接支配奴隶劳动。

综合上述特点可以看出，奴隶社会中，奴隶只是奴隶主阶级手中的会说话的工具，没有任何社会地位，奴隶主阶级才是社会主人，奴隶社会只是奴隶主阶级的社会，奴隶社会的社会共同事务，就是维护奴隶主统治的利益。奴隶社会的国家财政，不过是奴隶社会为了满足维持自身的存在和发展，所必须从事的社会共同事务需要，而由奴隶制国家执行的社会集中化的分配，其本质是奴隶主阶级为其整体利益而对奴隶劳动及其成果的掠夺。

二　封建制国家财政

封建社会是以封建生产方式，即以封建地主阶级剥削农民为基本的物质资料谋得方式占统治地位的社会。封建生产方式的特征，给封建制国家财政分配带来新的特征和性质。

封建生产方式的基本特征是：（1）封建地主阶级占有绝大部分土地和不完全占有生产者，农奴或农民虽然有自己的生产资料，不再是奴隶，但他们得以耕种部分土地，是以人身依附于封建主为条件，人身并没有完全的自由，只不过封建主不再能把他们看作会说话的工具，任意屠杀他们。在封建社会中，农奴或农民，实际上只不过是封建地主阶级的附属物，他们没有任何社会地位，仍然处于被奴役的地位，只有封建主才是社会的主人，他们才是封建社会生产关系的代表。所以，封建社会的共同事务的需要，不过是维护封建地主阶级整体利益的需要，因而，封建社会的财政，就是封建社会为了维持其自身的存在和发展，由封建地主阶级执行的社会集中化的分配，其实质是地主阶级为其整体利益而对农奴或农民的劳动成果的剥削关系。

（2）封建生产方式在不同的国家里，或在同一国家的不同的历史时期里，又具有领主制经济和地主制经济两种具体形式。两种形式从本质上说是一样的。但这种形式上的差别，却给财政分配带来不同的特点，或者说经济形式上的差别，也给财政形式带来差别。

领主经济形式，是封建领主在他的领地上，建立剥削农奴的经济组织形式，是以封建领地、农奴制和庄园经营为特征。这种经济形式在西欧中世纪一些封建国家中最为典型。国王是全部土地的支配者，他把土地封赐给贵族、臣属等占有，受封者还可以把所得到土地的一部分再行封赐给其属下。大大小小的受封者就成为大大小小的领主，各领主在自己封土范围内，设官治事，管理这个地区的社会共同事务，即拥有国家的管理权力。领主对国王的义务，则是听从国王的调遣和向国王纳贡。这种封建生产方式的具体形式，使财政分配具有如下特点：第一，在同一社会内部，出现了财政分配的块块割据，除全国财政即国王的财政之外，还有若干大小不等的领主的区域性财政；第二，由于领主经济形式的封建社会，仍然是国王及领主就是国家，因此，财政分配和奴隶社会财政一样，也具有国家财政收支与国王及各领主个人收支不分的特征；第三，领主经济下，各领主把自己的土地分给农奴耕种，留一部分土地由农民提供劳役地租来耕种，收获归领主所有，有时还可以直接使用农奴劳力为其服务。这就决定于财政收入主要是农奴的劳役地租和各领主交纳的贡赋，并以分配农奴劳力为基本特征。

地主经济形式是土地归地主私有，地主将土地租给农民，对农民收取地租的剥削制度。地主经济形式下，国王是最大的地主，但他已不再是全国土地所有者，不再是地主阶级集体私有的代表，只是地主之一。因而，国王作为地主中的一员，他本身的消耗需要就不再等同社会和国家的需要，只有在他执行国家职能时的消费，他才代表社会共同事务的需要。这样，国家财政收支与国王个人收支分开才有客观可能。我国的史实证明了这一点。在我国封建社会中，是否存在过领主经济阶段问题，在史学界有不同意见，并且这一争论又和中国历史分期的争论，奴隶制从什么时候开始，到什么时候结束的争论交织在一起。这个问题并不是本书所要涉及的，这里不去分析。不过，尽管各家观点很不一致，但有一点是一致的，那就是从秦以后是封建地主经济，这是公认的。从各家运用的史料来看，在秦之前，国家财政收支与国王个人收支是不分的，而从秦开始分开了，这一点也是一致的。秦始皇结束了诸侯割据的状态，建立了中央集权的统一的封建国家。秦朝开始设郡县，由中央派官吏去管理，官吏食国家俸禄，从而废除了各封建主个人收支与国家财政收支不分的状态。至汉初，则进一步在中央也划分了皇室经费与国家经费的界限，把皇帝个人收支与国家财政收支分开。在管理人员上也分开了，管理国家财政的专职机关叫"治粟内史"，据《汉书》记载，"治粟内史，秦官，掌谷、货，有两丞。景帝后元年，更名大农令。武帝太初元年更名大司农。属官有太仓、均输、平准、都内、藉田五令丞。"① 管君主私用的机关叫"少府"，《汉书》记载："少府，秦官，掌山海池泽之税，以给供养"②，所以，地主经济形式下的财政，国王收支和国家收支分开是一个重要特点。

封建地主经济的剥削是以土地归家庭私有为依据的，靠土地占有权来束缚农民于土地上，以剥削农民。这种经济关系决定了财政分配，必然要以土地为依据，按土地多少征税为主要特征。在我国的春秋战国时期，开始了向封建地主经济形式的转化，鲁宣公十五年（公元前594年）实行了初税亩，③ 就是按土地多少征取财政收入的一种分配形式。按土地多少纳税，这是土地私有制完全确立的表现。从此财政收入才与地租分开，这是财政分配形式的一个大转折，标志着财政分配彻底与生产资料所有权分离，不再依靠生产资料占有为手段，而仅靠国家代表社会，执行社会共同事务职能的资格和权力。此外，封建生产方式是自然经济，商品经济不发达，因此，财政分配主要是直接分配实物和劳力，这也是封建财政的一个重要特征。

---

① 《汉书·百官公卿表上》。
② 同上。
③ 参见《左传·宣公十五年》。

三　资本主义国家财政

资本主义生产方式是资产阶级占有生产资料和全部生产成果，并利用其占有的生产资料作为资本，以雇佣劳动者进行剩余价值的生产为主要特征的物质资料谋得方式。在这种生产方式下，资产阶级是生产的主人，处于资本主义生产关系的支配地位，而无产阶级除了自己的劳动力以外一无所有，只有受雇于资本家才能谋得自己必需的生活资料。因而，在资本主义生产关系中处于从属地位的无产阶级，是资本主义社会的奴隶，资本主义社会并不属于他们，资本主义社会只属于资产阶级。所以，维护资本主义社会存在和发展所必需的社会共同事务，实质是资产阶级整体利益的需要，决定了资本主义财政的本质不过是资产阶级国家为本阶级的整体利益而对广大劳动者的剥削和掠夺而已。

资本主义制度是建立在商品生产高度发展基础上的，商品生产占统治地位，一切都采取商品形式，连劳动力也成为商品，买卖原则支配一切，商品货币关系是经济活动的基本表现形式，资本主义经济的这一特点，给资本主义财政分配带来了新的特征。

商品货币关系是经济活动的基本表现形式，这就使资本主义国家财政分配客体货币形态化，财政分配完全通过货币收支表现出来。由于资本主义财政分配这一特点，从而也带来了另一特点，就是可以从流通中取得大量的财政收入。前资本主义社会的国家财政，主要是从生产领域中取得收入，从流通中取得的收入数量是极其有限的。到资本主义社会，流通领域已成为财政收入的一项重要来源。从流通中取得收入，一方面是从商品交换过程中，对商品课税取得，一方面是利用货币发行权，利用货币发行来取得财政收入。在前资本主义时期，许多国家曾利用过货币的铸造特权，实行铸币贬损来取得财政收入，但由于当时商品交换不发展，加之当时还是以贵金属为货币材料，国家用铸币贬损办法也只能取得一次性收入。因此，当时用货币铸造权取得财政收入是有限的。而到了资本主义社会时期，商品货币关系高度发展，实行纸币流通的情况下则不同了，资产阶级国家可以利用大量非经济发行造成通货膨胀的办法，通过再分配来搜刮劳动人民的腰包，源源不绝地取得财政收入。在资本主义之前，剥削阶级国家要加大财政收入，主要是靠通过增加租税和徭役的办法，直接加重对劳动人民的掠夺，其掠夺性是明显的。而资本主义财政，通过纸币发行方式来增加财政收入，虽然归根到底也是对劳动人民掠夺，但却由于它是一种间接掠夺方式，就给这种掠夺蒙上了一层迷雾。这是研究资本主义财政必须要注意的。货币发行是要通过银行贷款才能投放出去，所以，在资本主义国家中，财政从流通中取得收入时，并不是直接由财政投放货币，往往是采取国家信用方式来取得，即把政府公债卖给银行的办法。

　　资本主义国家信用是借贷资本运动的一种特殊形式。国家发行债券由银行购买，似乎是会减少银行贷款能力，不会增加货币投放。事实恰恰相反，国家信用不仅为过剩的借贷资本提供有利的投放场所，同时，也创造了一笔虚拟资本扩大了借贷资本的贷款能量。因为，当中央银行承购政府债券后，相应地在政府账户上记上一笔存款，就等于中央银行交给政府一笔货币，政府就可以在使用存款的形式下进行各项开支，而政府用款后，就向流通中投入了相应的货币，当这笔货币完成一次交换后，一部分可能就停留在流通中继续发挥流通手段职能，大部分就可能存入银行来扩大银行的存款余额，就会使银行自己的存款及他们在中央银行的存款余额都有所增加，从而增加了贷款能力，通过银行贷款方式，又把新的货币投入流通。经过借贷者使用后，一部分货币停留在流通中，另一部分又回到银行，银行又把它贷放出去。如此往复，不仅不断地增加着现金投放，而且增加着银行信用存款，增加着非现金货币，使整个流通中货币量膨胀起来，所以，可以说，资本主义国家信用本质就是实行通货膨胀。货币仅仅是商品的一般等价物，特别是纸币，仅仅是代替货币用以交换的符号，纸币本身，既不能吃喝，也不能当材料用，政府通过发行国债，从中央银行取得货币后，是要换回商品来消费的。然而，社会上的可用商品，并不因政府发债券而有所增加，相反，却被政府消费掉一部分。这样，必然引起物价上涨，使劳动人民用同额货币，只能购买比原来少得多的商品，资本主义财政就是这样用迂回的办法，对劳动人民进行掠夺。所以，资本主义国债，实际上是变相的捐税，政府每一新的债券的发行，都意味着对劳动人民增加一次新的捐税。

第二章

社会主义财政的特点和范围

第一节 社会主义财政的形成和特点

社会主义生产资料公有制的建立，并不意味着全社会统一成为一个生产单位，或一个经济实体，而是仍然存在着社会单位与生产单位、消费单位的分离，存在着社会共同事务消费的需要，从而媒介生产与社会共同事务消费的分配关系，也就必然随着社会主义生产方式的产生而形成。

在马克思、恩格斯所创建的科学社会主义学说中，关于社会主义经济的科学构想是，在无产阶级革命胜利后，所建立的社会主义社会的生产资料所有制形式，是完全的全民所有制，全体劳动者在占有全部生产资料的基础上，在社会范围内实行劳动者与生产资料的直接结合的联合劳动。在这里，任何自由人的劳动都是直接的社会劳动，并对生产品在社会范围内实行统一的分配，只是由于社会主义社会刚刚从资本主义社会中产生出来，它在经济、道德和精神等方面，都还带着旧社会的痕迹，加之生产力水平一时还达不到应有的高度，产品还不能像洪流般涌出，劳动者个人消费品的分配，还不能按需分配，只能按劳分配。就是说，按照马克思、恩格斯的科学构想，在社会主义社会中，在消费领域内由于实行按劳分配，必然还存在着消费单位与社会单位分离之外，生产单位与社会单位已成为一体，不再存在生产单位与社会单位分离的情况。社会共同事务仅仅相对于个人或家庭消费事务而独立存在，它与直接物质生产过程的事务已经融合为一体。因而，在社会主义社会，财政已经进入半消失状态。在未来的共产主义社会中是否存在财政，笔者知识有限，无从预见。但有一点可以肯定，财政的存在是以存在社会单位与生产单位、消费单位分离，形成社会共同事务需要为条件的。当社会单位与生产单位、消费单位的分离一旦消失，那么，独立的纯社会的共同事务消费也就和社会再生产的一般消费融合了，财政也就失去了存在条件。

马克思、恩格斯关于社会主义社会中的公有制、联合劳动和按劳分配等科学构想，经过共产主义运动实践证明是正确的，是符合社会发展规律的。但是，实践的经验又证明，在社会主义社会中，还要存在社会单位与生产单位分离。把社会组成一个生产单位是不可能的。因为，第一，在社会主义历史阶段，由于生产力水平的原因，不可能实现完全的单一的全民所有制，必然还要存在各种非全民所有制的经济形式。因而，社会再生产就不可能以社会为单位来实现，必然要通过多元的经济实体或生产单位来实现。第二，虽然由于社会主义生产资料公有制的建立，消除了资本主义社会所固有的社会化大生产与私人占有之间的矛盾，从而消除了生产无政府状态的根源，有计划、按比例地在全社会范围内统一组织再生产过程，不仅成为可能，而且成为客观要求。社会主义国家可以自觉地从社会总体上，对社会再生产过程进行组织和调节，保障国民经济按比例地发展。但是，由于生产力水平还没有达到应有的高度，劳动者之间的劳动，还存在着质量上的差别，还不能直接成为社会必要劳动，社会分工不仅必要，而且还在继续发展之中，因此，仍然需要按社会分工规律的要求，组织不同的生产单位进行社会再生产。社会分工是生产力发展的结果，也要随着生产力的发展而最终消失。随着生产力的发展，社会分工也随之发展，当生产力发展到应有的高度后，随着物质生产条件差异的逐渐缩小，每一个自由劳动者智力高度发展，劳动质量的差异逐渐缩小，现代的社会分工才会逐渐走向消失。在一些发达的资本主义国家中，出现了全部使用机器人的无人生产车间和社会劳动的智力发展趋向，由此推想，似乎可以看出这一发展方向的可能性。但社会分工最终消失，还要经过一个漫长的历史阶段才能实现。在现代社会的分工开始走向消失的条件成熟之前，社会分工不仅要继续存在，而且，还要随生产力发展而向更充分程度发展。社会主义社会是社会化大生产、社会分工已有较高的发展并将继续发展的社会，随着生产力的发展，生产领域不断扩大，生产部门和种类也要不断扩大，社会分工必然要更细。在这种情况下，社会生产的产品不仅种类成千上万，越来越多，规格款式也会越来越浩繁，并且，生产不同产品所需要的物质和技术条件也是千差万别，所用的方法也各不相同，各自的生产过程的运动规律也不尽相同，这样纷繁的社会再生产过程，都由社会中心统一、具体地组织和安排是不可能的。社会中心只能按照社会主义生产目的的要求，自觉地按照社会再生产的客观需要的比例，有计划地对社会再生产总过程进行宏观控制和调节，而其余的各项具体生产经营活动，则只能按照社会分工的要求，把不同份额的生产资料和劳动者，分别组成不同的经济实体（企业），使劳动者在企业范围内同生产资料结合，进行联合劳动，由各企业的劳动者独立自主地进行生产经营，才能使社会再生产沿着最节约和最有效地满足社会需要的方向发展。社会主义这种生产资料的使用形式和生产劳动组织的特点，决定了社会单位与生产单位的分离。第三，社会主义社会，消费品的分配只能是按劳分配和各个独立经营的经济实体的存在，这在客观上就存在着企业之间、企业内部劳动者之间，以及社会整体与企业和劳动者个人之间经济利益上的差别。利益上的差别必然反映为分配上的差别，从而也就必然引起不同分配关系的存在，引起社会共同需要分配分离于社会再生产过程的其他分配之外。

总之，在社会主义社会，存在着社会再生产组织结构的层次性，生产单位和消费单位与社会单位的分离，也就必然引起生产单位和消费单位的事务与社会共同事务的分离，从而决定了媒介生产与社会共同事务消费的分配关系的存在。因此，随着社会主义生产方式的建立，也就形成了社会主义财政关系。

阶级社会财政转变为社会主义社会财政，这是财政发展史上又一次根本性的变革，这一变革，使财政进入一个崭新的发展阶段，它与剥削阶级社会财政相比，其本质发生了根本的变化。

（1）社会主义社会推翻了剥削阶级的统治，全体人民成了社会的主人，原来被阶级社会所扭曲了的社会共同需要性质，又恢复了与人民总体利益需要的一致性，体现了人民大众为了社会共同利益而互相合作的关系。

（2）在生产资料私有制的社会中，直接的物质生产过程是私人的事情，因此，积累这个社会进步职能，也变成私人的事情，不再是社会共同事务，财政只是内在于社会的再生产过程之中，而却外在于直接物质再生产过程之旁。尽管在资本主义社会中，国家为了保护和促进资本主义社会再生产的顺利进行，也兴办一些旨在保证资产阶级利益的、保证资本家取得更多的剩余价值所不可缺少的那些盈利很少，或在一定时期内不能盈利甚至亏损的经济事业，然而，这些事业对资本主义国民经济整体来说是极其有限的，并且，对私人资本经济来说，也仍然是一个外在的经济条件，并不构成其物质生产过程的内在因素，所以资本主义国家财政办一些经济事业，并不能改变问题的性质。在社会主义社会，全民所有制经济占主导地位，这里的生产已不再是私人的事情，因而，全民所有制的积累成了社会共同事务，成为社会共同需要，致使财政分配不仅是内在于社会的再生产过程，而且也成了物质再生产的内在条件。

（3）随着全民所有制积累职能成为社会共同事务，社会主义财政分配也就扩大到社会主义生产条件的分配领域，从而也就进入了直接的物质生产过程，就使社会主义财政，不仅与社会主义社会的再生产过程的各个方面发生相互制约作用，而且在国民收入分配过程中，对积累与消费两个方面的需要都有着媒介作用，能够调节国民经济的各项基本比例。这样，社会主义财政相对于阶级社会仅仅具有媒介生产与消费功能的财政来说，已经转化为具有调节国民经济综合功能的财政。薄一波同志在 1979 年 12 月给中国财政学会成立大会的题词中说："综合财政也是科学，主要是研究提高管理财政的科学理论和技能，为我国的四个现代化贡献力量。"这就是从上述的社会主义财政的特征出发提出来的。综合财政并不是说一切分配都要纳入财政体系，因为如果是这样，就会把财政分配和国民经济分配混为一谈了，从而也就取消了财政。

第二节　社会主义商品经济下的财政范围

财政分配范围，是指财政分配的外延，社会再生产过程的各项分配活动，哪些属于财政，是由财政的内涵所决定的。本书导言中谈过，财政一般本质，是社会再生产过程中为满足社会共同需要而形成的，以社会为占支配地位主体的分配关系。它包括两个基本规定性，一是满足社会共同需要的分配，一是社会为占支配地位主体的社会集中化的分配。财政的这两个基本规定性，是区分财政分配与其他分配的根本标志。只有同时具备了这两个基本特征的分配，才属于财政分配范围。

一　财政和财务是两个不同经济范畴

不少同志把财务也纳入财政范围，其实财务不论从内容上来看，还是从社会再生产中的地位和作用上来分析，它都是与财政内涵所规定的两个基本特征不同的。从社会再生产中的地位和作用来说，它是企业再生产过程的价值运动侧面，其使命是通过资金的周转与循环和归自己支配的那部分生产成果的分配，为独立经济实体的再生产过程服务，并不是直接为社会共同需要服务。从财务的内容来说，它包括企业资金的筹集和使用，生产经营耗费的价值核算和补偿，生产成果的分配等内容。企业财务不单纯是一个分配范畴，它是企业资金运动和价值分配各个关系侧面的总和。仅就企业财务的分配活动方面来说，它执行的企业内部的初次分配，表现为以企业占支配地位主体的分配，并不是以社会占支配地位主体的社会集中化的分配。显然，企业财务不属于财政范畴。

然而，企业财务与财政又是有着密切联系的。第一，国营企业的开办资金是由国家财政拨给的，而国家财政收入的绝大部分来源于企业财务成果。在我国，国营企业上缴财政的纯收入在当前要占国家预算收入的80% 以上。因此，正确处理国家与企业之间的分配关系是财政分配的一个重要课题。但是，企业上缴财政的纯收入占财政收入比重多少是不能成为财务是否是财政范围的理由。如果以企业向国家缴款占财政收入比重大为理由，论证财务是属于财政范围的，那么在任何社会中，占主导地位的经济成分的财政缴款，都将是占财政收入最大比重。比如，封建社会小农经济是主要生产单位，财政收入也主要来源于小农经济，岂不是小农经济的财务也成了财政范畴的内容？ 这显然是说不通的。第二，企业财务核算是否正确，比如，折旧提取合理与否，成本高低，都影响着企业纯收入高低，从而影响财政收入，企业财务的各项分配活动，诸如集体福利开支、职工工资及奖励等是否坚持正确处理国家、企业、个人三者关系的原则，也对财政收支有重要影响。第三，企业财务效果高低，也直接影响财政收入，财政关心企业财务活动，这当然是必要的，但这些联系都不能证明，企业财务应当是属于财政范围。因为如果按此逻辑推理，只要会影响财政收入的和财政有联系的经济活动，都应当归为财政范围，那么，社会再生产过程的各个侧面，又有哪一面和财政没有联系呢？岂不是社会再生产各个环节都成了财政？这样，财政也就和国民经济融合为一体了，成为同一的东西，财政也就不存在了。

　　把财务看成是财政的内容，这种理论认识并不是偶然的，它是特定历史条件下，统收统支的国民经济管理体制实际状况的反映。在新中国成立初期，根据当时的实际情况，实行了统收统支的财政体制，把国家预算、银行信贷、货币发行及国营企业财务都统一于财政管理之中，企业财务、银行信贷和货币发行都处于从属于财政的地位。在这种体制下，把企业财务看成是国家财政范围的事，无疑也是有道理的，至少表面是这样的。在新中国成立初期，实行统收统支体制是完全必要的。1949 年 10 月，新中国成立后，国家所面临的是旧中国遗留下来的经济崩溃、大量失业、财政赤字、严重通货膨胀、民不聊生的烂摊子。为了恢复国民经济、安定人民生活、巩固新生的人民政权，国家必须在全力支援解放战争、尽快完成解放全中国的革命大业的同时，迅速地制止通货膨胀、稳定物价、解决失业和进行大量的社会救济，这一切都迫切需要财政支出有较大的增加。可是，当时财政却处于非常分散的状态，有限的财力分散在各解放区，不能集中起来用于国家急需，造成国家预算出现大量赤字，而不得不依靠发行货币来弥补财政支出不足的局面。这在客观上就要求，必须迅速改变财力分散状况，集中财力以渡过难关，支援解放战争，恢复国民经济。为此，1950 年 3 月，中央采取了统一财政经济管理的重大决策，先后公布了《关于统一国家财政经济工作的决定》和《关于统一管理 1950 年度财政收支的决定》，以及其他一些决定。这些决定的基本内容是：第一，统一全国财政收支，一切财政收支项目、收支程序、税收制度、供给标准、行政人员编制等均由中央政府统一制定，一切收入统归中央财政，一切支出全部纳入国家预算，各地方政府及国营企业所需支出，一律按国家年度概算，编制本地区、本企业收支预算和财务收支计划，逐级上报中央政府批准后逐级拨付。第二，统一全国物资调度。第三，统一全国现金管理。这种高度集中，一切收支统一于中央的体制，后来人们就称之为统收统支体制。这种体制虽然给地方和企业带来许多不便，使企业完全失去了独立性，企业财务完全变成了国家财政的出纳，但在当时的具体情况下，相对分散的状况来说，却是一个很大的进步。高度集中虽然造成局部的暂时牺牲，但是却换来了全局的主动，壮大了中央财政力量，保证了重点需要，在短期内一举平衡了财政收支，制止了通货膨胀，稳定了物价，取得了震惊中外的伟大胜利。1950年建立起来的统收统支体制，在战胜困难，恢复经济中是起了积极作用的。但是，我们并没有把它看成是理想的办法，在实践中固定下来，从1951年开始，就注意到这种体制的弊端，并开始试着进行了一些调整。到1957年，毛泽东同志《论十大关系》一文在总结第一个五年计划时期的建设经验时，就更加明确地指出，这个高度集中的体制，对发展社会主义经济不利，要进行改革。他说：不能像苏联那样，把什么都集中到中央，把地方卡得死死的，一点机动权也没有。把什么东西统统都集中在中央或省市，不给工厂一点权力，一点机动的余地，一点利益，恐怕不妥。要给工厂权益，各个生产单位都要有一个与统一性相联系的独立性，才会发展得更加活泼。可是，由于新中国成立不久，我们在管理社会主义经济方面毕竟是经验不足，加之长期以来，在对社会主义的理解上又形成了若干不适合社会主义社会实际情况的固定观念，特别是由于1957年后在指导思想上"左"倾错误的影响，结果使经济体制高度集中的问题，不仅长期得不到解决，反而是发展得更加突出。因此，使理论界一些同志，把这种特定情况下形成的特殊体制，看成是普遍的、具有规律性的东西肯定下来，坚持了企业财务属于财政内容的观点。在高度集中的体制下，企业收入全部上缴国家财政，企业所需资金全部由国家财政供给，企业财务活动完全处于从属于国家财政的地位，企业财务不过是国家财政的基层出纳和会计，基于这种特殊情况下的财政实践。从现象上看，企业财务的确是属于财政范围的内容。但是，特定情况下的现象，总归不能代替一般，现象也不就是本质。理论的任务不是对某种特定现象的描述或复写，而在于透过现象认识其本质，揭示事务的规律，以指导后来的实践。三十多年的实践证明，把财务看成是财政附属部分，属于财政内容，既不是规律，也不符合实际，对社会主义经济发展是不利的。把财务看成是财政的组成部分，就否定了企业财务的自主权，结果企业没有实质性的财务责任，严重地压抑了企业改善经营管理、提高财务效果的积极性和主动性，使本来应该生机盎然的社会主义经济，在很大程度上失去了活力。同时，把财务与财政混为一谈，也给财政带来不良后果。把企业财务从属于财政，就使企业有条件躺在财政身上吃国家的"大锅饭"，本应由财务承担的责任，都成了财政支出，财政包下了全部企业的供给，致使财政不堪重负，不能很好地实现自己的全部使命，造成财政应当保障供给的各项需要得不到满足而大量欠账，影响了国民经济的顺利发展。

　　从理论上讲，把财务看成是财政内容，是与把社会主义经济看成是产品经济，把全民所有同国家机构直接经营管理企业混为一谈，把计划经济同商品经济对立起来，否定企业作为独立商品经营者的地位，把全国看成是一个大工厂的认识分不开的。因为，全社会是一个大工厂，否定了各企业的独立性，社会再生产组织结构上就失去了层次性，社会单位和生产单位成为一体，当然，企业财务就和国家财政融合了，财务也变成了财政，财政也就成了全社会统一大工厂的财务总管。事实上，这个理论并不符合社会主义经济实际，党的十二届三中全会决议指出，社会主义经济是有计划的商品经济。在商品经济下，各个企业是独立的商品经营者，财务是为商品经营服务的工具，是和国家财政有着质的区别，必须把财政与财务分开，才能保证财政与财务各自充分而顺利地实现其职能，才能保证商品经济的正常发展。

二　银行信用不属于财政体系的内容

　　在我国，一直实行着财政、银行信贷、货币发行三者捆在一起"吃大锅饭"的管理体制。这种体制的主要特点，是银行信用只是财政的从属物，是财政分配的补充，财政资金不足时，可以从银行自行透支，或推给银行用信贷资金去支付；反之，银行贷款不足时，又可以发行货币或向财政索要增拨信贷资金。一些同志形象地说，财政和银行穿的是连裆裤。把银行信用看成是属于财政分配范围，属于社会主义财政体系组成部分的理论，就是这种实践的反映。从我国多年来财政银行管理体制的实际现象来看，这样认识当然不是没有道理的，但现象总归是现象，它并不是本质。从本质说，财政和银行信用是两个相互独立的经济范畴，各自的性质、特点和在社会再生产中所承担的职能，都是完全不同的，两者是不存在从属关系的。

　　首先，从社会再生产中的使命上看，财政在社会再生产中承担着满足社会共同需要的使命，而银行信用在商品经济下，则承担着调剂社会再生产过程中各个方面的资金余缺的使命。银行信用是一种货币信用，这种信用的产生，最初表现为货币成为支付手段，处于和商业信用共生状态，是商品流通的发展，赊买赊卖行为的出现，商品买卖过程中，商品的所有权在买卖双方之间转移时间和货币支付时间发生背离的结果，表现为货币成为支付手段的商业信用，而后随着商品经济的进一步发展，货币作为支付手段职能，就超出了商品流通的范围，货币成为直接的借贷对象，最终出现了独立的货币信用。随着货币信用发展，出现了专门从事货币信用业务经营的企业，这就是银行。所以，货币信用从产生之日起，它的使命就是调剂货币余缺为商品经济服务的。货币信用在前资本主义社会中主要表现为高利贷信用，在资本主义社会则成为借贷资本的运动形式，表现为银行信用。社会主义经济，是有计划的商品经济，在国民经济中，还广泛地存在着商品货币关系，仍然存在调剂货币的暂时余缺的客观需要。银行信用就是适应这种客观需要而存在，所以，银行信用的职能，仍然是调剂货币余缺。

其次，从财政与银行信用两者资金运用的特点上看，财政资财的运动是通过无偿缴纳和无偿供给形式实现的，并且财政资财运动，不仅引起使用权的转移，而且引起所有权的转移。有人不认为财政资财运动具有无偿性，他们以财政收取资金占用费的实际情况为例。其实这里发生了一个误解，资金有偿使用制和财政资财运动的无偿性是两个不同的概念。前者是就财政责任角度而言，社会主义公有制下，生产资料归全体劳动人民所有，任何个人都不能用这些资料谋私利，都必须为全体人民谋利益，因此，企业使用社会（国家）交给的资金，必须承担起运用这些资金为社会、为全体劳动者的共同利益创造相应的财富的责任。资金有偿使用，实行资金占用收费，不过是占有国家资金者实现其对社会责任的一种形式。后者是就经济往来是否遵循等价交换原则，或有无报酬而言，财政资财运动过程中，财政从对方取得资财并不进行等价交换，把资金拨付出去，取得使用权的一方也不必支付价款，也不必到期归还。所以，财政资金运动是单向流动，并不交换，故称之无偿。可见，实行资金占用费和财政收支无偿或有偿，这是两个性质不同的事物，不能混为一谈。银行信用则不同，其资金移动的特点，是双向性的。所谓信用，是从资金短缺者借得资金到向资金供应者归还资金，并支付了一定报酬之后，才能算一个完整的信用过程。如果只借出而不归还，则不能称之为信用。因此，信用是有偿的。

　　最后，从财政分配和银行信用的性质上看，银行信用是在资金暂时余缺者之间，以中介人身份，从暂时资金有余者手中取得货币资金，转借给暂时短缺资金者使用。它是一种资金的融通关系，它不改变所有权，只是暂时地改变使用权，并不最终地改变使用权，实质上只是一种资金使用权时间的转移，是资金使用时间的买卖，属于流通性质。而财政则是特定的分配关系，它不是暂时地而是永久地改变使用权和所有权。当然，银行信用在一定意义上也可说是一种分配关系。但不要忘记，这个分配是另外含义的分配。经济学通常所说的分配，是指由生产要素分配所决定的产品分配，这个分配关系是解决生产品最终归属于社会再生产过程各个方面所能占有的比例份额问题，是社会再生产过程中，生产资料所有制形式及由此产生的各种不同社会集团在生产中的地位，以及它们的相互关系的表现，是国民收入所有权的分配。所谓信贷分配或银行分配则不同，它并不以生产要素分配为转移，并不是解决国民收入所有权的问题，而是在解决了国民收入所有权之后，解决使用权的暂时让渡问题，是在一定时期内，某些部分国民收入使用权的改变，讲信用也是分配，仅仅是就这个意义而言。它只不过是建立在确定国民收入所有权最终归属后的一种派生的分配。在性质上，它是与财政分配完全不同的。

　　总之，财政与银行信用是两个性质完全不同的范畴。两者既没有相互从属关系，又不能相互代替。如果在实践中混淆了这两个范畴，或者银行把财政纳入信贷体系，使财政干银行信贷的事；或者财政把银行信用纳入财政体系，使银行干财政的事，都会妨碍财政与信用两者各自职能的正常发挥，都会违背财政分配和银行信贷运动的规律，给国民经济带来损失。如果财政干了应该由银行信用承担的事，就会使财政资金不能全部用于社会共同需要，从而使社会共同需要得不到全面的满足；反之，银行信贷代替财政，做财政应当干的事，把银行信贷资金用于财政性需要，就会造成融通性资金变成财政拨款而收不回来，从而导致银行信用的破坏。当然，这并不是说财政不能利用银行信贷资金，或银行不能利用财政资金。在社会主义社会中，财政与银行信用是有其密切联系的，财政暂时闲置的资金是银行信贷资金的重要来源，银行可以用于做短期信贷之用，而银行信贷资金也可以暂时供给财政用于短期周转。但是，这同财政银行相互代替对方执行其职能，不分彼此，相互混淆，捆在一起"吃大锅饭"不一样。

它是以财政与银行严格分清彼此界限，各行其职能而不互相代替为前提的。它是一种正常的信用关系，相互之间取得资金都不是无偿的，而是通过正常的信用方式取得。任何一方使用对方资金，用于实现自己的职能，都不能直接要求对方代为执行其职能，都要通过信用转化过程，取得资金后自己执行，并对所占用的对方资金承担偿还和支付报酬的责任。否则，就会破坏两类不同性质资金的正常运行，妨碍财政与银行正常地执行其职能，给国民经济带来混乱。

我国历史上实行的财政、银行、货币发行捆在一起"吃大锅饭"的体制，所带来的诸多弊端就是生动的证明。这种体制的主要危害是：（1）造成了财政与银行之间职能混淆，责任不明，发生问题时分不清是非，妨碍了对问题的及时解决。比如，每当货币发行过量时，往往就出现，财政说是银行贷款过多，搞了信用膨胀造成的，而银行则说，货币发行多了，主要是财政赤字挤了银行信贷资金的结果，两家各有各的账，各有各的理，谁也说不清，不能准确地找到货币发行过多的真正原因。（2）掩盖了资金运用上的问题真相，往往造成国民经济潜在的危险。由于资金渠道混淆，往往会出现明明是财政已经发生了赤字，却由于财政挤了银行信贷资金而表现为平衡；当明明是信贷已经失去平衡出现信用膨胀，却由于银行信贷挖财政，还表现银行信贷资金很充裕的假象，结果掩盖了国民经济中的真实问题，不利于及时发现问题和及时纠正问题。（3）造成财政、信贷、货币发行三者之间的相互制约作用失灵。本来是财政与信贷可以对货币发行起着直接的控制作用，因为，货币投放到流通中去的唯一渠道是通过信贷，而信贷的多少，除银行信贷本身之外，还受财政是否有赤字所制约，财政与信贷坚持平衡，就可以控制货币发行。反过来，银行信用与货币发行又是直接控制财政赤字发生的一种物质力量。财政赤字是相对财政收入说的，实际的财政支出大于实际的财政收入，才会发生赤字，但实际支出能大于实际收入，并不能凭空变为现实，它是要以在正常收入之外，能够得到可用来支付的手段为条件的。如果得不到可以用来支付的货币，赤字只能是处于潜在的形态，而不能成为现实，实际表现为应当拨款而没有钱支付。这就有利于引起人们及时注意并加以解决。财政在自己的正常收入之外，能够得到支付手段的途径，除了发行国内公债和从国外借款之外，就是从银行透支，财政与银行信贷严格分开，则财政就不能自动地从银行透支。这样，当财政收入不足于维持支出时，就会表现出没有钱支付。要支付就必须办理一定手续去筹措，客观上就会对赤字发生一种制约作用。当把三者捆在一起时，情况就不同了，财政、银行、货币发行三者之间，不但相互不起控制作用，反而，在财政赤字、银行信用膨胀、过多发行货币上，起着相互润滑的作用。当财政出现赤字时就会自动从银行透支挤银行信贷，促使银行信贷膨胀，从而自动形成信用性货币发行的增加；而信用性货币发行增加，反转来又和财政透支一道带动银行的信用膨胀。这里有必要附带说明一下，本书讲的货币发行是包括非现金货币发行在内。多年来人们只注意控制现金货币发行，这当然是非常必要的，却忽视或不认为非现金货币发行需要控制，因而一讲到控制货币发行，就理解为控制现金发行，其实只控制现金发行是不可能真正把货币发行控制在正常需要量范围内的。因为，货币虽然有现金和非现金之分，可是在流通中，它们都是统一的，相互转化，相互浸透，是没有一个绝对界限的。在流通中现金可以转化为非现金，而非现金又可以转化为现金。社会商品总量（包括生产资料在内）原则上说是存在着现金交换和非现金交换两个部分。传统的观念认为这两个部分是界限分明的，消费品都是通过现金交换，生产资料和社会集团购买力都是通过非现金交换，这种认识，在生产资料的绝大部分采取指令性计划，社会集团购买力基本上在国家预算控制范围内的情况下，大致是正确的。然而，在对外开放、对内搞活的有计划商品经济下，就要复杂多了，因为生产资料商品与生活资料商品是可以相互转化的，许多商品是既可以做生产资料，又可以做消费资料，这是实际生活中常见的现象。只有在指令性计划下，生产品实行统收统配时，这种转化才被控制在计划范围内，而在经济改革后，实行了指导性计划为主，大大缩小指令性计划的产品品种，和国民经济中存在多种经济形式的情况下，现金购买和非现金购买之间，对货币的现金需要和非现金需要之间，相互转化，就变成经常的、大量存在的现象。此外，就货币交换过程中的情况来说，虽然实现严格的现金管理，但并不能完全限制住使用现金购买生产资料，也不能完全限制用非现金购买生活资料的情况。并且，在现实生活中，也常常存在最初购买时采用的是非现金交换，而后取得非现金的一方又把它转化为现金。例如，国营企业向个体农民购买建筑用的砖瓦砂石等材料和广大农民购买的零星生产资料往往就是这样。或者是最初购买采用现金，而后，取得现金的一方，又把它变为非现金等情况。另外，现在的社会集团购买也不完全是由国家预算资金形成的，因此，这一部分也不能直接控制其购买是用现金或非现金等等。所以，现金与非现金在流通中是交叉的，相互转化的，只从现金总量或非现金总量一个方面来观察，并不能正确地认识流通中的货币总量是否与需要量相平衡，现金大量增加，也许同时存在非现金大量减少，这种情况下，现金多，不一定是货币总量过多；现金不多甚至偏紧，也许同时存在着非现金的严重过多，这种情况下，现金不多，也不一定是货币总量不多，现金总量或非现金总量多出的数额，并不一定就是货币过多的全部数额。如果现金过多而非现金也多，货币总量过多的数额，则是多余现金量和多余非现金量之和，如果只看现金，就会造成把货币过多情况看小，如果现金多而非现金不足，或者情况相反，货币总量过多的数额，则是现金与非现金余缺之差额，可能货币总量呈现出过多、不足或适当三种形态。如果是后一种形态，则属于结构性货币量不平衡，这时，就不一定要紧缩通货，而可以适当地指导购买，也可使货币需求与供应之间达到平衡。所以，货币发行问题必须从货币总体来考察，才能认清货币需要的实际情况和货币发行量是否适当。当然，把货币分为现金和非现金两个部分来考察，也是完全必要的，因为两者是有差别的。现金和非现金的货币发行都是通过银行信贷投放出去的，但现金发行要从银行支付现金，并在市场上周转，其发行是有形的，人们易于察觉。而非现金货币发行，是通过银行信用创造货币的机制，大多数是通过派生存款转成贷款形式投放出去的，非现金货币不在市场上周转，而表现在银行账面上的银行与客户、客户与客户之间的相互转账。从银行账面上看，总是借贷平衡的，人们很难觉察其发行。但转账货币的发行和发行是否过头，也是有其明确的标志的。银行贷款总量超过原生存款总量的差额，就是非现金发行的标志，其超过的绝对数，就是非现金发行量。现金发行量加非现金发行量之和，超过社会需要发行货币总量，就是流通中货币过多，这有两种情况，在现金发行量正常的情况下，也就标志着非现金发行过多，其超过的绝对量，就是非现金的过多发行量。在现金发行也不正常的情况下，流通中货币过多发行量减去现金过多发行量后的余额，才是非现金货币发行过多量，如果流通中过多的货币发行量减现金发行过多量后的余额是零，或接近零，则标志着非现金发行量处于适度范围。所以，研究财政与信贷和货币发行三者关系时，必须从全部货币发行量出发，而不应单纯从现金出发。

第三章

财政分配的客体

财政分配的客体，也称财政分配对象。称客体是相对财政分配主体而言，是指财政分配关系得以实现的外在的物质条件。事情很明白，要分配，就要有可分配的对象存在，无对象，分配也就无从实现。财政关系的实现依存于财政分配对象的存在，但这并不意味着财政关系与财政分配对象是同一事物，更不是相互决定其产生和发展。两者是有密切联系的不同事物，两者都是由一定的历史时代的生产方式决定的。一定的生产方式产生了财政分配，也决定了财政可分配的对象及对象的质与量。在财政研究中，既不能从财政分配客体本身去发掘财政的性质及其发生的原因，也不能从财政分配本身去认识财政分配客体的质与量的规定性，这些都只能从生产方式中去探求。所谓财政分配对象的质与量的规定性，质是财政分配对象的社会经济属性，量是财政分配对象的经济表现。本章将分别就财政分配客体的社会经济属性和经济表现形态进行简要分析。

第一节　财政分配客体的经济属性

分配就其决定性特点而言，总是某一个社会的生产关系的必然结果。一定的生产关系决定了财政分配关系，同时也就决定了与财政分配有密切关系的财政分配客体的经济属性。马克思说："照最浅薄的理解，分配表现为产品的分配，因此它仿佛离开生产很远，对生产是独立的。但是，在分配是产品的分配之前，它是（1）生产工具的分配，（2）社会成员在各类生产之间的分配（个人从属于一定的生产关系）——这是上述同一关系的进一步规定。这种分配包含在生产过程本身中并且决定生产的结构，产品的分配显然只是这种分配的结果。……反过来说，有了这种本来构成生产的一个要素的分配，产品的分配自然也就确定了。"① 财政分配也不例外，财政分配客体的经济属性，它是由决定财政分配存在的一般基础，社会共同事务活动，在社会再生产诸关系中所处的地位和性质决定的。社会共同事务是属于社会一般需要的活动，它是社会再生产总体的组成部分，不是物质的直接再生产过程的组成部分，即它是内在于社会的再生产总过程之中，而外在于直接物质再生产。这种地位和性质决定了财政可以分配的，只能是物质生产过程中，劳动者为社会一般需要提供的劳动及其生产物，即剩余劳动及其生产物。社会劳动总成果中的其余部分，只能用于补偿生产中的物质资料的消耗 C 和满足生产劳动者及家属的消费 V 需要。这两部分都是维持直接物质生产过程继续进行所必需的，不能用来满足社会一般的需要，否则就会妨碍社会物质再生产过程的正常进行。

　　生产成果中用来补偿直接物质生产过程中的生产资料消耗部分 C，在私有制社会下，不是财政分配的客体，这一点人们的认识是比较一致的。但是，在社会主义社会里，由于某种原因，却把它看成了也具有财政分配客体的属性。

　　从理论上讲，C 作为生产条件，它是社会再生产中的劳动垫支，是生产基金。作为生产成果组成部分的 C，是在生产中消耗掉了的生产资料价值的转移额，是 C 在周转过程中的一个表现形态，并没有改变 C 作为社会生产基金的性质。如果不是要中断再生产或缩小再生产规模，是不能把它全部抽走或抽走一部分，移作其他方面之用的，否则，就会破坏再生产的正常进行。这一点决不会因为社会再生产基金所有制性质的改变而改变。当然，就各个生产单位来说，由于固定资金周转的特点，在固定资金实物形态还在继续执行职能中，而劳动资料的价值，这时却获得双重存在。其中一部分仍然束缚在它的属于生产过程的使用形式或实物形式上，另一部分则作为货币，脱离这个形式，在劳动资料执行职能的过程中，它以实物形式存在的那部分价值不断减少，而转化为货币形式的那部分价值则不断增加，一直到它的寿命完结，它的全部价值和它的物质实体脱离，转化为货币为止。固定资金在周转中实物形态的补偿与价值形态的补偿，在时间上相脱离，使折旧基金，在固定资产实物形态更新之前，处于暂时

---

　　① 《马克思恩格斯选集》第二卷，人民出版社 1972 年版，第 99 页。

闲置状态，是可以暂时移作他用的。但这并没有改变问题的性质，折旧在固定资产更新之前，可以移作他用，但是要以按时按量归还原主为前提的。如果不能按期按量归还，就会妨碍固定资产的正常更新，也就破坏了固定资产的正常周转，而给生产带来恶果。所以，社会主义国家的固定资产折旧也不能成为财政分配的客体。也许有人会说，过去我们长时期把企业的固定资产折旧纳入财政收入，可是企业并没有因此而停产，设备照样运行。不错，事实的确是这样。这是为什么呢？这是因为每一项固定资产内部各个部件的磨损速度是不一样的，有先有后，一部分已经磨损不能用了，另一部分还是完好的，还能继续使用，这样，只要整个固定资产没有报废，更换一下已经磨损的部件，机器就可以照样运行。为此在我国设置了占折旧额 50% 的大修理折旧制度，这就为对固定资产实行局部更新创造了条件。这就是企业的固定资产能够在不更新的情况下，勉强运转下去的重要原因。然而，多年实践也证明，这种把折旧收缴到财政，给企业留下不足以满足更新的大修理折旧的办法，是违反固定资金运动规律的，在实际上是有害的。它不仅造成设备技术陈旧落后，甚至破烂不堪，效率低下，损失浪费大的不良后果，而且，也不能永久维持下去，到头来还要归还这笔更新的欠债，当前一些老企业，特别是老工业基地的技术更新改造欠账严重的情况，就是最有力的证明。这些年来，为了归还企业更新改造的欠债，财政只好把折旧全部留归企业，并且还要额外留下一笔生产发展基金用于更新改造，财政分配了折旧，到头来还要如数归还，甚至要加倍地归还。这就说明，归根到底财政是不能把折旧当成分配对象的。并且，从本质上说，就是在现实生活中把固定资产折旧作为财政分配客体给分配了，这也不过是财政代替了企业财务管理，直接参加了企业固定资金的周转，混淆了财政职能与企业财务职能的界限而已。财政分配折旧现象的存在，是特定历史条件下的产物。党的十二届三中全会《关于经济体制改革的决定》中指出："长期以来在对社会主义的理解上形成了若干不适合实际情况的固定观念。"比如"把全民所有同国家机构直接经营企业混为一谈"，"把搞活企业和发展社会主义商品经济的种种正确措施当成'资本主义'"，"把计划经济同商品经济对立起来"等观念。全会所批评的这些不正确的认识，表现在经济管理体制上则是："政企职责不分，条块分割，国家对企业统得过多过死，忽视商品生产，价值规律和市场作用，分配中的平均主义严重"等弊端。在财政方面的表现，则是国家财政与企业财务不分，财政管理代替企业财务管理，把企业固定资产折旧看成是财政分配的客体组成部分，就是这种财政与财务不分的产物。历史上曾经存在过的现象，并不等于就是事物的本质，"如果事物的表现形式和事物的本质会直接合而为一，一切科学就都成为多余的了"①。

如前所述，固定资金周转特点造成企业暂时闲置资金的存在，和一些企业由于某种原因需提前更新而又存在资金不足的困难。对国营企业提存的折旧基金，在社会范围内进行调剂是完全必要的。但调剂与分配是两个不同的范畴，两者不能混为一谈。调剂是资金上的余缺给以暂时的融通，是一种信用行为，这是银行的职能，前章中谈到信用与财政在社会再生产过程中是两个不同范畴，承担着不同的职能。信用活动最根本的特点，就是仅暂时改变资金使用权，而并不改变所有权，是以有借有还，到期要"物归原主"为前提的。而财政分配是不偿还的，如果把企业折旧变成财政分配对象进行分配，而不注意按期按量归还提取折旧的原单位，这就势必打乱各企业固定资金正常周转秩序，使得企业固定资产不能正常得到更新。当然，这样并不是说，在实际工作中，不可以由财政部门来承担这个调剂工作。说的是不论谁来执行这个职能，都必须按信用规律办事，谁来执行这个职能，都不能改变问题的实质。决不会因财政部门来执行这个调剂工作，就改变了折旧的性质，变成财政分配客体。财政部门执行企业固定资金余缺的调剂，只不过是财政部门搞了信用工作，并没有改变折旧问题的性质。比如，在我们现行体制下，公安部门也办有一些工厂，这些工厂决不会因为是公安局办的，其性质就变成派出所的公安活动了。

社会主义经济发展的客观规律，要求社会再生产基金要有计划按比例地分配，用于固定资产的简单再生产和扩大再生产的资金必须统一平衡安排，而财政是固定资产扩大再生产资金的重要分配者和供应者，似乎是折旧归财政分配也是一种客观要求。其实，正因为是要有计划按比例地安排固定资产的再生产，首先就必须保障固定资产的简单再生产与扩大再生产之间的原有的正常比例，必须在保障简单再生产的基础上，进行扩大再生产，才能保障国民经济有计划按比例地发展。在有计划的商品经济下，企

---

① 《马克思恩格斯全集》第 25 卷，人民出版社 1974 年版，第 923 页。

业是独立的商品生产者，只有保障每一个生产者的资金完整无缺，才能使各独立的商品生产者的生产正常而顺利进行。整个社会再生产基金的正常地按比例地循环与周转，是由各生产单位资金的循环与周转的相互交错、互为前提、互为条件而形成的，是以各生产单位资金独立的正常循环与周转为基础的，离开各企业资金的正常周转，国民经济资金总循环的正常和按比例进行是无法实现的。因此，在调剂各企业之间折旧基金余缺中，坚持信用原则，有借有还，保障各企业资金完整无缺，正常周转，这也是有计划按比例发展规律的客观要求，有计划按比例规律决不是可以把折旧基金当成财政分配客体的依据。

生产成果中 V 部分，如果把不同社会制度下 V 的特殊性质去掉，那么就是用来满足劳动力再生产所必需的生活资料部分。社会要连续不断地进行再生产，不仅要不断地补偿生产中的物质资料的消耗，而且还要不断地把劳动力再生产出来，这就要不断地补偿劳动力再生产所必需的物质资料消耗，只有保证了这种消耗的需要，社会再生产才能顺利实现，社会才能正常地存在下去。在分配中，必须保障劳动力再生产所必需的物质资料的供给，是社会再生产的客观要求，人们遵循它，就会促进生产的发展，违背它就会破坏生产发展而受到惩罚。在我国历史上，一些反动王朝和近代国民党统治时期的横征暴敛，严重摧残了劳动力再生产，从而阻碍了社会再生产的发展，最终造成经济崩溃，政治上自取灭亡就是例证。历史上这种超出财政分配客体范围，掠取财政收入的事实是不少的，但这并不是财政分配本身的一种规律性，而是上层建筑国家对经济基础朝着反动方向起作用的表现。当然，在历史上，除了那种横征暴敛现象之外，在正常情况下，对劳动者收入征收所得税和其他捐税的事实，也是不可否认的。但这种对劳动者个人收入的征收，也仍然是征收的 M 部分，并没有超出财政分配客体，即剩余劳动及其产品范围之外。第一，以资本主义社会为例，资本主义国家财政对劳动者的工资收入课征所得税的事实大量存在。但这不过是资本家阶级整体——国家和各个资本家之间分割剩余价值的一种特殊形式。在资本主义私有制下，国家不能直接参加各企业的初次分配，只能从再分配中取得收入。这种收入的取得方式可以有两种形式：一种是通过资本家的手，全部从初次分配中，掠取剩余价值的形式；另一种是采用从资本家手中和从工人手中分别取得剩余价值的形式。在资本主义社会中，为了麻痹工人阶级，混淆劳动者的视听，往往采取后一种办法，先把一部分剩余价值留在工人手中，而后再从工人手中取走，搞什么收入均等化等手法来欺骗舆论。这样，资本主义国家对工人征收的捐税就构成了工人工资的一部分。所以，对工资征税不过是掠夺工人剩余价值的一种形式。马克思说：捐税就是这种最低工资的一部分，因为工人的政治使命正是缴纳捐税。假如工人阶级肩负的全部捐税用激进的办法废除，结果必然是从工资中扣除目前付出的捐税总额。因此，不是同样直接增加雇主的利润，就是仅仅变换征税的形式。先前是资本家把工人应缴的捐税连同工资一起发给，现在则是不经过转手而把这些捐税直接付给国家就是了。第二，财政分配是社会集中化的分配，在阶级社会表现为统治阶级整体的集中化分配。因此，分析财政分配客体只能从社会再生产总体来考察，财政分配客体是剩余劳动或其生产成果，并不是就个别劳动者而言，而是就剥削阶级总体对劳动者阶级总体而言。所谓补偿劳动力再生产物质资料消耗的费用，也不是就个别劳动者而言，而是指在一般情况下，社会平均必要的物质资料数额，个别劳动者通过工资形式所取得的实际数额，可能高于或低于平均数，通常征收的所得税，都是规定一定的起征点或扣除额后征收，是对超过平均必要的物质资料数额的征收，从这个意义上讲，这个征收部分也是剩余价值。在资本主义社会中，劳动者的工资数额受生理的和道德的两个界限的制约。生理需要的最低界限，是不能进一步侵犯的，如果超越了生理需要的最低界限，劳动力就无法正常再生产，资本主义社会再生产也就无法继续下去。资产阶级为了发财致富，继续剥削工人，为了社会的安定，创造一个较好的剥削环境，就必须不侵犯维持劳动者生理最低需要的工资数额。高于平均必要劳动价值的工资数额，一般是高于生理界限的要求，只是受道德界限的制约，资产阶级出于贪得无厌的本性，往往是只要可能就尽力压缩工人阶级的必要部分，而扩大其剩余部分。资本主义国家对工人的征税，从社会总体来看，实质上是资本家整体向工人阶级进一步掠夺剩余价值，压缩必要价值份额的一种手段。

在社会主义制度下，对高收入的劳动者也征收所得税，这更不是对劳动者必要劳动价值 V 的征收。必要劳动是在一定历史发展阶段之后的为一切社会形态所共有，社会主义社会仍然存在必要劳动范畴，但社会主义必要劳动的性质与一切剥削阶级统治的社会中的必要劳动性质有着本质的区别。社会主义社会的必要劳动已不再限于保障劳动力再生产所必需的范围，已扩大到一方面为社会现有的生产力（也就是工人的劳动作为现实的社会劳动所具有的社会生产力）所许可，另一方面为个性的充分发展所必要的消费的范围。这是社会主义社会下工资水平形成的客观基础，也是划定必要劳动与剩余劳动的客观界限。社会主义社会实行按劳分配，每一个劳动者所得的实际收入数额，是由他们的劳动数量和质量所决定的，多劳多得，少劳少得。每一个劳动者所得的工资数额，既基于保障劳动者生活的平均必要水平，又不完全决定于这个水平。保障平均必要水平，这表现在国家制定工资水平时，要考虑到劳动者之间劳动能力实际上的差别，必须保障劳动能力低下者的必要生活需要，使每一个劳动者只要正常劳动，就可以得到必要的生活资料。不完全决定于必要劳动水平，则表现在对劳动好的可以得到高于必要劳动的报酬，这部分人实际上不仅取得了必要劳动创造的价值 V，而且得到了一部分剩余产品 M。对较高收入者，超过必要劳动水平以上所得部分征税，从本质上说，这是对剩余产品的再分配。

有的同志从财政分配必须综观全局，进行综合平衡，必须考虑职工工资数额的角度来论证财政分配客体包括 V。我们认为，财政分配不能孤立地去分配国民收入一部分，必须从国民经济总体出发，要考虑到与财政分配相关联的其他分配方面，这当然是正确的。但这并不是财政分配客体包括 V 的根据。事实上，任何一种分配都不是孤立的，任何一种分配都是社会再生产分配总过程的一个有机组成部分，各个分配部分之间都不仅对其他部分发生制约关系，而且又都受分配总体的制约。在社会主义计划经济下，任何一部分分配的安排，都必须从全局出发，考虑到其他分配方面，进行综合平衡。如果因为一个方面的分配会制约其他分配方面，或会受到其他分配方面的制约，需要综合平衡，就把其他方面分配的客体都纳入到一个方面来，岂不是任何分配方面的分配客体都一样了？工资分配也会制约财政分配及其他分配，也需要综合平衡，也需要从全局出发，岂不是工资分配客体也包括了 M 显然是说不通的。任何事物的外延都受其内涵制约，事物之间的联系并不是事物外延的根据。人们在认识一事物时，由于该事物与其他事物有联系，就把该事物的外延，延伸到有联系的相关事物中去，这就会混淆事物之间的界限。外延的混淆最后必然导致抹杀了各事物之间的区别。

第二节　财政分配客体的经济形态

财政分配客体以什么样的经济形态而存在，是由生产力水平和社会经济形态的特点决定的。在原始社会财政时期，当时生产力水平很低下，生产任何一点产品都需要花费相当多的劳动，并且需要多个人协作才能办到，单个人的一点剩余劳动很难提供剩余产品，只有把劳动力集中起来，进行集体生产，才能取得财政所需的剩余产品。加之，当时生产方式特点是生产资料公有制，所以，"共耕制"，直接分配劳动力乃是当时财政分配客体的主要表现形态。到奴隶社会乃至封建社会，虽然生产力有所提高，但总的说来，仍然是低下的，社会分工也不发达，仍然是处于自然经济形态。在自然经济下，社会是由许多单一的经济单位（家长制的农民家庭、原始村社、封建领地）组成的，每一个这样的单位从事各种经济工作，从采掘各种原料开始，直到最后把这些原料制造成消费品。每一个经济单位都是一个自给自足的单位。再生产过程中的分配，作为联结生产与消费的中介活动，则表现为生产成果比例份额的分配和生产成果的具体使用价值的分配的同一，整个社会经济是直接的分配实物。并且在自然经济下，由于商品货币关系不发达，不仅财政义务缴纳者很难取得货币，财政把货币换成所需商品也存在很大困难，这就决定了财政分配客体只能直接取实物形态而存在。此外，在自然经济下，劳动力不是商品，没有劳动力的买卖市场，财政所需的人力也只有通过直接征调劳动力才能实现。所以，自然经济为主的奴隶社会和封建社会中，财政分配就必然表现为以直接分配劳动力和产品（实物）为主，从而财政分配客体则表现为力役形态和实物形态。当然，同是自然经济的社会，各个不同历史发展阶段上，由于生产力水平不同和生产关系特点不同，财政分配客体表现为力役和实物两个形态的比重又是不一样的。奴隶社会的生产关系是以普遍使用奴隶劳动为特征，国王是最大的奴隶主，这样，财政需要的许多方面可以直接使用奴隶劳动来满足，因而，财政分配的客体表现形态，力役形态的比重要比实物形态的比重更大些。封建社会的生产力比奴隶社会有所发展，社会分工也随之又有了扩大，社会产品种类也比较多起来，所需物品如果都用直接征调人力来生产，就发生了困难。加之，封建生产关系是封建主占有土地和不完全占有农奴或农民为特征，农民被束缚于小块土地上，生产品除了交给封建主的部分以后归自己所有，这在客观上就形成了财政直接向农民征收剩余产品的必要性和可能性。因此，在封建社会中，财政分配往往是力役和实物并存，实物形态比重逐步加大的趋势。到封建社会后期，随着商品交换的发展，财政分配客体表现为货币形态也就逐步发展起来。到资本主义社会阶段，商品经济高度发展，每个生产单位的生产都不再是为了满足自己的需要，而是为了满足别人的需要，而自己的需要则都是通过交换才能取得。这样，就使生产成果的分配过程，分裂成先后两个过程。第一个过程是对生产成果价值的分配，价值是无质的差别的东西，它的分配只能解决当事者各方面所得到的比例份额。而所需的使用价值，则要通过第二个分配过程，即货币交换过程来实现。作为社会再生产分配过程有机组成部分的财政分配，也只能是首先参加价值的分配，然后经过货币交换来取得自己需要的产品。因此，到资本主义阶段，财政分配也就从原来力役和实物的直接分配，全面转化为货币分配。

财政分配客体的三种表现形态，从力役形态为主发展到力役与实物并存，进而发展到实物形态为主，货币形态为辅，最后发展到全面的货币形态，这样一个渐变过程，在我国的财政发展史上，可以得到充分的证明。在我国的夏、商、周三代，据已有的史料记载，能看到的财政分配对象的形态，基本上是力役和实物，而且主要是力役，是直接使用奴隶来生产财政之所需。诸如古籍上记载的"古者公田籍而不税"①。孟子所说的："《诗》云，雨我公田，遂及我私，惟助为有公田"②。说的就是财政直接分配力役用于公田的情况。当时，只是各诸侯向中央的缴纳及自由民的缴纳，才有实物形态。如《周礼》记载，周代贡分两类：一是邦国之贡；二是万民之贡。邦国之贡是诸侯向天子进的贡，所贡的实物有九类，故又称九贡。其内容如下：一是礼贡，属于牺牲包茅之类；二是嫔贡，属于皮帛之类；三是器贡，属于宗庙用器具之类；四是币贡，属于刺绣之品；五是材贡，属于木材之类；六是货贡，属于珍珠宝具之类；七是服贡，属于

---

① 《礼记·王制》。
② 《孟子·滕文公上》。

祭祀用服装之类；八是斿贡，属于羽毛之类；九是物贡，属于九州之外的各地的贵重物产之类。万民之贡是各类自由民向国家财政缴纳的贡物。基本上是按照职业，干什么就贡什么。据记载，当时分九种职业纳九类贡物：一种职业是三农，贡九谷；二种是园圃，贡草木；三种是虞衡，贡山泽之材；四种是薮牧，贡鸟兽；五种是百工，贡器物；六种是商贾，贡货贿；七种是嫔妇，贡布帛；八种是臣妾，贡疏材；九种是闲民，贡劳役①。可见，当时财政分配客体的表现形态，主要是劳动力和部分实物。春秋战国时期出现了专卖收入，是货币形态，但也为数不大。直至汉代，商品生产有了进一步发展，财政分配客体表现为货币形态才开始增加，发生了力役与货币形态并用的情况。据记载，"汉王四年八月，初为算赋"②，算是按人征收的税，规定凡年龄在十五岁至五十六岁的男女，每人每年要交纳 120 钱，称为"一算"。赋是征调的力役，是财政分配客体的力役形态。包括"更卒"，即服劳役，"正卒"服兵役，"屯戍"到边境屯田守卫等三个方面。此外，专卖收入也进一步发展，汉武帝实行盐铁专营，这是中国财政史上的一件大事。在武帝死后，昭帝始元六年，发生了一场有关盐铁专营问题的大争论，桓宽的《盐铁论》就是专门记述此事的。唐代初期，实行了"租庸调"制。其中，租和调都是征实物；庸，本是征调力役，但可以用实物代替③，从此，财政分配客体表现为力役形态的比重大大缩小。到唐代中期，随着商品生产进一步发展，在田赋方面实行了两税法。从此，财政分配客体在形态上发展到钱物并用，以实物为主的时期。唐德宗实行两税法后，所谓"岁敛钱二千五十余万缗，米四百万斛，以供外；钱九百五十余万缗，米千六百余万斛，以供京师"④。便是这种钱物并行情况的记述。到明代中期，我国的商品经济得到很大发展，因而此时在财政改革中得以实行"一条鞭法"，把力役与田赋合并，统一折钱交纳，从钱物并行以实物为主，走向钱物并行以钱为主要形态时

---

① 参见《周礼·天官冢宰上》和周伯棣编著《中国财政史》，上海人民出版社 1981 年版，第 34 页。

② 《汉书·高帝纪》。

③ 参见《文献通考》卷二，田赋二。

④ 参见《文献通考》卷三，田赋三。

期①。这种情况一直延续到清王朝，始终没能完全转向货币形态，其原因就在于虽然商品经济得到很大程度的发展，但在封建制度下，小农经济是汪洋大海，自然经济仍然是占据统治位置。毛泽东同志在分析我国封建社会特点时说：自给自足的自然经济占主要地位。农民不但生产自己需要的农产品，而且生产自己需要的大部分手工业品。地主和贵族对于从农民剥削来的地租，也主要是自己享用，而不是用于交换。那时虽有交换的发展，但是在整个经济中不起决定的作用。因此，财政分配客体的物质形态是不可能完全转向货币形态的。

财政分配客体的物质形态的发展，是不以人们意志为转移的客观过程，在特定的历史阶段上，在特定的社会经济形态下，只能是表现为一定的形态。然而，人们在规律面前也不是无能为力的。人们可以根据具体经济情况，在客观条件允许的范围内，运用财政分配客体的形态变化，发挥其经济杠杆作用，来为自己服务。例如，新中国成立后，为了保障国家集中控制人民必需的粮食供应，在粮食尚不丰富的情况下，对农业税就没有采取货币形态征收，而采取实物形态征纳，这就是运用了财政分配客体的物质形态变化的作用。

世界上任何事物都具有一定的内容和一定的形式。内容是构成事物的内在诸要素的总和，是事物存在的依据。形式是构成内容的各种要素结合起来的结构的表现方式。就形式而言，它存在两重内容：一重是外在的形式；一重是内在形式。前者是和内容没有直接关系的形式；后者是和内容紧密相连的形式。哲学上所谓有什么内容就有什么形式，是指内在形式而言。财政分配关系是财政的内容，而财政分配关系借以表现的内在形式，是财政分配关系的各个具体范畴，即各种具体的分配形式，如税收范畴等。而财政分配客体的物质形态，则是财政分配关系的物质担当者的外在形态，是与财政分配关系没有直接联系的外在形式。它并不反映财政本质的属性，从财政分配客体的外在形态的分析中，是不能认识财政分配关系的本质的。事物在发展，其形式也要随之变化，特别是事物的外在形式，往往同一内容的事物，可以由于客观条件不同而表现为多种外在形式。如果把财政的外在形式看成是内在形式，就会给财政研究带来困难。如果把

---

① 参见《明史》卷78《食货志》二"赋役"。

财政发展历史上分配客体的某一种经济形态，看成是与财政本质相联系的内在形态，就会把人类历史上许多无可辩驳的属于财政的现象，排除在财政之外。由于分配客体的表现形态的变化，也还会把同一个时期内的财政分配，一会儿看作是属于财政，一会儿又不属于财政。这样，就不可能正确地认识财政本质和财政规律。比如，现代财政分配的客体是以货币为主要形态。如果把这种财政分配客体的表现形态，看成是与财政本质联系的内在形式，结果就会把财政分配归结为货币关系或价值分配关系。把财政看成是货币关系，不仅将封建社会后期以前的大量财政现象排除在财政之外，而且使封建社会后期的许多财政现象也无法解释。如我国明代中期，推行了"一条鞭法"之后，财政分配客体的物质形态，基本上转向货币形态。这时如果按货币分配关系而论，这个时期赋税关系当然是财政。但当时的"一条鞭法"在全国各地方执行的情况不一样，有的执行得彻底一些，有的执行得不彻底，有的没有执行。这样，同是田赋，在这个地方折成了货币，表现为货币关系，是属于财政，而另一地方仍然交实物，难道能说就不是财政吗？有的地方时而折成货币时而又用实物或力役形式，这又如何认识呢？同一个赋税关系，就会处于今天折成货币是属于财政，明天交实物了又不属于财政，这种不定的状态中。事实上，在商品经济高度发达的资本主义社会中，用货币关系也仍然无法说明财政本质特征。在资本主义社会，几乎任何经济关系都表现为货币关系，任何分配都表现为价值的分配。把财政本质特征归结为货币关系，或价值分配关系的同时，也就把财政扩大到一切货币活动和价值关系领域，财政完全融合到货币关系一般和价值分配一般之中，从而也就否定了财政这个特殊范畴的存在。

研究财政分配客体的经济表现形态，目的不是要从中揭示财政本质，也不可能从中认识本质，而在于认识财政分配客体的表现形态变化的规律性，认识财政分配客体的不同形态对财政分配及社会再生产的作用和影响，以便在财政工作中，正确运用这一规律和作用，更好地为实践服务。

第三节　财政分配客体不同形态的作用

财政分配的客体，作为财政分配的外在形式，虽然和财政内容没有直接的联系，但它仍然和财政内在形式一样，也反作用于财政分配，对社会再生产发生一定的影响。这种作用和影响，随着财政分配客体的表现形态的变化而变化着。

1. 力役形态，是原始社会和奴隶社会财政分配客体的主要表现形态，也是封建社会中期以前的财政分配客体的重要表现形态。力役形态对保证这几个历史时期财政分配的顺利实现，发挥了积极作用。在劳动力不是商品，没有劳动力市场的自然经济形态下，力役形态是财政满足社会共同事务所必需的劳动力所不可少的形态。但是，力役形态在满足财政分配需要上，也有很大的局限性，并给社会带来劳动力的大量浪费。第一，劳动力不能像物品那样，事先征集并储存起来，以备随时调用，只能是随征随用。可是财政分配，特别是在私有制社会下，必须事先征调而后进行使用，必须事先规定征调的时间和数量，这就很难和实际需用的时间和数量一致，往往造成人力的巨大浪费。第二，力役形态，除直接用于非生产性劳动服务之外，主要是使用劳役从事物品生产，来满足社会共同事务所需之物品。所需物品是多方面的，但用征调来的劳役总是有限的，使用有限的劳役进行的生产是很难生产出各种所需的产品来的，这就限制了财政需要的有效满足。所以，财政分配客体的力役形态，只是生产力不发达历史阶段的必然产物。但在客观上有可能使用其他形态的条件下，人们应当尽力不用或少用这种形态。

2. 实物形态，是自然经济下的主要形态，也是当时财政分配得以实现和有效地满足社会共同事务需要的有效形态。财政分配客体的实物形态，可以使社会（国家）直接掌握一定的实物。因而在某些物品短缺的情况下，是保障社会对该物品的需要的有效手段。但这种形态，也给财政分配和社会经济发展带来一些消极影响。第一，财政分配客体取实物形态，需要大量的调运和储存费用，必然要增大财政的费用开支，从而降低财政效果。财政效果问题将在以后专章分析，这里从略。第二，随社会生产的发展，社会生活所需的物品种类日益增多，财政用征调实物的办法，很难全面满足由财政负责供给的各方面的实际需要。第三，在私有制下，财政分配客体的实物形态一般都只能按人头和土地数量，规定征收什么实物，各征收多少。譬如在我国封建社会中，往往是每户都按人、按亩规定征收若干粮、麻、布帛等，这样势必造成家家户户都要自己生产出所征收的物品来，结果是家家桑麻、户户粮帛，对"男耕女织"的自然经济起了强化作用,从而妨碍了社会化生产的发展,延缓了商品经济发展的历程,不利于社会生产力的发展。当然,财政分配客体取实物形态,是商品经济不发达情况下的客观必然,可是,反过来实物形态又阻碍了商品经济的发展,两者就是这样辩证地发展着。我国商品经济发展缓慢,自然经济长期占统治地位,这与我国财政长期保持实物分配形态,恐怕是有一定关系的。

3. 货币形态,是商品经济高度发展条件下的财政分配客体的主要表现形态。货币形态比起力役形态及实物形态,不论在满足具体的财政需要程度上,或在提高财政分配效果上,都是最为有效的形态。因为货币是一般等价物,它可以和任何商品相交换。财政分配客体取货币形态,就可以满足任何物品的需要。货币比起实物来,既好储藏又便于搬运。因此,财政分配客体取货币形态,可以大大降低财政的费用开支和大大提高财政分配效果。此外,它对发展商品经济,发展社会化生产,促进生产力发展也有着积极作用。财政分配客体取货币形态,使财政收支都和商品交换联系起来,财政义务交纳者为了交付货币,就必须把自己的生产物卖出去换成货币,而财政取得货币后,在使用中也必须通过货币交换,才能取得各项所需之物。这就不仅有利于生产的专业化发展,有利于社会分工的发展,也对商品交换发生了极大的促进作用。

财政分配客体的经济形态,全面转变为货币形态之后,也为财政运用信用手段创造了条件。从理论上说,社会再生产过程中出现信用之后,财政就有利用信用手段的可能。但在自然经济条件下,财政分配客体取实物形态,运用信用是很困难的。这不仅因为任何单位或个人很难以某种物品向财政提供大量的信用,更重要的是信用要有贷者方能实现借,如用实物借贷,借者所需不一定正好是贷者的特定实物,因此,在财政分配取实物形态的情况下,财政要大量运用信用手段组织收入是不可能的。而在货币形态下则完全不同了,货币作为一般等价物,排除了在实物形态下,财政运用信用手段的障碍,从而信用可以成为财政分配的重要手段。

货币形态,也使财政需要与可能的矛盾表面化,财政赤字从可能变为现实。财政从产生那天开始,就存在着需要与可能的矛盾,存在着收入满足不了需要的情况。不过,在财政分配客体取力役形态和实物形态时,这种矛盾只是以潜在的形式存在,不能外在化为支出大于收入。不论力役形态或实物形态，只有财政实际征调到力役和实物，才能实际支出和使用，否则，有需要也无从以支出去满足。而财政分配客体取货币形态之后，则不然，国家没有征收到货币，可以借助货币发行权，特别是货币发展到纸币流通阶段，用增大货币发行量办法，就可以扩大财政支出，从而在财政分配运动中，支出大于收入就从可能性，变为现实，即产生了赤字现象。

第二篇
财政关系量的研究

———客观数量界限论———

第四章

财政分配的数量关系

第一节　财政分配数量关系的客观性

事物的质总是和一定的量联系在一起，并通过一定的量表现出来。财政分配关系也不例外，它的质的规定性，也必然要表现为一定的数量关系。财政分配的数量关系，是财政关系存在和发展的规模、速度以及各个主体方面所占的比例份额等量的规定性。财政分配数量关系同财政分配质的规定性一样，它也是同生产过程的历史规定的特殊社会形式，以及人们在他们生活的再生产过程中互相所处的关系相适应的，并且是由这些形式和关系产生的。

首先，财政在社会再生产过程中的地位，决定着财政分配在社会生产总成果中所能占有的比例份额。所谓社会的再生产过程，是物质生产过程与为之服务的非物质生产过程的统一，是整个社会关系的再生产，也就是一定的社会生产方式的再生产。财政作为社会再生产过程中的满足社会共同需要的分配，社会共同事务在社会再生产的结构中所占的地位和比例状况，也就决定了财政在社会生产总成果分配中所占的地位和比例份额。当然，世界上并没有一般的抽象的量，量都是具体的，在不同的生产方式下，社会共同事务的性质及其在社会再生产的结构中所处地位和比例不同，财政分配关系的数量界限是不同的。所以，研究财政分配数量关系，不能试图找出一个放之四海而皆准的一般数量界限，而只能具体地分析研究不同生产方式下的财政数量关系。提出这一点，是非常重要的，否则，就有可能把财政分配数量关系的研究引向纯抽象的数学方法的研究，走向脱离财政本质的空洞的数学游戏道路。

　　其次，生产力水平决定着财政分配的规模。从表面上看，各个时期财政分配可能达到的规模，是由财政在社会总产品中占据的比例和可能生产出多少可分配的产品总量决定的。但是从根本上看，在一定时期内可能生产出多少可供分配的产品，是由该期的生产规模和劳动生产率水平所决定的。生产规模越大，劳动生产率越高，生产中所能提供用来分配的产品也就越多。在分配比例份额一定的情况下，则参与分配的每一特定方面所取得的绝对数量或总量就越大。因此，生产力状况是一定时期内财政可能分配的产品总量的决定因素。

　　最后，社会再生产按比例发展规律及社会生产目的，决定财政分配数量关系的各方面之间的比例，决定着财政分配数量方面的结构。社会再生产运动的历史规律，客观上要求按一定的比例分配各项生产要素，只不过在不同的社会制度下实现的方式不同罢了。在资本主义社会中，生产资料的私有制使生产处于无政府状态，社会再生产比例是通过周期性危机对生产不合比例部分的破坏方式来实现对比例的调整的。社会主义社会，生产资料公有制消除了生产无政府状态的经济根源，有计划按比例地组织社会再生产不仅成为可能，而且成为客观要求。人们可以自觉地运用这一规律，按客观要求的比例安排社会再生产。社会再生产的客观比例，在不同的生产方式下，不仅实现的方式不同，由于生产目的的不同，其比例也不完全一样，因为，社会再生产的比例，有生产力决定的一面，又有生产关系性质决定的不同的生产目的所制约的一面。生产目的不仅决定直接的物质生产过程的方向和比例，而且决定着社会再生产过程各个方面，决定着生产、分配、交换、消费各个方面的方向和比例。不同的生产目的，规定着不同的社会再生产的比例。资本主义社会的生产目的是为了最大限度地掠夺剩余价值，在客观上就要求社会再生产按照能够掠夺尽可能多的利润的比例方向发展。社会主义社会生产目的是为了满足全体人民日益增长的物质文化生活的需要。这就决定了必须按照能够最大限度地满足人民的物质文化生活需要来安排生产的各项比例，也必须按照人民的物质文化生活需要来安排分配、交换和消费的各项比例。生产的比例决定分配的比例，但分配也反作用于生产，如果分配不按社会主义生产目的来安排其比例，生产的按比例也无法最终实现生产目的要求的。这不仅因为，直接的物质生产的合比例性，是由生产要素分配比例符合社会主义生产目的要求状况所决定，而且，因为生产出产品，用于满足消费，还要通过分配的媒介来实现。按比例地生产出符合生产目的要求的产品，如果分配不按生产目的要求去进行，生产的目的也无法最终实现。财政作为社会再生产过程的分配环节的一个侧面，当然也不例外地只能按照社会主义生产目的要求或决定的比例来安排其收支的各项比例，才能正常地实现其使命。

总之，财政分配的数量关系是客观存在的。财政分配的规模以及各项分配的比例份额等，都是有其客观数量界限的，并不能以人们的主观意志为转移。人们在财政分配的实践中，只能在客观规定的数量界限内发挥主观能动性。财政分配是与社会再生产过程中其他分配侧面共处于一体中，相互之间有着此升彼降关系。如果财政分配不遵循客观数量界限，就会影响其他分配方面，从而就会破坏社会再生产的正常比例，阻碍社会再生产顺利进行。我国几十年的财政工作实践证明了这一点。当违背财政分配的客观数量界限时，就造成国民经济比例失调，就妨碍财政分配使命的正常实现；当遵照客观数量界限时，财政就能充分发挥积极作用，促进国民经济按比例发展，保证社会主义生产目的实现。在第一个五年计划时期，我国财政分配大体上注意了各项客观数量界限，当时在财政收支总量以及财政分配内部的比例关系方面，都比较合理。因此，财政分配不仅顺利完成了自己的任务，而且对国民经济发挥了积极的促进作用。当然，在"一五"时期内，财政分配也曾发生过不完全符合客观数量界限的情况。比如，1955 年的财政收入总量安排上，就忽视了客观限量。据分析当年财政最大增长限量也不过是 11 亿元，财政增长适度限量只可以增加收入 3.38 亿元，可是当年财政预算所安排的收入增长量，却比上年增长了 18 亿元，大大超过了客观限量，但由于执行结果没有完成预算收入计划，少收 10 亿元，实际只比上年增长 8 亿元，并没有突破财政收入最大限量，这样，才没有对经济生活带来不良影响，但却妨碍了财政计划的全部实现。在 1956 年，对私人工商业社会主义改造顺利完成，在胜利的形势下，想加快一点建设步伐，又忽略了客观数量界限，多安排了一点基本建设支出，结果造成财政的积累性支出较大，出现了财政赤字，影响了国民经济平衡发展。中央及时地发现了这一问题，并很快采取了一些补救措施，才没有给国民经济带来更大的影响。"一五"时期财政分配实践的正反两方面的经验，向人们表明财政分配是存在着不以人们意志为转移的客观数量界限。在总结"一五"时期财政分配经验的基础上，陈云同志提出了"三大平衡"的理论，从国民经济按比例发展的角度，指出了财政分配的客观数量界限问题。薄一波同志从国民收入分配总体上，提出了积累不得超过国民收入 25% 左右，财政收入不得超过国民收入 30% 左右，基本建设投资不得超过预算支出的 40% 左右的经验数据，这是在我国社会主义财政理论上，第一次提出了财政分配的客观数量界限的认识。社会主义财政理论研究的这一重大发展，对我国社会主义财政实践有着重要的指导意义。可惜的是，由于在此之后，"左"的思想的一再干扰，不但没能对这一重大理论给予足够重视，反而从 1958 年到 1960 年，连续三年在财政分配上背离了客观数量界限。在财政分配总规模上，按照客观限量的要求，1958 年财政增长最大数量，只能是 128 亿元，最大限量这是个极限（以后将详细分析），正常情况下是绝对不可超越的，而当年实际却动员了 133 亿元①，突破了最大数量界限。1959 年财政收入最大限量只可增长 83 亿元，实际却动员了 135 亿元，当年国民收入也不过增长 104 亿元，财政分配总量不仅大大突破了财政分配最大限量，而且，超过了国民收入增长数额。更严重的是 1960 年国民收入比上年下降，按照财政分配规律要求，这一年财政收入增长应当是负数，可是财政仍然增长了 56 亿元。在支出方面，1958 年到 1960 年三年，不仅在总量上违背了客观最大限量，而且，在支出结构上也完全违背了客观数量界限。1958 年财政收入增加数是 133 亿元，而当年支出中用于基本建设投资及增加流动资金两项就比上年增长了 114 亿元，几乎把新增加收入全部用于这两项。1959 年财政收入增长了 135 亿元，基本建设支出一项就增长了 102 亿元。可见，这两年的支出显然是违背客观比例界限的。更甚者是 1960 年，财政增长 56 亿元，而基建支出却增长了 67 亿元。由于从 1958 年开始，财政收支连续三年违背客观数量界限，结果，完全打乱了"一五"时期形成的大体正常的国民经济比例，造成了国民经济严重的比例失调，财政分配自身也严重地偏离了社会主义生产目的，破坏了原来比较正常的分配结构。1957 年财政支出中积累性支出占 40%，而到 1960 年则高达 67%，致使社会共同

---

① 这里使用的是调整前的数字，以下所用数字同，我们认为从总结经验角度来看，用调整前的数字要比用调整后的数字较为妥当。

需要的许多方面得不到应有的满足，影响了人民生活，造成生产的衰退。由于人民生活不但没有得到改善，而且有所下降，严重地挫伤了劳动者的生产积极性，到 1961 年，劳动生产率急剧下降了 28.8%，再加上自然灾害及苏联领导人撕毁合同的结果，出现了国民收入大幅度下降的严重困境，不得不采取全面调整国民经济的措施，实行了"调整、巩固、充实、提高"的八字方针。结果，1958 年到 1960 年三年间，财政分配超过客观限量部分，又随着经济的破坏而回到原地，基建支出 1961 年比 1960 年压缩了三分之二，1962 年又比 1961 年压缩了二分之一，基本上把从 1958 年到 1960 年超过客观比例数量界限的过多的基本建设投资又压了下来，这样，才使国民经济恢复了正常比例，这一历史事实又一次证明财政分配的客观数量界限是不可违背的。可见，有计划地按客观数量界限组织分配，这是财政分配必须遵循的基本规律。正确地认识和测定财政收支的客观数量界限，并在实践中尊重它，这对搞好财政分配，保证国民经济的综合平衡，避免在宏观经济决策上发生失误，有着极其重要的意义。

第二节　财政分配的客观层次性

社会主义财政分配不仅存在着客观的数量界限，而且还存在着客观的分配层次。人类社会的需要是多方面的，而又是有层次的。人只有首先吃饱肚子，然后才能去从事其他事业，维持生命的最低需要是最初始层次的需要，只有满足了这一层次的需要之后，才能谈到第二层次、第三层次的需要。分配作为满足需要与生产之中介，只有按照这一客观层次性进行，才能完满地实现其任务。社会主义社会也不例外，社会生产品首先要用来满足维持生活基本需要，这一基本层次仍然存在。当然，在不同的社会制度下，维持基本生活需要的内容和数量是不同的，社会主义社会，生产资料是公有制，人民成了社会的主人，因此，维持生活最低需要的内容发生了新的变化，它比私有制社会下丰富得多。但是，不论怎样变化，它仍然是社会生产品分配必须首先满足的最基本层次，只有先满足了这一维持生活最低需要之后，才能用于第二层次、第三层次的需要。这种需要的客观层次性，从社会的再生产角度来看，第一层次的需要就是维持社会简单再生产的最低需要，第二层次需要是扩大再生产需要，为避免和通常物质生产的简单再生产和扩大再生产含义相混淆，我们这里把前者称为维持性需要，后者称为发展性需要。

维持性需要包括维持性消费的需要和维持性积累（生产性、非生产性）需要两个部分。维持性消费需要包括用于维持原有人口生活水平的需要和用于维持当年新增人口现有生活水平的需要，以及随着生产力发展，经济状况的变化，为维持原有生活水平所必须相应增加的消费需要三个部分，维持原有生活水平必须增加消费，是指不提高原有消费水平所必须增加的费用。在经济生活中许多消费情况，要随着经济条件变化而变化，特别是生活社会化的发展，会使劳动者的许多消费需要，由原来通过家务劳动自我满足，变成必须花费一定开支购买才能满足。例如，某些生活在乡镇的工人，原来的环境中可以去村边草地和树林拾些柴草作为燃料而并不需要开支费用，而随着生产发展，居住环境变迁，柴草拾不到了，只好买煤烧，这就要增加必要的燃料开支，才能维持原有生活水平。再比如，由于城市规模的扩大，原来由于城区小，上下班不必坐车，而现在步行无法上班，必须坐车，这就要增加交通支出，这项支出对劳动者来说，并没有提高原来生活水平，只是维持原有生活所必需，如此等等。这些旨在维持原有生活水平，而给职工增加的收入，仍然是属于维持性消费之列。人们往往把积累同发展性支出等同看待，其实，从社会再生产总体来看，积累包括维持社会的简单再生产的积累和社会的扩大再生产性积累两个部分。前者是维持性需要，后者才是发展性需要。所以，积累并不能和发展性需要混同。维持性积累需要包括，为了保证今后几年内新增加人口，维持现有生活不降低，所必须增加的生产品数量而在当年所必须进行的投资需要。而在正常情况下，人口是要年年增加的，人口增加就要相应增加物质供给，才能维持全社会成员原有生活水平，使之不降低。而要增加这些必要的物质生产，就要有扩大生产的投资，并且，由于投资往往不能当年生效，有的甚至要几年后才生效，这就要预先投资，所以，某些长期投资也属于维持性需要。此外，为了维持人口增长而不降低人们生活水平，还必须相应增加住宅及为生活服务的公共设施等非生产性积累投资，这也属于维持性积累需要。因此，在消费与积累的关系上，"先生活后生产"，或"先生产后生活"，或"先生活后积累"等提法，都是不对的，积累也好，生产也好，这都不是目的，只是保证生活需要的手段，离开生活需要，谈积累与生产，这就失去了意义，在分配问题上，任何情况都不能先生活而后生产（或积累），或先生产后生活，而只能是两者兼顾，先维持生活后发展。陈云同志说："第一是吃饭，第二要建设，吃光用光，国家没有希望。吃了之后，还有余力搞生产建设，国家才有希望。"① 就是对这种分配层次性的很好概括。发展性需要，是指在满足维持性需要之后，进一步提高消费的各项需要。它包括发展性消费需要和发展性积累需要两部分。社会主义财政分配也同样存在这种层次性，也必须按照先维持性后发展性的顺序来进行分配。必须首先满足维持社会共同需要原有水平的支出，而后有剩余时才可以用于发展性社会共同需要支出。如果财政分配先用于发展性社会共同需要，而却没有足够力量满足维持性共同需要的支出，这就势必破坏社会再生产的比例性，使社会的简单再生产不能正常进行，并且社会扩大再生产也不可能顺利实现，即使勉强实现扩大再生产，而由于简单再生产得不到正常维持，也同样不能满足人民日益增长的物质文化生活需要，所以，财政分配必须先保证社会的简单再生产，后用于社会的扩大再生产，先维持性支出，后发展性支出，这是一个不以人们意志为转移的客观顺序。如果把财政分配数量的客观界限性称为财政分配数量关系的第一个规律的话，这个顺序性则是财政分配数量关系运动的第二个规律。

有的同志常常引用马克思在《哥达纲领批判》中批判拉萨尔的"公平分配"时的一段话，来说明社会主义劳动产品分配的顺序应当是先社会扣除而后个人之间进行分配。不错，马克思在批判拉萨尔要在产品分配上，不折不扣地分配给个人消费的谬论时，曾明确指出，不能不折不扣，为了社会再生产顺利的不断进行，社会总产品首先应该扣除的是：第一，用来补偿消费掉的生产资料的部分；第二，用来扩大生产的追加部分；第三，用来应付不幸事故、自然灾害等的后备基金或保险基金。剩下的总产品中的其他部分才是用作消费资料的。在把这部分进行个人分配之前，还得从里面扣除：第一，和生产没有直接关系的一般管理费用；第二，用来满足共同需要的部分；第三，为丧失劳动能力的人等设立的基金。在做了这些扣除之后，才谈得上在劳动者之间进行分配。怎样来理解马克思的意

① 《三中全会以来重要文献选编》下，人民出版社 1982 年版，第 1061 页。

思呢？把《哥达纲领批判》全书贯穿起来体会，说明了这样两层意思：第一层意思是说，劳动者不能把自己生产的成果全部分光吃掉，必须交给社会一部分，用来满足社会共同需要的或一般需要的部分。第二层意思是说，所谓先要扣除，这并不能理解成是先扣除社会各项需要，然后剩多少算多少，再在劳动者之间分配，而是说社会需要是多方面的，为了保证社会再生产继续进行，社会产品必须在客观所需要的各个方面，按比例地进行分配，社会总产品的分配必须照顾各方面的需要。劳动者集体只能在自己应得的份额中进行分配，这和先维持后发展，先满足个人生活最低需要这一基本层次，而后去满足其他层次需要是完全一致的，马克思从来就认为只有先满足劳动者生活最低需要，社会再生产才能继续进行下去，才能有剩余产品的生产，才能有其他方面的满足。

第三节　财政收入总量的客观界限

财政收入①总量的客观界限，包括财政收入最高数量界限、最低数量界限和可行的数量界限三个客观数量界限。

一　财政收入的客观最高限量

在第三章中分析财政分配客体时曾指出，财政能够动员为自己收入的，只能是剩余劳动或其产品 M，从极限意义上说，每一财政年度能从国民收入中分割出的 M 总量，也就是财政可以动员为收入的最高数量界限。这一界限由以下诸因素所决定。

1. 受国民收入中所包含的必要产品量 V 的多少所决定。在国民收入总量一定的条件下，国民收入中 V 与 M 两个部分是互为消长关系。作为满足劳动者个人及其家属消费需要的国民收入中的 V 部分，在不同的社会制度下和不同的生产力水平下其范围和数量是不同的，就是说，不仅社会制度不同决定着 V 的范围和数量不同，生产力水平不同 V 的范围和数

---

① 财政收入总量与国家预算收入总量不是同一概念。本书讲的财政收入是指所有为了满足社会共同需要而动员的收入总量，既包括预算收入总额，也包括预算外收入有关部分。此外，这里讲的财政收入，不包括国债。

量也不同。但"在一定的国家，在一定的时期，必要生活资料的平均范围是一定的"。^① 并且，必要产品的数量总是取决于维持劳动力生产和再生产的最低需要量。因此，在特定的社会制度和特定的历史条件下，V 的数量又是一个客观必要量，是有其客观数量界限的。V 这一客观限量直接制约着 M 的数量，从而 M 也就有其客观限量，并不能以人们意志为转移。在资本主义社会中，V 的客观数量界限，根据马克思的分析，它是由劳动力的价值决定的，即由维持劳动力再生产所必需的生活资料的价值决定的，这一价值量由生理需要和历史的社会道德需要两个因素制约。

（1）生理因素的制约是指保证劳动力再生产所必需的必要生活资料量对 V 量的影响。劳动力只是作为活的个体的能力而存在。劳动力的生产就是这个个体本身的再生产或维持。活的个体要维持自己，需要有一定量的生活资料。如果劳动者个体得不到这一最低需要量的保证，其生命也就无法维持下去，整个社会的劳动力就会日益萎缩下去，从而社会再生产也就无法正常维持下去。所以，生理因素所决定的，维持身体所必不可少的生活资料的价值，乃是国民收入中必须用于 V 的最低数量界限。

（2）历史的和社会道德因素，是指历史已经形成的消费状况及社会生活习惯等对必要产品量的影响。劳动力再生产的费用本身是历史形成的，它除了维持生理需要的最低限量之外，还取决于一个国家的文化水平，以及历史上已经形成的生活习惯和生活需要等。因此，在 V 的客观必要量中，除包括维持生理所必需的生活资料价值量之外，还包括历史已经形成的一切必需的生活资料消费需要量。

社会主义社会，同样存在着劳动力再生产生理上的最低需要量这一客观界限，但它已不再是社会主义社会中 V 的最低数量界限。社会主义制度下，劳动力不再是商品，劳动者也不再是作为劳动力的出卖者而存在，由于生产资料已成为全体人民的财产，劳动者不再仅仅是劳动力的承担者，而且是社会的主人。因此，必要劳动不再受劳动力价值的狭小范围的限制，而得到了空前的扩大。就是说，必要产品量不仅仅要保证劳动力再生产所必需的消费范围，还要保证作为社会主人发展自己个性所必需的最低消费范围，这个范围就是通常所说的最低限度的发展资料和享受资料。

---

① 《马克思恩格斯全集》第 23 卷，人民出版社 1972 年版，第 194 页。

社会主义社会国民收入中的 V 的数量，绝不能低于这两部分消费资料的总和。这是社会主义社会必要产品数量的最低界限，也是社会主义必要产品量的最低界限与资本主义社会必要产品最低界限的根本区别所在。社会主义社会必要产品量最低界限，虽然和资本主义的最低界限有本质区别，已不再是劳动力价值，但必要产品的最低必要量，仍然是要以社会平均必要量为标准来测量的。在每一个财政年度内，社会平均必要产品量 V 与全体生产劳动者人数 W 之乘积，就是当年国民收入中 V 的最低数量界限，则 M 量为：

$$M = N - W \cdot \overline{V} \qquad N = 国民收入$$

2. 受国民收入增长量的多少所决定。M 量的多少，不仅受 V 量大小的制约，而且还受财政年度内国民收入总量增长状况所决定。国民收入增长状况包括两方面含义：一是国民收入总量增长多少；一是造成国民收入增长的原因。就第一方面含义说，在国民收入中 V 与 M 比重不变的情况下，国民收入总量增长与 M 量的增长成等比例变化。而就第二方面含义说，制约国民收入增长的各个因素，对 M 量的影响是不同的。国民收入增长主要取决于三个因素：一是从事物质资料生产的劳动者人数增加；二是劳动生产率的提高；三是生产过程中物质资料的节约。这三个因素的变化都与国民收入增减成正比例变化。但是，这三个因素对国民收入中的 M 量与 V 量的影响却是不完全一样的。

（1）劳动生产率，从静态上观察，它是活劳动消耗量与劳动成果数量之间的比值。从动态上观察，它是活劳动耗费状况与取得的劳动成果状况之间的比值，劳动生产率同生产成果多少成正比例变化，同活劳动消耗多少成反比例变化。就是说，劳动生产率的提高，归根结底都表现为单位活劳动消耗所取得的物质成果的增加，或取得单位生产成果所耗费的活劳动的减少，表现为生产过程中的活劳动消耗的节约。既然如此，在补偿活劳动消耗的必要产品不变的情况下，提高劳动生产率，也就意味着单位国民收入量中所包含的 V 量的减少和 M 量的相应增加，因而劳动生产率提高所增加的国民收入都是 M。所以，劳动生产率提高对国民收入中 V 与 M 含量的影响是截然相反的，劳动生产率提高与 V 量成反比例变化，而与 M 量则成正比例变化。

劳动生产率状况在影响财政增长限量的诸因素中，占有首要的地位。

首先，劳动生产率提高所增加的国民收入都是 M，这就提高了财政收入的客观最大限量。由于劳动生产率的提高速度可以超过国民收入增长速度，这就不仅对实现财政规模增长超过国民收入增长速度造成可能，而且也为在不减少财政收入的情况下，大幅度地提高人民生活水平提供物质条件。其次，从根本上说，一定的劳动生产率水平是 M 的存在基础，国民收入中的剩余产品比重的高低，取决于劳动生产率的高低。马克思认为，一切剩余价值，不仅相对剩余价值，而且绝对剩余价值，都是以一定的劳动生产率为基础的。如果劳动生产率只达到这样的发展程度：一个人的劳动时间只够维持他本人的生活，只够生产和再生产他本人的生活资料，那就没有任何剩余劳动和任何剩余价值，就根本没有劳动能力的价值和这个劳动能力所创造的价值之间的差额了。所以，提高劳动生产率也是保障财政稳定增长的最为可靠的途径。

（2）生产过程中物质资料消耗的节约，意味着单位产品中物化劳动的比重降低，在其他条件不变的情况下，可以使 M 量得到相应的增加。国民收入增长量如果都是由于物化劳动节约形成的，那么国民收入增长量就可以都成为 M。所以，物质消耗状况，也是制约财政收入最大限量的一个重要因素。物质消耗情况的变动与财政收入最大限量成反比例变化。物质消耗降低得越多，则财政收入限量就会越大。

（3）物质资料生产领域劳动者人数的增加，是增加国民收入的另一个重要途径。在劳动生产率及其他条件不变的情况下，国民收入与物质生产领域劳动者人数增加成正比例。从事物质生产的劳动者的人数越多，所创造的物质财富就越多。在正常情况下，物质生产领域中劳动者人数增加，国民收入中 V 与 M 两个组成部分，会与国民收入增加成等比地增加，并不会改变 V 与 M 的比重，从而增加劳动者人数所增加的国民收入中，只是一部分属于 M。这部分 M 的数量大小不仅取决于所增加的国民收入数量，也取决于国民收入中前期已经形成的 V 与 M 的比例。M 的比例越大，则新增加国民收入中属于 M 部分数量就越大。在实践中可能出现另一种情况，就是由于新投入物质生产领域中的劳动力，非熟练劳动力比重过大，从而造成劳动生产率下降，这样就会引起国民收入中 V 的比重增加，而相对降低 M 的比重，从而造成 M 部分不能与国民收入同步增加。如果劳动生产率降低过大，也可能出现 M 量急剧下降的情况。因此，在研究财政收入增长因素中必须十分注意这种情况。

以上三个因素所决定的国民收入增长量中的 M 量，就是财政收入增长的客观最大限量 B，这一限量可用以下方程式表示：

$$B = \Delta Y - T_0 \Delta W \ (\frac{V_0}{Y_0})$$

B——财政收入增长最大数量界限

ΔY——国民收入增长量

Y_0——上期国民收入量

T_0——上期每一个工人平均创造的国民收入量

ΔW——当年新增加的工人数量

V_0——上期国民收入中的工资量

这里有必要对财政收入增长与国民收入增长同步问题加以说明。财政收入与国民收入同步增长是有条件的，并不是任何情况下都符合客观数量界限的。财政收入客观限量的增长能否与国民收入增长同步，取决于决定国民收入增长的各个要素对国民收入增长影响的程度。如果在劳动生产率没有提高，而生产中物化劳动消耗也没有节约，国民收入增加主要是靠向物质生产过程中增加劳动力，即增加就业人数来取得，在这种情况下，如果实现财政收入与国民收入同步增长，则是以不提高劳动者收入水平为条件的。如果是劳动生产率降低而又物质消耗浪费增加的情况下，实现同步增长则只有压缩国民收入中 V 的比重方能实现，这样的同步是与社会主义生产目的不相符合的。也必然会背离财政收入增长的客观限量，从而给国民经济带来消极影响。所以，努力提高劳动生产率和降低生产中物质消耗，这是财政收入增长与国民收入增长得以同步的根本条件。那么，在劳动生产率和物质消耗水平不变的情况下，单纯靠向生产中增加劳动力来增加国民收入是否也能保证财政收入增长与国民收入同步增长呢？从表面上看，如果国民收入中 M 与 V 比例不变，是可以做到的。但如果人口的增长量几倍于就业人数的增长，在我国当前的工资水平下，这种同步增长必然会带来原有的消费水平得不到维持，从而降低人民实际生活水平。

上面是假定国民收入中 V 与 M 比例不变情况下的财政收入增长的客观数量界限。在社会主义国家里，正常情况下，劳动者的消费水平是要随着生产的发展，劳动生产率的提高而不断提高的。当然，我们这里分析的是财政收入的最大限量。因此，可以把提高劳动者消费水平因素置而不论，但即使不提高每一个人的平均消费水平，为了保持劳动者原有消费水平，国民收入中的必要产品总量也是要逐年增加的。这是因为，每年的人口都在增加，从全社会看，生产劳动者的家属人数要增加，并且，前边讲到，随着生产的发展，要维持劳动者生活的原有水平，也必须增加一定的消费。否则，不仅会降低劳动者原有生活水平，而且会给社会再生产的顺利进行造成困难。所以，从动态上看，每年国民收入中 V 的最低数量，取决于以下三个因素：（1）劳动者及其家属的原来已达到的生活费用开支的数量；（2）维持原有生活水平，必须供给新增人口的生活资料数量；（3）维持社会正常生产和原有生活水平所必须增加的费用开支数量。这三个因素形成的最低限度的生活费用支出之和，就是每年国民收入中 V 的最低必要量，后两个因素决定的生活费用最低限量，就是每年国民收入中必须增加的 V 的最低限量。因此，当年国民收入中 V 的最低限量，则应当是：

$$V = V_0 + \Delta V$$

M 量则应为：

$$M = N - (V_0 + \Delta V)$$

财政年度收入增长最大限度的数量关系式，则应改为如下方程表示：

$$B = \Delta Y - [\Delta W \cdot \bar{V} + (W + \Delta W) \cdot \Delta \bar{V}]$$

当年财政收入增长最大限量加上上年财政收入客观最大限量，就是当年财政收入最高数量界限。在实际工作中，都是以上年财政实际收入总量加当年财政收入可能增长最大限量来计划财政收入最大限量的，这有一定的道理。但从理论上讲，这并不一定完全符合客观限量。因为，在实践中它包括人们的主观因素，收入不一定会完全符合客观限量的，当上年财政实际收入与客观限量脱离时，按上年实际收入总量来测算当年收入总量就会发生偏离客观限量问题。因此，运用上年收入实际数，必须用上年客观限量加以修正，才是当年财政收入总量的客观界限。

二　财政收入增长的客观可行限量

财政收入增长的客观最高界限，这是财政收入增长的极限。在社会主义制度下，除非发生战争及特大自然灾害等特殊情况下，绝对不能超过和达到这个极限来动员财政收入。如果忽视了这个界限，就会背离社会主义基本经济规律，给国民经济的发展和人民生活带来严重损害。这不仅因为社会主义基本经济规律要求，随着生产的发展，必须相应提高人民生活水平，更因为按财政收入最大数量界限动员收入，不仅把那些非全民所有制经济的必要积累也动员出来，造成非全民所有制经济的萎缩，而且也把国营企业必须留下用来补充投资和增加职工集体福利所必需的部分 M，也动员到财政收入中去。同时，也把应当用来维持新增人口最低消费需要以及提高劳动者消费水平那部分国民收入也列入了财政收入。这样做的结果，不仅挤了简单再生产，也挤了人民的生活。在党的十一届三中全会以前，国民经济中表现出来的，对人民生活欠账很多，以及对老企业改造欠账太多的情况，其重要原因之一就是财政在组织收入中违背了这一客观数量界限。所以，财政收入增长的最大限量，并不是财政增长的实际可行数量。在正常情况下，财政增长限量还要受非全民所有制经济必不可少的积累和维持国营企业内涵扩大再生产必须留下的盈利，以及提高劳动者消费水平所必需的国民收入数额所制约。只有从最大增长限量中扣除上述各项数量之后的余额，才是当年财政增长的客观可行限量。这一客观限量关系式 B′ 可用如下方程表示：

$$B' = B - (\Delta Y_r \frac{K_r}{Y_r} + \Delta IX_0 + \Delta XI)$$

Y_r 为非全民所有制经济的国民收入；ΔY_r 为非全民所有制经济的国民收入年增长额，K_r 为非全民所有制经济的年积累额，I 为总人口数，ΔI 为当年人口增长数，X_0 为上年每人平均消费量，ΔX 为人均消费客观必需的最低增长量。

三 财政收入的客观最低数量界限

最低限量是每年财政必不可少的数量。前面分析的都是财政收入不可突破的最大数量界限，突破了就会破坏国民经济比例，影响生产和生活的顺利发展。那么是不是财政收入越少则越好呢？也不是。社会共同事务作为社会再生产活动的有机组成部分，它必然是以一定比例而存在，这在客观上决定了，在国民收入分配中，必须按一定的比例，把一定的部分用于满足这个方面的需要。这是人们不能任意减少或不给予满足的客观需要。

但事物存在的量又都是有一定的弹性的，只要不超出这个弹性范围，是不会改变事务性质，从而是不会损害该事物的正常存在的。因此，财政收入它不仅有一个最大数量界限，也必然有一个最低数量界限。那么最低数量界限是什么呢？它由社会共同需要的最低必要量决定，归纳起来主要由以下三个因素所制约：（1）上年已经达到的，而又不随生产发展和人口的增长而相应增长的社会共同事务部分的需要量，我们暂称之为相对不变的社会共同需要，这种需要诸如行政经费，它在一定时间内应当是一个相对稳定数量，是不必年年增长（除特殊情况外）的。再比如，和平时期的国防费用需要等也是相对稳定的。（2）随生产发展和人口增加要相应增加的社会共同事务部分的需要量，我们暂称之为变动的社会共同需要，诸如，文教卫生等需要则是这一类。（3）为满足人口增加所必须增加的生活资料需要，必须进行的生产性和非生产性积累的投资，也就是维持社会简单再生产所必需的维持性积累的需要。这种维持性积累中需由国家统一承担的部分，就是财政所必须保证供给的最低需要量。以上三个方面的社会共同需要的最低量的总和，就是当年财政收入必不可少的最低限量。如果财政收入达不到这个限度，就满足不了社会共同事务的各项基本需要，从而造成社会再生产比例失调，人民生活得不到应有的满足。所以，从这个角度来说，在国民收入分配中，又是必须首先扣除财政收入的这个最低数量，而后才能用来在劳动者个人之间进行分配。财政收入最低限量关系式 B'' 可用如下方程式表示：

$$B'' = G_b + G_d R + RW_g$$

G_b 为相对不变共同需要量，G_d 为变动共同需要量，R 为人口增加量，W_g 为人均维持性积累量。

以上分析的三个客观数量界限，实际上也就是财政占国民收入比重的客观数量界限。关于这一问题近年来理论界讨论得很多，其目的在于寻找一个最优比例。我们认为在正常情况下，财政收入总量应当以财政收入客观可行的总限量为准，这也就是国民收入中财政收入的最优比例。所谓优劣不能以人们意志为转移，而应当是以是否符合客观规律为准绳，符合规律要求的就是最优比例。当然，在国民经济情况不正常的情况下，人们不能拘泥于财政收入客观可行限量，以此为财政占国民收入比重的最优标准，而应当寻求特殊情况下的特殊限量，或特殊情况下的财政占国民收入比重的最优点。例如，党的十一届三中全会以来，为了纠正严重失调的国民经济比例，为了解决人民生活的欠账问题，迅速地适当地提高人民生活，就必须适当调整财政收入总规模，就不能完全按照正常时期财政收入客观可行限量来安排收入，只能根据实际情况相应地减少财政收入总量。但这种改变并不是违背客观限量，而正是运用了客观限量。因为，客观限量是由各年实际经济情况所制约的结果，客观因素变化了，其限量的数额也必然会随之变化。客观数量界限并不是一成不变的，每年由于制约财政收入各项因素的变化，财政收入在国民收入中的客观比例限量也将会变化的，企图找出一个固定不变的最优比例，或认为财政收入的各个限量会是不变的，这种认识是不符合财政分配规律的。当然，在一定时期，特别是在各个特定财政年度内，制约财政收入限量的各项因素又是一定的，因此，财政收入界限又是确定的，人们必须遵循。就是说，财政收入客观限量，从发展的角度看，它是随客观因素变化而变化的。而从每一年度来看，财政收入在国民收入中所占比例，又是一个确定的客观比例。确定性和变动性统一，这是财政收入客观限量的特性。然而必须指出，这个变动性，也是有限度的，它只能是在财政收入最大客观限量与财政收入最低客观限量二者之间，这个弹性区内变动，而绝不能突破这个弹性区间，这是财政收入变动的极限。财政收入最大限量与财政收入最低限量之间，是财政收入的一个最大弹性区间。在国民经济不正常的情况下，客观上要求对财政收入量进行调整，以利于调整失调的国民经济比例，但也不能突破财政收入弹性区间这个客观界限。如果突破了这个弹性区间，就会破坏财政正常执行职能的条件，从而不但不能调整好失调的国民经济比例，反而会造成新的比例失调。也许有的同志会提出，当国民经济比例失调非常严重时，不极大地改变国民收入分配比例，是无法迅速纠正的，这就需要突破财政收入弹性区间的界限。不，这仍然是不能的，在任何情况下都不能这样做。因为，经济问题是不能用矫枉过正的办法来解决的。就像一个人长时期没有正确安排自己的收支，造成欠债累累，当想纠正时，就不可能一个早晨把长期积欠的债务还清，这不仅要受其收入总量的限制，而且还要受他生活最低需要的限制，充其量只能把全部收入扣除维持生活最低需要后的余额全部还债。财政分配也是一样，如果突破财政收入变化的弹性区间，突破财政收入最大客观界限，就会造成人民原有生活水平得不到维持，而使人民生活处于萎缩状态，这必然会导致对社会再生产的破坏。例如，三年"大跃进"和十年"文化大革命"时期，由于"左"的错误影响和"四人帮"的破坏，造成财政突破了财政收入最高数量界限，结果是人民生活欠账严重，生活水平下降，严重挫伤了人民生产的积极性，造成经济效果极大的下降，妨碍了社会主义优越性的充分发挥。反之。也不能为了纠正对人民生活欠账太多，而把财政收入数量一下子降到财政收入客观最低限量以下，突破客观最低界限。这样，不仅不能很好地达到归还欠账的目的，反而会出现新的欠账和比例失调。这一点我们也是有经验的。比如，1979 年为了纠正较长时期忽视人民生活问题所带来的一些消极影响和积累与消费的比例失调，政府较大幅度地提高农副产品收购价格，减免一部分农村税收，使农民生活能够较快地得到改善，以促进农业的发展。在城市则增加职工的工资和实行奖金制度，积极安排就业等，使职工收入水平有所提高，采取这些措施的结果，使积累与消费比例迅速接近正常，促进了国民经济发展，其效果是显著的。事实证明这些措施是非常必要的和正确的。但也要看到，由于措施的步子过大了一些，使财政收入下降的幅度过大，接近了最低限量，使一些本应更多增加供给的社会共同需要得不到应有的满足。比如一些本来已是短线的能源、交通和城市基础设施建设，得不到应有的供给，结果是随着经济的发展，这方面的矛盾更加突出，出现了新的不平衡，不利于经济发展和调整工作的进行。这一事实说明，欠账再多，需要还债再迫切，也必须注意财政的承担能力，绝不能操之过急，突破财政收入客观界限的弹性区间的最低限。

在研究财政收入客观数量界限中，不能把预算占国民收入的比重同财政收入占国民收入比重混为一谈。在实行统收统支的财政体制下，两者可以看成基本上是同一的。而在把财政收支分成预算内与预算外两部分管理的情况下，这两者则是既有联系、又有区别的两件事物。预算占国民收入的比重，则是指国家财政直接支配的，或国家集中支配的财政收入部分占国民收入的比重，而不是全部财政收入占国民收入的比重。讲财政占国民收入比重，还必须把预算外收入中属于用来满足社会共同需要的部分，即属于财政的部分包括进来才是完整的。当前我国预算外资金几乎同预算内相等，其中并不完全属于财政资金，然而大部分是属于财政资金，这么大一块资金在计算和分析财政占国民收入比重时不算在内，显然是不合理的，把这么多资金放在观察财政收入占国民收入比重视野之外，就人为地缩小了财政占国民收入的比重，从而得出不正确的结论。

第五章

财政支出总量的客观数量界限

第一节　支出总量的最高界限

在社会主义社会中，财政收入的客观限量就是财政支出的客观限量。它是由财政支出与财政收入之间的关系，及财政支出在财政分配中的地位决定的。财政收入与支出，作为财政分配活动的两个侧面，是从不同角度完成满足社会共同需要使命的同一过程。财政收入是在社会再生产分配过程中，取得满足社会共同需要资财的活动，是解决在社会再生产分配过程中，社会共同需要与其他各方面的需要之间的比例份额问题。财政支出是将财政取得的收入按社会共同需要的各个方面所应得到的客观比例份额进行再分配的活动，是解决社会共同需要各个侧面之间的比例份额问题，所以，财政收入与支出是财政分配的同一过程，所支配的资财量是同一的，两者的区别只是在整个财政分配过程中，处于不同层次的活动，收入是第一层次，是支出得以实现的前提。支出是第二层次，是收入目的得以实现的条件，所以支出只能以收入为限，没有收入也就无从支出。当然，支出也有其独立的运动规律，收入只直接制约着支出总量，而支出在收入总量内，在各个需要方面，各需使用多少，则直接受社会共同需要内部的各项客观比例决定。但是，从收支总体上及收支运动过程来看，收入与支出总是继起的。每一项支出成为现实，也总是要以有收入为前提的，没有收入，就没有可以支用的手段，就无从支出，这是不言自明的道理。所以，财政支出总量只能以收入总量为限，量入为出这是一条客观规律。这一点，在实践中早已为人们所认识。在《礼记》中就有这样的记载："冢宰制国用，必于岁之杪，五谷皆入，然后制国用。用地大小，视年之丰耗。

以三十年之通制国用，量入以为出。""国无九年之蓄曰不足，无六年之蓄曰急，无三年之蓄曰国非国也。三年耕，必有一年之食；九年耕，必有三年之余"①。这里不仅明确提出国用（财政）必须量入为出，注意节制支出，而且提出还要留有后备的主张。

　　财政支出不加节制，实际上就是不遵循收入的客观限量。因为，超过收入总量来安排财政支出，是要以超过收入总量之外取得收入为条件。超支必须有弥补来源，才能成为现实。一个人手中只有 10 元收入，只能花10 元，想多花一分钱也无法办到；如果要花 10 元以上的钱，就必须在 10元之外再取得收入。因此，超过收入的支出，本身实际就是超收。在收入已达客观限量的情况下，超支就是突破了收入的客观限量，这样就势必要挤掉其他方面需要的满足，从而破坏社会再生产的正常比例。在我国历史上，凡是违背量入为出规律，收支无度的王朝，无一不引起严重的经济和政治的危机而覆灭。公元前221 年，秦始皇统一全国，这在中国历史上是一项光辉的业绩，但秦王朝的财政收支无度，违背了财政分配的客观规律，极大地突破了客观数量界限。当时全国人口约二千万，被征发造宫室坟墓的共一百五十万人，守五岭的五十万人，蒙恬所率防匈奴兵三十万人，筑长城约五十万人，再加上其他杂役，动用的劳力总数不下三百万人，占总人口的百分之十五。使用如此大量的民力已大大超出客观所允许的限度②，加之"秦田租口赋盐铁之利二十倍于古"③ 的苛重赋税，结果是"海内愁怨，遂用溃畔"④。至秦二世继位后不久，终于激起了中国历史上第一次大规模的农民起义，陈胜、吴广揭竿而起，一呼百应，秦王朝终于在农民暴动的洪流中被淹没。汉朝建立后，高帝刘邦吸取了秦王朝的教训，注意了撙节财政开支，到文帝和景帝时经济得到很大恢复，在历史上称为"文景之治"。后来从汉武帝始，又忽略了财政收支的数量界限，大量增加财政开支，最终又激起了农民大起义，结束了西汉的历史。

　　在阶级社会中，剥削阶级居统治地位，最大限度地剥削劳动人民是一切剥削阶级的本性，客观上决定了在阶级社会中是不可能真正认识和遵循

---

① 《礼记·王制》。
② 参见范文澜《中国通史简编》第二篇，第 18 页。
③ 《文献通考》卷一，田赋一。注，此说虽不完全可信，但秦税苛重是可以肯定的。
④ 《汉书·食货志上》。

财政收支客观限量的。只有社会主义社会，推翻了剥削阶级，人民当家做主，才创造了自觉地认识和遵循财政分配客观数量界限的可能。在我国社会主义革命胜利后，就一直在财政分配上，坚持收支平衡、略有结余原则，一直自觉地遵循财政分配客观数量界限，从而保证了我国经济持续的发展，人民生活日益改善。当然，在我国社会主义财政发展史上，也曾多次出现过支出超过收入总量的情况，但大都是由于经验不足和"左"的思想干扰造成的。因此，每一次赤字的出现都是很快就得到克服，并采取一切有效措施，消除赤字的消极影响。

财政收入总量的客观界限，包括财政收入最大限量、收入最低限量和可行限量三个方面的数量界限，与此相对应就有财政支出的三个客观限量。因此，在财政分配的实践中，要遵循客观界限，坚持量入为出原则，就必须按各个客观限量之间对应关系，来安排支出，绝不可以交叉安排。例如，绝不可以按客观可行限量组织收入，而按客观最大限量安排支出等。如果不按对应关系安排支出，从表面上看似乎也是遵循了客观限量，实际上是对财政支出客观限量的破坏。这样会出现两种情况：一种是收入按最大限量动员，而支出按最低限量安排，就会形成大量的财政收入闲置不用，结余过多而妨碍社会共同需要应有的满足，阻碍国民经济的发展；另一种是财政收入按最低限量动员而支出按最大限量或可行限量安排，就会形成入不抵支，出现赤字，这就会破坏国民经济正常比例。所谓支出总限量要与收入总限量相对应，也不是说，收入多少就支出多少，分文不差。要遵循客观限量，保持财政收支平衡，支出不突破客观数量界限，还要求把支出安排略低于收入，使之有一定的结余或后备。因为，财政收支的客观限量，并不是一个固定不变的绝对量，而是随各项制约财政收支因素的变动而变动的，人们的认识往往落后于实际，会有考虑不周、认识不符合或不完全符合客观规律的情况，在实践中就会出现年初计划安排的财政收支数额，与年度实际实现的数量之间出现差异。对立统一规律是事物发展的普遍规律，对立就是不平衡。统一就是平衡，事物总是在平衡与不平衡之间运动着，从每一时点的静态来看，事物是平衡的，从运动的状态来看它又是不平衡的。财政工作的任务就是掌握这个平衡与不平衡运动规律，自觉地遵循财政收支客观数量界限，调节财政收支，使之不断地保持按比例平衡发展。为达到这一点，就必须在财政计划中把支出打紧，使之略低于收入，保留一定后备。后备的多少，一要靠经验，二要通过概率来求得。留有后备，就可以在出现主客观不一致，出现收支不协调时加以补救，而不至于造成突破客观限量的危害。

第二节　关于"动态平衡"论

50 年代后期，由于"左"的思想影响，在我国曾出现过"积极平衡"的主张，认为计划可以留有缺口，在执行中挖掘潜力去弥补，这样可以把建设搞得更快一些。在"大跃进"时期，搞"积极平衡"的消极后果启发了人们，现在没有人再主张搞"积极平衡"了，但近些年在财政理论上，却出现了变相的"积极平衡"理论，即所谓"动态平衡"理论。这种"动态平衡"的理论，主张不要从一个年度来看财政收支是否平衡，而要从一个时期内来看。一些年份虽然有赤字，可是另外一些年份有结余，用结余补偿赤字，从总体看仍然是平衡的，也就是坚持了财政平衡。认为这样并没有什么害处，而且更符合实际，理由是财政收支完全相等的情况，是不会存在的，执行的结果不是略有结余，就是略有赤字。因此，不能只把略有结余看成是平衡，而把略有赤字看成是不平衡。实际上略有赤字是略有结余的一种补充，用结余补偿赤字最终仍然是平衡。如果只是强调略有结余算平衡，那么，把结余连年累计起来，势必化为大量结余，反而对国民经济不利。这种主张有没有道理呢？从表面上看有些道理，仔细观察却很值得研究。

第一，赤字和结余在性质上和在实践中的作用，都是完全不同的。两者不能像算数那样正负相抵。结余是国家掌握了一部分物资，当年没有使用，形成一时性储备，它不但不会冲击市场，反而会成为稳定市场的积极因素。相反，赤字则不同，它是一种没有正常收入来源的空头购买力，是超出了财政可能和应当动员的收入总额之外的过头支出。这种支出是以挤掉财政需要以外其他需要为条件的，否则赤字也无法变为现实。没有来源而又必须有来源，这就是赤字本身的矛盾。解决的办法，不外乎两种形式：一是从国外借款，二是在国内借债。国内借债，可以是从银行透支，也可以是向银行或居民发放债券，这些办法都要占用国内可能动员的全部信用潜力的一部分，从而必然要挤占银行所能利用的全部信贷资金的一部分。银行信贷被挤可能有两种情况：一种情况是财政挤银行信贷时，银行能够相应地紧缩自己的信贷，压缩其他方面信贷资金的供给，这虽然不会造成国民经济总供给与总需求的不平衡，但却会打乱原来计划已经安排好的国民经济比例，影响国民经济按比例发展，造成其他方面对信贷的正常需要得不到必要的满足；另一种情况是财政挤银行时，银行信用不能相应地紧缩下来，出现银行信贷不平衡，被迫发行超量货币来弥补信贷差额（这种发行可能是现金的，也可能是非现金的）。这就会造成社会总供给与总需求的不平衡。如果价格是指令性的固定价，则会出现物资供不应求，各方面需要都得不到正常的满足。如果价格是浮动价或自由价，就会由于货币购买力过多而物价上涨，这也会给国民经济带来消极后果。

第二，结余并不能消除或抵消赤字已经造成的消极影响。所谓"动态平衡"，不外是两种情况：一是先期结余，后期赤字，以赤字吃掉结余达到平衡；一是先期赤字，后期结余，用后期结余抵消先期赤字，达到平衡。前一种情况，实际上并不是赤字，把动用上年结余看成是赤字，这实际上仍然坚持上年结余不能动用，本身就是"动态平衡"的自我否定。如果上年结余不可动用，那么，赤字以后各年的结余，照理也是不能动用。这样，也就不存在用结余弥补赤字的问题，赤字无法吃掉结余，"动态平衡"也就不存在了。上年结余属于财政的正常收入，动用上年结余，本是正常现象。可是，长期以来却形成一种上年结余不能动用的固定观念，认为动用了就是"一女二嫁"。其实，这并不是规律，只是在特定的条件下才是这样。在正常情况下，财政结余被银行作为信贷资金贷放出去，当财政要动用时，银行可以相应减少信贷，把存款归还给财政，这有如个人储蓄存款，被银行作为信贷资金运用，当个人取款时，银行减少信贷资金一样，并不会造成任何问题。那么，为什么过去又说不能动用呢？这是我国财政与银行之间特定的管理体制造成的。在我国，过去一直实行着财政资金与信贷资金同货币发行捆在一起"吃大锅饭"的管理体制。在这种体制下，银行和财政之间，职责不清，银行并不是独立的金融企业，仅仅是财政资金供给的补充，承担着大量应当由财政承担的财政性支出任务，银行贷款被当成财政性拨款使用，银行信贷资金被长期占用而收不回来，因此，当财政动用上年结余时，银行就无法紧缩信贷，归还财政存款，这就出现"一女二嫁"的情况。随着财政与银行体制改革，严格分清了财政与银行的职责，严格分清了资金渠道之后，这种情况就不再存在了，动用上年结余，就会成为正常之事。后一种情况，先期几年内有赤字，而后期几年再用结余来弥补赤字，达到平衡。从纯数字的观点看，正负相消是能够达到平衡的。但是经济生活却没有那么简单，先几年的赤字，在当时对国民经济所造成的消极影响，是无法用后几年盈余来消除的。因为在当时，由于赤字给国民经济造成的物价上涨、通货膨胀等恶果，已成为历史的事实，怎么能够用后几年盈余来抵消呢？事实上头几年赤字所造成的影响，往往在后几年有结余也不会消除。这一点，从我国所发生的多次财政赤字，差不多都是同时发生不同程度的通货膨胀和物价上涨，而当财政出现结余之后，也并没有引起物价下降而抵消其物价上涨的不良后果的事实，可以得到充分证明。

所谓"动态平衡"理论，实际上也就是西方财政学的"补偿性理财方式"的理论。这种理论的基本点，是用赤字预算办法，造成一种人为的需求，以解决经济危机。待危机过后，在繁荣时期，再以财政结余抵消赤字的影响。他们认为，这样既可以"熨平经济周期波动"，又可以"用高涨时期的盈余抵消萧条时期赤字"，而达到总体平衡，从而可以使赤字不致造成物价上涨、通货膨胀等不良影响。但几十年西方经济的实践证明，这种"补偿性理财方式"并不能治疗资本主义所固有的经济周期振荡的痼疾，既没有熨平经济的周期震荡，也没有出现高涨时期的财政结余，更没有抵消赤字的后果，而是恶性通货膨胀及频繁的周期振荡与失业压力日益增加，连年赤字同时并存的困境，出现了所谓滞胀局面。第二次世界大战后，美国从1946年到1985年40个年度内，有32年预算是赤字，赤字累计总额达9000多亿美元。其中特别是1981年7月开始的一次经济振荡，持续时间达一年半之久，到1983年才开始回升。在此期间，美国财政为了减弱经济的衰退，实施了大量赤字政策，70年代以前的35年中赤字总额累计达3117亿美元，年平均约311亿美元，而80年代，赤字额大幅度上升，1981年为579亿美元，1982年达1107亿美元，1983年更高。英国从1951年到1978年28年间，有25年赤字，其赤字净额累计达409.76亿英镑。日本从1951年到1976年间，预算赤字净额达665.4亿美元（包括特别会计在内）。高额的财政赤字，并没有减缓经济衰退的震荡，反而带来了恶性通货膨胀和失业率上升的困难局面。因此，资本主义各国不得不放弃赤字财政政策，企图寻找新的救治药方。美国里根总统上台后，不得不放弃凯恩斯主义政策。日本从 70 年代后期，就提出了撙节支出，解决赤字，再建财政问题。在英国保守党撒切尔夫人一上台，就采取了大刀阔斧地紧缩信用和削减政府开支措施，力图实现财政平衡，抑制通货膨胀，以稳定社会。事实上，已经宣布了"补偿性理财方式"的破产。

"补偿性理财方式"的破产，这是赤字财政作用的必然结果，在存在需求不足的经济危机的情况下，通过财政赤字造成一种人为的购买力，最初是可以对危机起一定的缓解作用的。但这种作用只能是短暂的，并且在发挥缓解作用的同时，也起着推动新的危机到来的作用。搞赤字，增加需求是不能凭空实现的，是要以取得货币支付手段为条件的。在资本主义社会下，赤字从本质上说，只不过是掠夺劳动人民的一种手段，不论采取什么手段，取得弥补财政赤字的来源，归根结底都要由劳动人民来负担，都要从降低劳动人民实际生活水平为条件。因此，赤字一旦变为现实，就会从缓解危机的积极因素，即刻转化为削弱劳动者购买力，降低需求的消极因素。这就是"补偿性理财方式"必然导致经济危机频率加快，出现滞胀局面的直接原因。

"补偿性理财方式"，在资本主义社会走进了死胡同，在社会主义社会更是行不通的。社会主义经济是有计划的商品经济，生产与消费都是在国家有计划地调节和控制下进行的，不存在生产过剩问题。相反，往往是由于我们的生产力水平不高，而又急于尽快地发展生产和迅速提高人民的生活水平，以及有时对客观经济形势估计不足等因素，以致造成积累与消费上得过快，出现供给满足不了需求，物资供应短缺的问题。我国的历史经验反复证明了这一点。在这种情况下，只有坚持量力而行的原则，加强综合平衡，进一步调整经济结构，调节需求，使供求恢复平衡，才能更顺利地发展经济，提高人民生活。如果我们搬用"补偿性理财方式"，用赤字办法造成国民收入价值形态上的超分配，促成一个额外购买力，就必然要加剧国民经济总供给与总需求不平衡的矛盾，这不但加快不了国民经济的发展，反而会造成宏观经济失控，对物资紧张状况起火上浇油的作用。因为，赤字增加的仅仅是货币，并不能创造任何财富，货币本身既不能当饭吃，又不能当原材料搞建设。从表面上看，把用赤字增加的货币用于建设，是表现为增加投资数额，但一定时期内可用于建设的物资就那么多，不要说计划上留有缺口，就是计划安排上物资供应与需求是平衡的，也会造成用赤字增加的货币，到市场上去争购已经有了购买者的物资，势必打乱原来的平衡计划，从而造成物资供应的更加不平衡，形成抢购物资的局面。抢购的结果，也许是用赤字支出的货币抢到了一定的物资，从而用赤字办法搞的项目不仅上了马，开了工，并取得一定的进展。但与此同时，就必然会挤了其他工程项目的材料，不能按时按量得到供给，延迟了工期，效果降低。如果放开物价，则会出现原材料价格大幅度上涨，结果，从表面上看，供求基本平衡，建设投资数量也增大了，项目也增加了，似乎是好事。其实，由于物价上涨，一个钱办不了原来一个钱的事，从全社会来看，实际建设量不会有任何增加，甚至还会有所下降，反而会拉长基本建设战线，拖长建设工期，带来效果下降的损失。所以，社会主义社会绝不能用搞赤字、发票子的办法搞建设。应该看到，基本建设搞多少，不决定于钞票有多少，而决定于原材料有多少。此外，由于投资必然要有一部分转化为个人消费，据统计，至少也要有 30% 的投资转化为消费，这样，额外增加的消费品需求，就会造成消费品供应紧张。如果把赤字增加的货币，用于消费，这就会破坏消费品的供求平衡，使物价上涨，这样，只能增加人民的名义工资收入，而增加不了实际消费。因此，"补偿性理财方式"在社会主义经济中，不会有任何积极作用，只能造成人为的危害。当然，在我国，由于主客观原因，有时也会出现赤字，甚至连续几年出现赤字，这也并不可怕，只要我们不掉以轻心，找出原因，采取措施，凭借社会主义计划经济的优越性，并不难克服。我们无须求助于"补偿性理财理论"。

第三节　对赤字的分析

不搞赤字预算，是我国财政工作坚定不移的方针。近些年来却有人提出，要打破对赤字的传统看法，主张对赤字要作具体分析，不能一概反对。凡事都应当具体分析，对赤字也应当具体分析，无疑是正确的。但对赤字具体分析什么，如果是分析每次发生赤字的原因及其具体后果，以便总结经验，采取措施，尽快消除赤字，并将其消极作用限制在最小限度内，这当然是必需的。如果要分析赤字是好的赤字，还是坏的赤字，那么，不论怎么分析，结论只能是一个，那就是不论什么原因产生的赤字，只要是真正的赤字，若不采取一定的措施，最终都会对经济产生不良的影响，都是不好的，都应当坚决加以纠正。

什么是赤字？比较一致的看法是财政支出总额超出财政正常收入总量的情况。分歧之点在于，什么是正常的财政收入？财政直接从参加当年国民收入分配中取得的实际份额是正常收入，这也没有分歧，分歧在于动用上年结余和通过各种信用形式取得的收入，算不算正常收入。关于动用上年结余问题，上一节已分析过，这里不再重复。各种信用形式的收入，当今世界各国对此认识很不相同。有的把它视为弥补财政赤字的来源，例如美国。有的则把它看成是正常收入，例如苏联。有的则视用途而定，例如日本则把用于弥补一般会计赤字的列入非正常收入，而把用于特别会计的视为正常收入等。在我国，新中国成立以来有两种处理办法：1950 年发行的人民胜利折实公债，明确规定为弥补财政赤字，而 1953 年开始发行的经济建设公债则列入正常财政收入。根据马克思的意见，则应当把各种信用形式收入视为非正常财政收入，是弥补财政赤字的来源。他说："国家负债状况的原因何在呢？就在于国家支出经常超过收入，在于这种不相称的状态，而这种不相称的状态既是国家公债制度的原因又是它的结果。"① 从理论上说，国家信用与其他信用一样，它是一种资金融通，是借入的暂时支配权或使用权，并未取得所有权，到期要归还的，而且还要支付利息，今日额外收入是明日更大的额外支出。所以，对财政来说是一种寅吃卯粮，本质上说，它并不是收入，不把信用收入看成是财政正常收入当然是正确的。此外，从古至今，财政在直接参与国民收入分配取得收入之外，能够取得收入的手段，除了向外民族掠夺，不外是用直接搞财政性货币发行和利用各种信用手段。通常用发行货币弥补财政赤字，也要通过银行信用投放出去，这也是一种信用。如果把信用收入看成是财政正常收入，用信用取得的收入弥补财政支出之不足，不算赤字，那么在任何情况下也就都不存在财政赤字了。当然，社会主义国家的债务与资本主义国家债务，有着本质的区别。社会主义经济是有计划发展的，国家信用不仅

---

① 《马克思恩格斯全集》第 7 卷，人民出版社 1965 年版，第 90 页。

仅是组织财政额外收入的手段，它还是国家用来调节经济的重要杠杆，当国民经济出现某些比例不平衡的情况时，特别是在国民收入分配中，满足社会共同需要部分过少，而集体和个人消费过多的情况，通过国家信用把集体或居民手中的一部分收入，暂时集中到财政中来，适当扩大满足社会共同需要的份额，从而改变当年国民收入使用的比例，就可以起到调节的作用。这种运用国家信用的情况，是不能同弥补财政赤字情况相提并论的。所以，国债在社会主义社会不是绝对不可以采用的，也绝不是在任何情况下都是具有消极影响的东西，它在一定条件下将是保障国民经济顺利发展的积极因素。但这种情况是出于对经济调节需要，并不是财政本身的需要，从根本上说，它仍然不能算财政的正常收入。我们认为，这种运用国家信用调节经济的收支，应当在国家预算之外，另列一种特别预算来反映，这一点以后再分析。

外债与内债不同。国家从国外取得借款，在借入外债的同时，就可以从国外购入物资和技术，并不像内债那样，仅是国民收入的再分配，并不实际增加当年国民收入使用额，它是可以相应地增加国民收入使用额，充实本国的建设资金，有利于增加自力更生的能力。如果利用得好，经济效果大，又能增加出口换汇能力，就可以在将来利用这笔借款投资所取得的成果，归还借款。因此，适当的国外借款并用于生产性投资，是可以视为财政正常收入的。当然，外债也要有限度，并不是任何情况，任何数量都可以利用。这不仅决定于要有外债可借，更重要的是，它要受国内一些有关因素的制约。可否利用，可以利用多少，首先决定于国内对借来的外资，可能消化的能力。社会主义国家一般是不能借外债来搞消费的，只有用来引进先进技术才是有利的。这就要估量国内技术力量可能消化的能力和速度。这种消化能力在一定时期内总是有限度的。因此，消化能力和速度就直接制约着可以利用外债的数量。其次，决定于可能取得的经济效果状况。这个效果，一是要借入后，所能增加的出口能力（直接和间接的）足以弥补还债时所需外汇而又有余；一是要能够增加盈利，使财政收入增加到足够承担归还借款。如果不是有这样的经济效果，就有可能造成财政拖累，出现消极后果。最后，决定于财政本身的实际偿还能力。借入资金使用到发生效果要有一个过程，这就可能发生归还贷款期与效果实际发生期之间的差距。这就必须在借债时，计算财政在归还期可能承担的还款能力，借债只能以此为限。

各种弥补赤字来源都不能算作财政正常收入，但弥补财政赤字的来源或方法不同，对经济发生的作用是不完全一样的。根据前述的各项来源可以归结为两类：一类是可以避免造成国民收入超分配情况出现的，可称为正常弥补来源或有效的弥补来源；一类是会造成国民收入超分配的情况，可称为非正常弥补来源或无效弥补来源。前者属于社会信用资金有余的情况，后者属于社会已无剩余信用资金，银行被迫发行货币的情况。前一种情况，财政虽然发生赤字，但由于弥补来源正常和有效，就当年来说，只是改变国民收入分配和使用的结构，如果原来国民经济结构比例正常的话，虽然会造成比例的不协调，但它不会造成总供给与总需求的不平衡。而后一种情况则不然，它不仅会破坏当年国民收入使用额的正常比例结构，而且会带来总供给与总需求的不平衡，其后果则就更为严重。由于弥补来源情况不同，同是赤字，所发生的对国民经济影响却不同，因而，就当年来说，其危害程度也就不一样。但是，我们绝不能因此而得出一个赤字有害和无害之分的结论。因为，财政赤字虽然弥补来源正常有效，从当年说或一个短期内说（在不到归还期之前）赤字不会造成总供给与总需求的不平衡，但它必然是社会共同需要部分安排过多，其结果就会造成个人及集体消费部分相对减少，妨碍正常比例的巩固。更重要的是正常弥补来源，它到期也是要归还的，归还时就必须从压缩财政支出来进行，这时就会发生逆向调节，由原来是从个人或经济单位消费向社会共同需要消费调节，而改为从社会共同需要向个人及经济单位消费调节，将又一次破坏国民经济正常比例的改变。因此，既然正常弥补来源的赤字其危害仍然存在，只不过是分两次震动而已，没有正常弥补来源的赤字是一次震动，显得更为激烈罢了。从保持国民经济持续平衡的稳定发展来说，除了不得已的情况下，赤字都是不可取的。

在社会主义财政活动中，还要防止和杜绝形成隐蔽性赤字。隐蔽性赤字是表面上有结余或平衡，而实际有缺口的预算或决算。形成这种情况主要是由于预算和决算收支不实、虚收短支造成的。所谓虚收，就是在财政账面上的收入，与真正的收入不一致，账面上收入量大于真正收入量，存在着没有实际物资保证的收入，比如在编制预算中把收入打得过紧，造成事实上有一部分收入无法完成的情况，以及在预算执行过程中，企业在没有真正实现盈利的情况下，把流动资金或银行贷款，当成盈利上缴了税收和利润的情况等，这就属于虚收之类。所谓短支，就是财政账面上的支出与实际必须支出的数量或实际已支出的数量不一致，账面支出少于实际支出，存在着已经开支而没有列支的支出，比如在编制预算中把一些实际上必须支出的项目不安排或少安排，在预算执行过程中，对一些不实在的收入，该退库的不退，该核减的不核减，该弥补的亏损不弥补或少弥补，以及在决算中，把已经开支了的费用，推迟到下年度中去列支等，这就属于短支之类。这样，用夸大收入和缩小支出的办法形成的财政收支平衡或有所结余，很显然是假的，如果把这些收入与支出落实了，就会即刻出现赤字。

隐蔽性赤字比起公开性赤字危害更大，除了它与公开性赤字一样地会给国民经济带来消极影响之外，由于它给人以假象，不易察觉，容易使人们对财政状况判断不实。公开性赤字如实反映在账面上，可以使人惊觉，便于及时采取措施，加以解决。我们社会主义经济虽然是计划经济，也不能保证任何不平衡都不出现，由于没有经验或某些特殊原因，也会在某些时候出现财政不平衡，这并不可怕，我们是完全有能力和有可能加以解决的，并且也完全可以采取补救措施，把其消极影响限制在最低限度之内。问题在于要及时察觉。而隐蔽性赤字给人以假象，本来已发生了赤字，却表现为财政状况很好，这就有可能造成判断上的失误。因此，在社会主义国家，我们是反对赤字的。但是，当不可避免地发生了赤字时，就应当尽力准确地反映在预算或决算上，在平时也应努力防止虚假收入的发生，以便及时采取措施，减少其消极作用。

财政赤字是造成国民收入超分配的一个重要根源。国民收入的实物形态是不会出现超分配的。道理很简单，要分配，必须有可分配的产品，一百斤大米怎么分也不会分成一百一十斤来。在一定时期内从实物形态看，生产出的国民收入多少，就只能分配多少。但是，以货币表现的国民收入价值形态的分配，则不然，它可以借助货币的超需要量的发行（包括现金和非现金）实行超分配。在商品经济的条件下，国民收入的分配，除了极少数情况外，并不能直接分配实物，而是在价值形态上进行分配，表现为社会再生产各方面之间的国民收入价值量的分割。而实物形态分配是通过交换来实现的，分配决定产品归个人的比例，交换决定个人对于分配给自己的一份所要求的产品。所以，通常说的国民收入超分配，就是指价值形态的国民收入分配而言。价值是看不见也摸不到的，它的运动是要借助货币运动来实现的。在纸币流通的情况下，货币运动并不是贵金属的运动，而是货币符号的运动，特别是在信用高度发达的情况下，货币运动的许多情况，是连直接的纸币——货币符号本身都不需要，只要在观念上加以表示就可以了，即表现为划拨或转账结算等。这就为人们通过货币发行凭空创造货币表现的价值形态的国民收入提供了客观可能。当然，存在可能并不等于现实，更不是任何一个国民收入分配环节，都能借助国民收入价值形态的运动来创造超分配。要把国民收入超分配变为现实，必须有超过国民经济实际需要量的货币才能实现，没有超量的货币，任何人任何单位想进行超分配，也是无法实现的。因此，国民收入超分配，归根结底是货币发行部门向社会提供超量货币的结果。在现行体制下，能够创造超量货币的，只有财政和银行两个部门。任何货币都是通过银行信用投放出去的。除此之外，只有财政才可以通过政府法令的强制性，通过赤字预算迫使银行进行财政性货币发行。财政用赤字所创造的超量货币购买力用于生产和消费的开支，就形成了国民收入超分配。因此，要消除国民收入超分配的弊端，就必须坚持银行信用不搞信用膨胀，坚持信贷平衡，同时，还必须坚持财政平衡。

　　财政赤字对社会主义经济是一种消极因素，坚决反对财政赤字，这是马克思主义一贯的立场，也是我国理财的指导思想。马克思说："当没有恢复预算平衡，没有恢复国家收支平衡的时候，是不能使国家行政服从于国民生产利益的。"[①] 十月革命后，列宁就明确指出迅速消除财政赤字是巩固苏维埃的一项最艰巨的任务。在我国，新中国刚成立，就立刻把争取财经状况根本好转作为中心任务，经过全党全国人民的努力，很快实现了财政收支平衡、略有结余，促进了国民经济的恢复和发展。第一个五年计划完成之后，党和国家领导人又进一步总结了坚持财政收支平衡的经验，在此基础上，毛泽东同志提出了"增产、节约、多留后备力量，是巩固国家预算的可靠的三道防线"的思想。陈云同志提出了国家建设规模必须与国力相适应，以及财政、信贷、物资必须综合平衡的思想。这些思想

---

① 《马克思恩格斯全集》第 7 卷，第 13 页。

都是我国社会主义建设中宝贵经验的结晶，也是我国财政工作实践不断得到证明的真理。在社会主义建设中，只有坚持不搞赤字预算，并在执行中也要力求不发生赤字，才能保证社会主义建设顺利发展。

第六章

财政支出结构的数量关系

　　财政支出结构，简单地说就是财政各项支出的构成，它说明财政支出是由哪些因素构成，各项因素所占比例状况等。这里不去研究财政支出结构本身，而是研究财政支出结构中，各个构成因素的客观数量界限，在财政支出总量一定的条件下，既成的财政支出结构中的各项构成因素为什么必须要那么多支出，是由什么因素决定的等。财政支出结构作为财政结构的有机组成部分，它同财政结构一样，是多侧面多层次构成的统一有机整体。因此，财政支出结构的数量关系可以从不同侧面，不同层次上进行研究。本章只就财政的维持性支出与发展性支出，积累性支出与消费性支出等基本侧面和基本层次的数量关系作些简要分析。

第一节　维持性支出的数量界限

一　维持性支出的内容和意义

　　上章曾谈过，先维持性支出后发展性支出，这是社会主义财政分配的一条规律。所谓财政的维持性支出，并不是简单地维持上年度已经达到的支出水平和支出总量。就社会的再生产而言，是指维持社会简单再生产所必须满足的，社会共同事务消费的最低支出量；就财政支出本身而言，是指维持社会共同事务活动的原有效能，或其服务的质与量不低于原有水平所必需的最低限支出。维持性支出包括三个部分：为维持物质生产的简单再生产必须由社会集中支出的消费性需要的最低数量；非生产性积累需要的最低数量；生产性积累需要的最低数量。积累性支出并不就是发展性支出，如果仅就积累总量的增大来说，当然，财政的积累性支出，也就是发展性支出。但是，如果把积累同社会的再生产联系起来看，积累就不完全是发展性支出。因为，维持社会的简单再生产，也需要有积累。社会的简单再生产不单纯是维持原有的生产总规模，它还包括维持人们原已达到的生活水平等内容，一个社会的再生产虽然保持了物质再生产的原有规模，而维持不了人们已经达到的消费水平，从社会的再生产角度观察，就不能看作是维持了简单再生产，而是一种萎缩性再生产。社会要使物质生产能维持人们原有生活水平不降低，就必须随人口的增加而相应增加消费品的生产，增加消费品的社会供给总量。这就要增加必要的投资。这部分投资它并不会带来人们消费水平的提高，仅仅是维持原有水平所必需。所以，它虽然是积累的增加，或是一种积累行为，但它仍然属于维持性的。

以上是从维持人们原有消费水平方面说明，积累中包括维持性质部分。从维持物质的简单再生产方面来观察，积累也并不完全是发展性的，也包括维持性部分。因为，许多的物质生产，随着生产的进行和时间的推移，也必须相应追加一定数量投资，方能维持原有能力。例如，矿山随着生产的进行，只有不断地开拓延伸巷道，建设新井来代替开采完毕的废井等，才能维持其原有的生产能力和开采量，否则就会出现开采量日渐下降的生产萎缩状态。要进行开拓延伸，建设新井等，就要不断地追加投资，这些追加投资，从表面上看，是资金的新的增加，是一种发展，但它并没有因此而增加生产能力，仅仅是维持了原有生产能力。显然，这种追加投资形成的积累，是属于维持性的。可见把积累划分为维持性和发展性两个部分，并不是人们主观想象，而是一种客观存在。

财政的消费性支出，如同积累性支出一样，每年财政增加的消费性支出中，也不完全是发展性支出，其中一部分是维持各项社会共同事务活动效能的原有水平所必需，属于维持性支出。因此，在财政消费性支出中也要分为维持性支出与发展性支出两个部分。

认识财政支出中包括维持性与发展性两个部分，不仅有着重要的理论意义，更有重大的实践意义。它提示人们在分配过程中，安排积累与消费关系时，不论在什么情况下，都不能只顾一头，必须兼顾，在考虑消费时，必须注意留有必要的积累，如果一点积累不留，不仅人民生活无法继续提高，而且原有的生产规模和生活水平也无法继续维持下去；在考虑积累时，又必须注意维持原有消费水平所必须增加的消费量，否则就会降低人民当前的生活水平，降低社会共同事务活动的效能，降低对生产与生活的服务水平，造成社会简单再生产的困难。此外，财政支出中包括维持性与发展性两个部分的原理，也提示人们，不是任何财政支出量的增加，都意味着生产能力的增加和人民生活的提高。只有在维持性需要满足之后，还有剩余时，才能谈得上发展和提高。所以，在财政分配中，要对财政收支度其量、审其性，不能只见财政收入有所增加，就去搞发展性支出，而应首先满足增加维持性积累与消费支出的需要，之后有节余方可用于发展性支出。否则，就会造成社会再生产的不协调。

二 维持性消费支出的数量界限

财政的维持性消费支出，是保障社会共同事务活动的原有效能及服务水平所必需的最低限度的消费性支出。它的具体支出内容包括：必须由国家（包括各级政府）集中举办的科学、文化、教育、卫生等事业及其他各项公共福利事业和行政管理及国防事业等方面的人员经费及公用经费。这些经费的最低限度的需要，是由社会再生产发展水平所决定。消费是社会再生产过程的四个环节之一，如果说生产是过程的起点，消费就是它的终点。生产决定消费，生产力水平决定消费水平，生产力的发展速度决定消费增长的速度。"根据唯物主义观点，历史中的决定性因素，归根结蒂是直接生活的生产和再生产。但是，生产本身又有两种。一方面是生活资料即食物、衣服、住房以及为此所必需的工具的生产；另一方面是人类自身的生产，即种的蕃衍"①。这两种再生产，直接决定着社会再生产的消费的发展。财政消费作为社会再生产的组成部分，同其他消费一样，也是直接由这两种再生产所决定。当然，财政的消费性支出所为之服务的各项事业，同两种再生产的关系并不完全相同。有的事业项目同人类自身的再生产直接相关，有的事业项目与物质资料的再生产更为直接，从而也就造成财政消费性支出的各个项目同两种再生产之间制约关系的不同。有些项目所需要的支出数量，直接受人口增长及其有关因素制约，比如，文化教育卫生等事业，则属于直接受人口因素制约的，这些事业必须随人口的增加和人口的其他因素变化而相应地发展，才能保障人们已经得到的服务水平。如果不是这样，就会随人口的增长而出现就医难、入学难等人民生活实际水

---

① 《马克思恩格斯选集》第四卷，人民出版社1972年版，第2页。

平降低的问题。有些项目所需要的财政支出数量，则直接受物质资料生产增长状况及有关因素所制约，比如，行政管理事务中的有关经济管理，以及为生产服务的各项事务，随生产的发展必须相应有所增加，从而财政支出也就必须相应增加这方面的消费性支出。否则，就会由于所需经费得不到满足，事业得不到相应充实而使服务效能下降。所以，随着人口再生产和物质资料再生产的发展，财政必须增加相应的消费性支出，加上前期已经达到的消费性支出总量，就是财政维持性消费支出的客观最低限量。

当然，两种再生产对财政支出中的各个项目的相关关系，在许多情况下又是交叉的，一些项目同时受两种再生产所制约。比如，教育事业虽然和人口有着直接的相关性，但它也和物质再生产有重要关系。人口增加及人口结构变化，要求教育事业相应发展，要求财政相应增加教育支出；生产发展变化，对教育也提出不同的要求，这也会影响财政消费性支出数量。这一点在研究财政维持性消费支出客观限量中，也是不能忽视的。

三 非生产性积累支出的数量界限

非生产性积累支出的数量界限，是财政为了维持社会共同事务活动的原有效能和服务水平，所必须安排的建造非生产性固定财产支出的最低限量。随着人口的增加，为了维持人们原有的消费水平，不仅要增加消费基金，而且要增加一些消费性积累，以保证维持各项社会共同事务原有的服务水平所必需的公共设施等非生产性固定资产的必要增加。例如，学校、医院、托儿所等所需要的房屋建筑设施等，必须随这些事业发展而相应增加。否则，尽管财政对这些事业方面增加足够的消费性支出，也会由于房屋不足、基本设施缺少而无法增加服务量，维持不了劳动者原来已经达到的福利水平。这个非生产性积累最低数量界限，除了受非生产性积累的实际支出量 F 大小的制约之外，主要受上年已经达到的人均拥有非生产性固定资产价值量 Q，和当年人口增长量 L 两个因素所决定。这两个因素的变化与非生产性积累最低需要量 K_d 成正比例，可归结为如下公式：

$$K_d = F + QL$$

四 生产性积累支出最低限量

生产性积累支出最低限量，是维持人民原有的实际生活水平，必须由财政安排的生产性投资的最低限度。前面曾谈过，随人口的增加，社会必须相应增加生产，以满足新增人口的消费需要，才能维持人们原有生活水平不降低，这就必须进行新的生产性投资。在社会主义社会中，多种经济成分各自都要进行自我积累，国营企业也有自我发展的能力，财政并不承担社会扩大再生产投资的全部任务，仅仅承担必须由社会集中进行的投资。在有计划的商品经济下，国家对各个生产单位及各经济成分的积累，不能进行强制性分配和支配，只能运用经济杠杆加以引导，使其沿着国家需要的方向和数量进行投资。这样，在客观上又决定了财政的生产性积累支出，只有在其他各方面可能实现的积累数量基础上进行安排，才能保障社会所必需的维持性积累需要，才能保障国民经济的综合平衡。因此，在国民经济投资的客观限度已定的条件下，财政必须安排的维持性生产投资数量的大小，首先受国营企业及其他各种经济成分所能实现的投资量 K_Q 的数量所决定。财政以外的投资（符合社会需要的）越多，则财政的投资就可以越少，它们之间呈反比例关系。其次，财政的维持性生产积累量，受人口增长量及已经达到的人均消费量 X 的制约。在财政以外的各项投资量等因素已定的条件下，人口增长的速度越快，已经达到的人均消费水平越高，则财政必须安排的维持性生产积累的数量就越大，它们之间的数量关系呈正比例关系。最后，受投资系数 C 的制约，其他条件不变，投资系数越高，则财政必须安排的维持性生产投资量就越大。归纳起来，以上三个因素所决定的财政用于维持性支出的生产性积累最低限量 K，可用如下公式表示：

$$K = \overline{X}LC - K_Q$$

第二节　发展性支出的数量界限

一　发展性支出总限量与维持性支出的关系

发展性支出，是财政在满足维持性需要的基础上，用来进一步提高社会共同事务活动的效能和提高服务水平的支出。各个财政年度的发展性支出总量的界限，受当年财政收入可行性总限量和维持性支出最低限量两个因素所制约。当年财政收入可行总限量扣除维持性支出最低限量后的余额，就是发展性支出的客观最大限量。财政的发展性支出与维持性支出两个客观限量,是财政支出总限量的两个组成部分。在财政支出客观总限量的制约下,似乎两者在数量上是相互消长的关系。其实不然,维持性支出并不能挤掉发展性支出,只有发展性支出才能挤压维持性支出,发展性支出的变化才能使维持性支出随之消长。这是因为这两项支出具有不同特性所决定。维持性支出具有自限性和内向性特性,就是说,维持性支出在客观上是不可能突破自己的数量界限的。当财政支出的安排中,维持性支出超越了客观界限后,其超过部分在客观上就会自动形成社会共同事务活动效能和服务水平的提高,从而转化为发展性支出,而不能外挤形成维持性支出的扩张,挤掉发展性支出。但维持性支出却可以被发展性支出挤向内压,造成支出达不到限量。发展性支出的特性是外向性,是没有自限力的支出,就是说发展性支出突破客观限量时,并不会自我转化成维持性支出,而是会形成无限扩张,特别是发展性支出中的积累性支出,尤其是这样。所以,当发展性支出超出客观限量时,如果受到支出总量的强力限制,就会挤向维持性支出,使维持性支出得不到应有的满足。如果支出总量的制约力差时,就会出现无限扩张,一方面挤压维持性支出,一方面突破支出总量的界限。当发生这种情况时,前者会造成财政支出结构的不平衡,后者就会造成总量上的失平。由于财政支出的两大组成部分,具有上述特性,因此,在实践中突破客观限量的,都是发展性支出,而达不到限量要求的,则都是维持性支出。

二　发展性积累支出的客观最大限量

发展性支出并不都是积累性支出,它仍然要在积累与消费之间,生产性积累与非生产性积累之间,按比例地正确安排。因此,发展性支出的客观数量界限,除总限量之外,也存在着消费性支出与积累性支出等数量界限。发展性消费支出的数量界限,是指用来增加财政负担的非生产部门劳动者个人消费,以及公共消费支出的客观限度。这一客观限量由财政负担的非生产部门工作的劳动者工资必要增长量 ΔR 和社会公共消费必要增长量 ΔG 两个限量构成。ΔR 的客观数量界限,是由财政负担的非生产部门劳动者人数 W_f、上年非生产部门劳动者人均工资额 $\bar{V}$,和正常的积累与消费比例所决定的非生产部门劳动者工资必要增长系数 L,三个因素所制约,其数量关系是:

$$\Delta R = W_f L \overline{V}$$

社会公共消费必要增长量，受上年已经达到的公共消费总量 G_0 和客观比例所决定的公共消费必要增长系数 h 两个因素所决定，其数量关系是：

$$\Delta G = G_0 h$$

发展性支出总限量扣除上述两个必须保证增加的发展性消费支出的最低限量后的余额，就是财政支出中发展性积累支出的最大限量。发展性积累支出中仍然要考虑生产性积累与非生产性积累之间的适当比例。在国民经济比例正常的情况下，这一比例与维持性支出中的生产性积累与非生产性积累的比例相同。

三　客观数量界限是必须遵循的规律

财政收支的各项数量界限，它是必须遵循的客观规律。我国的财政工作实践经验证明了这一点，当财政收支安排违背了收支的客观数量界限时，就会造成国民经济的损失和不协调。当财政收支安排符合客观数量界限时，财政就能充分发挥积极作用，促进国民经济按比例发展。在我国财政发展的历史上，"一五"时期财政收支计划安排是比较符合客观数量界限的，见表 6 – 1。

表 6 – 1①　　　　　　　　　　　　　　　　　　　　　　　　　　单位：亿元

年份	预算收入比上年增长	收入增长的最大客观限量	收入增长客观可行限量	备注
1953	19.7	73.74	56.89	
1954	9	24.10	9.03	
1955	18	11.00	3.38	该年收入未完成计划，差10亿元
1956	14	67.26	40.28	
1957	6	20.87	5.34	

---

①　表中各数都是作者根据有关统计资料测算，和实际情况并不一定完全相符，只供参考，以下各表同。

从表6-1中可以看出，在"一五"时期内各年财政收入数量的安排，除了1955年预算安排超过了客观最大限量之外，都低于或接近于客观可行限量，就是1955年，虽然计划突破了客观最大限量，而执行结果实际上也只是突破可行限量，并没有突破最大限量。

在支出的安排上，也基本遵循了先维持后发展的顺序，其支出的结构也基本符合客观数量界限。见表6-2。

表6-2　　　　　　　　　　　　　　　　　　　　　　　　　　　　　单位:%

年份	财政支出结构的实际状况		按客观数量界限要求计算的结构	
	消费	积累	消费	积累
1953	54.79	45.21	56.88	43.12
1954	52.40	47.60	56.85	43.15
1955	52.44	47.56	54.33	45.67
1956	48.67	51.33	51.48	48.52
1957	49.97	50.03	50.82	49.18

从表6-2可以看出，"一五"时期财政支出总量，除1956年突破了财政支出最大限量，发生了赤字之外，都是坚持了收支平衡、略有结余原则的。在支出结构上，财政支出中的积累与消费比例，同客观数量界限规定的比例是基本一致的。因此，在"一五"期间，财政所应承担的各项事业发展是大体平衡的，促进了国民经济高效益、按比例发展。

在1958年到1960年，我国的财政收支安排，背离了客观数量界限的要求，见表6-3和表6-4。

表6-3　　　　　　　　　　　　　　　　　　　　　　　　　　　　　单位：亿元

年份	财政收入增长可行限量	财政收入增长最大限量	财政收入实际增长量	国民收入实际增长量
1958	101.04	128.82	133	210
1959	32.39	83.73	135	104
1960	—	—	56.6	-2

表 6 - 4　　　　　　　　　　　　　　　　　　　　　　　　　　　　单位:%

年份	财政支出实际结构		按客观限量要求计算的支出结构	
	积累	消费	积累	消费
1958	66.20	33.80	47.18	52.82
1959	67.40	32.60	49.04	50.05
1960	66.02	33.92	48.62	51.38

　　从表 6 - 3 中可以看出，1958 年按照客观数量界限的要求，当年财政收入增长的正常限度是 101.04 亿元，最大限量也不过是 128.82 亿元，而 1958 年实际动员了 133 亿元，不仅大大超过了客观可行限量，而且突破了客观最大限量。1959 年国民收入只增长了 104 亿元，财政实际收入却达 135 亿元，不仅大大超过了财政收入客观最大限量，而且超过了国民收入增长量，这样的财政收入增长量，完全失去了物质基础。更严重的是 1960 年，国民收入比上年已经下降，按照财政收支规律的要求，这一年财政增长应当是负数，至少也应当不增长，但财政仍然增长了 56.6 亿元。由于这三年连续突破客观限量，特别是后两年都超过了国民收入增长额，这不仅挤了人民生活，造成人民生活实际水平下降，而且造成财政收入的虚假，形成隐蔽性财政赤字，给已经失调了的国民经济比例，增加了新的不协调因素。

　　在支出方面，从 1958 年始，更是忽视了客观限量。1958 年财政收入只增加了 133 亿元，而当年用于基本建设投资及增加流动资金两项支出，却比上年增长了 114 亿元。1959 年财政收入增长 135 亿元，经调整，实际只增长了 67 亿元，基建支出却增长了 102 亿元。1960 年财政增长 56 亿元，基建支出却增长了 67 亿元，就是说，不但没有按客观要求的顺序，先安排好维持性支出，而且是大大挤了原有的维持性支出，完全背离了财政支出必须遵循的客观数量界限。其结果是，财政支出的结构发生了严重比例失调，财政支出中积累性支出所占的比重，从 1957 年以前的 40% 左右，提高到 67% 左右，大大超过了客观数量界限所规定的积累与消费的比例界限，从而使"一五"时期形成的大体合比例的国民经济结构完全破坏了，严重挫伤了劳动者的生产积极性。到 1961 年，劳动生产率急剧下降了 28.8%，再加上自然灾害及苏联领导人撕毁合同，致使国民收入大幅度下降。1961 年比 1960 年下降了 224 亿元，1962 年又比 1961 年下降了 72 亿元。从而也带来了财政收入大幅度下降，1961 年比上年下降了 278 亿元，1962 年又下降了 42 亿元。因此，不得不采取全面调整国民经济的措施，实行了"调整、巩固、充实、提高"的八字方针。在压缩财政收入的基础上，针对财政支出中的积累性支出过大的问题，压缩了基本建设投资，1961 年比 1960 年压缩了三分之二，1962 年又比 1961 年压缩了二分之一。经过两年大刀阔斧的压缩，基本上把 1958 年到 1960 年三年中过多的基本建设投资压了下来，这才恢复了财政收支结构的正常比例。这一历史经验证明，财政收支的客观限量是不可违背的，背离了就要受到惩罚。

第三节　财政的积累与消费支出的客观数量界限

财政支出中的积累与消费的客观数量界限，包括正常情况下的数量界限和非正常情况下的数量界限两部分。

一　正常情况下的积累与消费的数量界限

正常的数量界限是在国民经济比例及财政支出结构正常情况下，财政的积累性支出与消费性支出必须遵循的客观数量界限。这一数量界限，在分析了财政的维持性支出和发展性支出两个客观数量界限之后，实际上就已经得到解决。财政支出中的维持性积累支出加发展性积累支出，就是财政的积累性支出的客观限量；财政支出中的维持性消费支出加发展性消费支出，就是财政的消费性支出的客观限量。这两个客观限量确定后，财政支出的积累与消费客观比例也就在其中了。

二　非正常情况下积累与消费的数量界限

非正常的数量界限，是财政的积累性支出与消费性支出数量变化的极限。它是财政为了实现某种调节目的，超出积累与消费支出的正常比例，把支出向积累或消费某一方面倾斜时必须遵循的客观数量界限。在国民经济积累与消费比例及财政支出结构合理的情况下，财政是不能按最低或最高数量界限安排支出的。因为，不论是消费或者是积累，只要一个方面的支出按最高数量界限安排，就必然使另一方面支出处于最低数量界限之内。反过来也一样，只要一方面按最低数量界限安排支出，另一方面就会得到最大限量。这样，财政支出形成的新的积累与消费比例，就会出现结构性的倾斜，从而破坏了已经形成的正常的积累与消费比例关系，给国民经济带来损害。只有在国民经济积累与消费比例失调，财政支出结构不合理的情况下，为了调节财政支出比例，以恢复国民经济的积累与消费正常比例时，财政支出才可以在积累与消费之间大幅度地向某一方面倾斜，以便尽可能快地恢复积累与消费的正常比例。但是，这种倾斜是不可突破积累支出与消费支出的最低和最高限量的。如果突破了最低或最高限量，虽然原来的积累与消费的比例中，过小的方面由于支出上的倾斜而得到增加，比例过大的方面却会因此而矫枉过正，维持不了最低限量的需要，造成新的不平衡。所以，在运用财政支出调节国民经济的积累与消费比例时，财政支出向某一方面倾斜的最大限度，只能以不突破财政的积累与消费支出的最低限量和最高限量之间的差额范围为限。

财政积累支出与消费支出的客观数量界限，从根本上说，它是财政分配的数量关系变化的一条规律，它规定着各项财政支出数量的发展趋势和限度。但它并不是一成不变的。当然，从静态上观察，在一定时期内，其数量界限都是确定的量。但是从动态上观察，又都是随着决定数量界限的各项客观因素变化而变化。因此，在财政分配的实践中，要正确地遵循财政支出的客观数量界限，就必须随着客观条件的变化，对财政支出的客观限量不断地进行再认识。

第七章

国家与国营企业之间财政
分配的数量关系

第一节　财政与国营企业分配关系的双重性格

　　财政与国营企业之间的分配关系，比起财政与非国营企业之间的分配关系，并不完全相同，它们之间存在着特殊的关系侧面。国营企业相对非全民所有制经济单位，财政是全民所有制的代表。而在生产资料全民所有制范围内，国营企业又不是全民所有制生产资料的所有者，它只是一部分全民所有制生产资料的经营者，国家才是全民所有制的代表。生产资料全民所有，并不意味着每一个劳动者或劳动者集体对全部生产资料的直接所有。因为，全民公有的生产资料从社会整体上看，每一项生产资料都归每一个劳动者所有，每一个劳动者都是全部生产资料的主人；而从每一个劳动者来看，每一件生产资料都不属于他个人，或他们所结成的各个集体所有，都是社会共同的财富。任何劳动者个人，或任何劳动者集体直接所有全部或一部分全民共有的生产资料，也就破坏了生产资料全民所有的性质。所以，全体劳动者共有，只能通过社会中心，社会的有形组织国家所有来体现。国营企业作为具体生产经营单位，它只能是在国家所有范围内拥有独立经营权。这样，社会主义国家对国营企业就形成了双重关系：一重是国家作为社会共同需要的组织者与社会各生产单位之间的关系；一重是国家作为全民所有制生产资料的所有者与全民所有的生产资料各个经营者之间的关系。从而，国营企业对国家就承担着双重任务。国营企业作为社会再生产的一个生产单位，与一般企业一样，要承担向社会中心（国家）提供满足社会共同需要的纯收入义务；同时，作为全民所有的生产资料的经营者，又要承担向生产资料所有者代表（国家）提供红利的义务。这样，财政与国营企业之间就存在着双重分配关系：一方面作为社会共同需要的代表，参与国营企业的分配，取得企业劳动者为满足社会共同需要创造的纯收入的分配关系；另一方面作为全民所有制生产资料所有者的代表，占有和支配国营企业所取得的红利的分配关系。财政与国营企业之间分配关系上的双重性质，决定了财政和国营企业之间分配的数量关系，与财政和非全民所有制企业之间分配的数量关系上的差异。非全民所有制企业只对财政承担一重义务，在上缴了本企业劳动者为满足社会共同需要创造的纯收入之后，余下来的红利归自己所有。而国营企业除了缴纳本企业劳动者为满足社会共同需要创造的纯收入部分之外，所余下的红利仍然归国家所有，财政有权支配这部分红利。认识这一差异性，对研究财政与国营企业之间分配关系，特别是研究分配的数量关系是极其重要的，否则就有可能把全民所有制企业与非全民所有企业混同，从而损害国家整体利益。国营企业对国家承担双重缴纳义务，非全民企业只承担一重义务，这既不是国营企业的额外负担，也不是对非全民企业的额外优待。因为，国家对两者的权力与义务不同。国家对国营企业不仅承担政府对一般企业所承担的公共服务义务，而且还承担着组成新的国营企业的资金供给和已有国营企业扩大再生产资金供给的义务，这些是非国营企业所不能得到的，只能用自己的红利来解决。如果在企业纯收入分配上，对待非全民企业也如同国营企业一样，将造成非全民所有的企业无法正常地发展下去，最终必将模糊非全民企业的性质。反之，如果对待国营企业也像对待非全民所有制企业那样，把红利全部留给企业，就会造成国家失去了在社会范围内统筹安排全民所有制经济的扩大再生产的主要资金来源。

当然，上面的分析，是仅就国家与企业关系的本质而言，并不是说在具体的分配中，国家对非全民所有制企业纯收入中相当于红利的部分全都不能动用。也不是说，在任何情况下都不能把全民所有制企业的红利的一部分留给企业去支配。必须将国营企业纯收入全部收缴到国家预算中来，实行统收统支。根据一定的政治经济任务的需要，国家作为上层建筑对经济基础的反作用，是可以在一定限度内改变财政与非国营企业之间分配的数量关系，动用其红利一部分。也可以把一部分全民所有制企业的红利留给国营企业，自主支配。事实上，在社会主义历史阶段，财政只能取走国营企业红利的一部分，还必须给企业留下一定的纯收入，才能保障企业生产经营的正常进行。因为，一个国营企业在建成投产后的日常经营中，没有任何的补充投资是不能正常运行的，这一点后面还要讲的。因此，为了保障企业正常的生产经营，就必须留下一部分纯收入归企业用于发展生产之用。此外，在商品经济条件下，企业作为相对独立的商品生产经营者存在，就必然存在着自己的经济利益。社会成员之间结成的一定经济关系，说到底是一种经济利益关系。经济利益是人们结合起来进行生产的根本动因或纽带，是推动人们努力生产，提高经济效益，增加社会财富的内在经济动力。生产资料公有制的社会也不例外，人们推翻生产资料私有制，建立生产资料公有制，正是为了进一步提高人们的经济利益。当然，生产资料公有制与私有制下人们之间经济利益是有着本质区别的。在私有制下，各个私有者之间的经济利益是根本对立的。公有制下，消除了个人利益之间的根本对立，人们之间有着密不可分的共同利益。每一个劳动者为社会共同利益和个人利益进行生产劳动、增加社会财富的过程是一致的。只有社会共同利益不断增加，才能保障个人利益的增长。在公有制下，否定或不顾社会共同利益，只追求本单位或个人利益，必然会导致否定或破坏生产资料公有制性质，从而使劳动人民的根本利益失去保障。同样，如果只强调社会共同利益，否定或不顾劳动者或集体的利益，也会割裂集体或个人利益与社会共同利益的统一，也有可能导致破坏生产资料公有制的性质。所以，生产资料全民所有制的性质，决定了在社会再生产过程中，必须把劳动者个人及企业利益同社会共同利益结合起来，使企业和劳动者在为社会努力提高经济效益，增加财富的过程中，相应地增加自己的利益。为此，国家必须对国营企业实行按劳分配原则，要按照国营企业为社会提供纯收入的多少，在留给企业用于劳动者基本劳动报酬之外，再留给企业以相应的利益，这也必须把企业作为红利的纯收入的一部分留给企业。

　　由于上述原因，国营企业的纯收入就要分配成四个部分：一部分是用来满足社会共同需要的 M_a；一部分是作为红利上缴给国家的 M_b，以满足社会集中进行的全民所有制积累的需要；一部分是留归自己用于维持再生产正常运行的 M_c；一部分是用于增加职工个人及集体消费之需要的 M_d。企业纯收入中留归企业的各个部分，都有其客观数量界限，人们并不能随意确定。下节就分别对各个部分的数量界限，进行分析。

第二节　维持再生产正常运行必须
留下的纯收入数量界限

维持企业再生产正常运行所必须留下的纯收入数量，是由国营企业所承担的再生产责任所决定，即企业与国家在全民所有制经济的再生产中的责任分工所决定。社会主义生产资料公有制的建立，消除了资本主义社会所固有的社会化大生产与私人占有之间的矛盾，从而消除了生产无政府状态的根源，使有计划按比例地在社会总体上统一组织再生产不仅成为可能，而且成为客观必然要求。社会主义国家可以充分利用公有制这个优越性，从国民经济总体上安排好各项需求与各项生产的平衡，控制好总供给与总需求的平衡，使国民经济按比例地综合平衡发展。但是，从国民经济总体上安排和控制社会再生产的比例平衡，并不是就要把全社会变成一个大工厂，所有的生产经营活动都由国家统一来管理。因为，社会主义社会历史阶段的生产力水平，还没有达到能够使社会分工消亡的程度。相反，社会分工不仅依然存在，而且还在发展。公有制建立后，仍然要在社会再生产过程中，组成运用不同性能的生产资料和不同质的具体劳动的劳动者联合组织，相互交换其劳动成果。因而，在社会主义的全民所有制经济的再生产过程中，客观上就形成了两个层次的劳动者的联合劳动。生产资料公有制，决定了全体劳动者有可能而且有必要在全社会范围内进行联合劳动，表现为全体生产资料主人的代表——国家，从国民经济总体上掌握劳动和物质生产条件的配置，控制社会总供给与总需求，以及各项供给与各项需求之间平衡，使劳动与物质生产条件达到最完好的结合，为全体劳动者创造最大利益。此外，在第二章中谈到，社会主义社会历史阶段，商品经济仍然是不可逾越的历史阶段，客观上又决定了各项物质资料与劳动的实际结合，只能是根据社会分工的要求，不同的劳动者集团，支配和使用不同性能和不同份额的生产资料，组织成各个生产单位，独立地进行生产经营，通过各个劳动者集团内部的联合劳动实现生产，各劳动者联合劳动集团之间通过相互交换其生产成果，来实现社会范围内的劳动联合。两个层次的劳动者的劳动联合，所解决的任务是不同的。第一层次，全社会范围的联合，解决的是社会资源的配置问题，解决的是劳动者的分工及生产资料使用方向的格局，并不是联合劳动的直接实现过程。第二层次，生产单位范围内的劳动联合，解决的是劳动与生产资料实际结合，实现具体生产和交换过程，是联合劳动的直接实现过程。劳动者联合劳动的两个层次，在客观上就决定了国家与国营企业在社会再生产过程的责任分工的界限。国家作为全民所有生产资料总代表，它的责任是解决第一层次的劳动联合问题。它要保证按照全体劳动者的利益，安排好生产资源的配置，决定办哪些企业，不办哪些企业，要扩大哪类企业，不扩大哪类企业，使社会总劳动与生产资料按社会需要的比例配置，以保障全体人民的物质文化生活的需要得到全面满足。就是说，控制国民经济综合平衡，安排好各项扩大再生产，以保障社会劳动与生产资料最优结合。企业作为一部分全民所有生产资料的经营者，它的责任是具体地解决联合劳动实现问题，按照社会的需要，搞好具体的生产经营，有效地运用国家交给自己支配的生产资料，不断提高技术水平和提高经济效益，为全体劳动者谋利益。就是说，企业的责任，是搞好归自己支配的生产资料规模内的物质再生产。换句话说，就是已故著名经济学家孙冶方所说的，资金价值量范围内的再生产的责任属于企业。

　　资金价值量范围内的再生产，并不是单纯的简单再生产。就使用价值的再生产说，它包含着扩大再生产内容。这不仅因为，从使用价值量上考察，纯简单再生产只能是一个理论抽象而存在，虽然是一个科学的抽象，但在实践中，简单再生产与扩大再生产并不是各自独立进行的。在时间上和空间上往往是不能截然分开的，并且，生产活动的结果，从实物量上来说，由于种种原因的影响，总是会少于或多于前期生产量。以农业来说，劳动因素存而不论，假定投入的活劳动数量相同，在使用同量资金的情况下，由于天时气候等因素的影响，就可能会因天灾而减产，其再生产量低于上年，或者是因风调雨顺而增产，其产量高于上年。年产量同上年一样是很少见的。工业生产也一样，虽然很少受气候的影响，但在资金价值量不变的情况下，活劳动的消耗，生产效率的提高，以及原材料性能的改变，也都会影响使用价值生产量的变化。而且还因为，资金价值量不变，从使用价值角度来考察，也能实现扩大再生产的。企业要完成一定数量生产任务，除了要消耗一定的物质资料和活劳动之外，还必须占用一定数额的资金，这资金量与生产量是存在一定比例的，但企业在生产经营过程中，如能合理有效地使用资金，就可以用现有的资金生产出更多的生产成果来，这是众所周知的道理，这里不去细述。要说的是即便在企业使用资金的效果不变的情况下，在一定资金价值量范围内，也是可以实现一定程度的使用价值的扩大再生产的。这一点，可以分别从流动资金与固定资金两个方面来考察。从流动资金方面来看，一定量的生产，需要一定量的流动资金为其再生产过程服务，但为直接的物质生产过程服务的，并不是流动资金的价值形态，而是流动资金的实物形态，表现为企业的流动资产。就是说，在生产过程中，它表现为生产要素形式，即以实物形态而存在，生产消耗的是实物形态，并不消耗其价值，其价值只是通过实物形态消耗后，转化成产品时，被转移到新的产品价值中去，构成产品价值组成部分，而进入流通。因此，产品产量的多少和流动资金的使用价值量有直接关系，而与价值量并不发生直接关系。同样数量的流动资金所表现的流动资产量，可以生产出不同量的产品，在生产过程中，物质消耗的节约，生产同样数量产品所消耗物资的节省，就可以用同样多的物质资料而生产出更多产品。比如，棉纺企业中，棉花是棉纺织品最主要的生产要素，节约棉花消耗，就可以用同量棉花，生产出更多的棉纺织品；机械行业中钢材是主要原材料，提高钢材利用率，就可以用同样数量的钢材，生产出更多的产品，如此等等。所以，在企业流动资产量不变的情况下，也可以实现扩大再生产。其他如原材料价格的降低，原材料中廉价代用品的采用等，又可以在材料消耗水平不变的情况下，实现不增加流动资金量而增加产量；从固定资金方面来看，企业进行一定数量的特定产品的生产，是需要一定的数量的固定资金的垫支的。固定资金与流动资金一样，它在物质生产过程服务的是实物形态，是以固定资产形态存在和发挥作用，而不是其价值形态。因此，它与流动资金一样，在直接物质生产过程中为之服务的，不是价值形态，而是其实物形态，生产量的多少，与实物形态消耗状况发生直接联系，而与价值没有直接联系。固定资金实物形态上的机能发挥得越充分有效，则同样资金形成的实物状态，一定量的固定资产就可以生产出更多的产品，或为生产更多产品服务。固定资产充分有效利用，就可以实现不增加固定资金而扩大生产。但固定资金与流动资金周转方式不同，固定资金的实物形态，长期地处在生产过程中，在一个或长或短的时期内，反复地执行着相同的职能，在生产过程中逐渐磨损，其价值是部分地逐渐地转移到新产品价值中去，其余的价值部分和它的实物形态一起，继续留在生产过程中发挥作用。就是说，固定资金的实物形态是为多次生产周期服务的，在它的实物形态没有全部磨损之前，是不必更新的，而价值形态却逐步向新产品价值中转移，随着产品进入流通转化成货币形态。固定资产转化为货币形态部分，在固定资金的实物形态不需更新之前，就以货币准备金形态存在着，通常称之为折旧基金，是一种暂时闲置的货币资金。"这种由货币到生产资料的实物形式的再转化，要到生产资料执行职能的期间结束，即生产资料完全不能用的时候，才会发生。"① 固定资金的实物形态更新与价值形态的补偿，两者之间这种时间上的不一致性，引起了企业运用这些处于货币准备金形态的固定资金进行再投资，进行固定资产实物形态扩大再生产或用于补充流动资金不足之可能。马克思对此有过很多的论述，他明确指出："当机器的磨损只是在计算中而实际尚未发生作用的那段时间里，折旧基金本身也可以作积累之用"②。恩格斯曾为此举出精彩的例证，如纺织厂资本家把折旧基金逐年投资在新的机器上，而不妨碍旧设备更新，还在不增加固定资本量的情况下，扩大了工厂生产规模。恩格斯为了具体说明这种情形，还假定更新基金逐年重新投在机器上，做了如下③的计算：

		新投资	磨损%
1856 年 1 月 1 日	购置机器	1000 镑	100
1857 年 1 月 1 日	10% 的磨损新投入	100 镑	90
1858 年 1 月 1 日	1000 镑折旧 10%	100 镑	
	100 镑的折旧 10%	10 镑　110 镑	80
	210 镑		
1859 年 1 月 1 日	1000 镑的折旧 10%	100 镑	
	210 镑的折旧 10%	21 镑　121 镑	70
	331 镑		
1860 年 1 月 1 日	1000 镑的折旧 10%	100 镑	

---

① 《马克思恩格斯全集》第 24 卷，人民出版社 1972 年版，第 188 页。
② 《马克思恩格斯全集》第 26 卷Ⅲ，人民出版社 1974 年版，第 69 页。
③ 参见《资本论》第 2 卷，人民出版社 1957 年版，第 670—675 页。引文删掉了表中 1866 年 1 月 1 日的价值一栏。

331 镑的折旧 10%	33 镑	133 镑	60
		464 镑	

1861 年 1 月 1 日　1000 镑的折旧 10%　100 镑

464 镑的折旧 10%	46 镑	146 镑	50
		610 镑	

1862 年 1 月 1 日　1000 镑的折旧 10%　100 镑

610 镑的折旧 10%	61 镑	161 镑	40
		771 镑	

1863 年 1 月 1 日　1000 镑的折旧 10%　100 镑

771 镑的折旧　10%	77 镑	177 镑	30
		948 镑	

1864 年 1 月 1 日　1000 镑的折旧 10%　100 镑

948 镑的折旧 10%	95 镑	195 镑	20
		1143 镑	

1865 年 1 月 1 日　1000 镑的折旧 10%　100 镑

1143 镑的折旧 10%	114 镑	214 镑	10
		1357 镑	

1866 年 1 月 1 日　1000 镑的折旧 10%　100 镑

1357 镑的折旧 10%	136 镑	236 镑	
		1593 镑	

新机器的实在价值　　　　　　　1000 镑

假设每个纱锭值 1 镑，逐年运用的纱锭数如下：

1856 年用 1000 个纱锭

1857 年用 1100 个纱锭

1858 年用 1210 个纱锭

1859 年用 1331 个纱锭

1860 年用 1464 个纱锭

1861 年用 1610 个纱锭

1862 年用 1771 个纱锭

1863 年用 1948 个纱锭

1864 年用 2143 个纱锭

1865 年用 2357 个纱锭

十一年合计用 15934 个纱锭

每年平均用 1449 个纱锭

1866 年开始有 1357 个纱锭

$$\frac{236 \text{ 个纱锭}}{1593 \text{ 个纱锭}}$$

就这样，企业"不把它的真正利润新投下一个铜板，已经能够由旧机器，把机器增加 60%"。[1]

恩格斯所说的情况，在社会主义经济中也是大量存在的一个事实，特别是每年都有固定资金新的投入于生产的情况下，更为明显，每年提取的折旧基金必然要大于当年用于更新固定资产需要的数额。这种实际上向生产中不增加投资，而在原有资金价值量范围内实现的生产规模的扩大，马克思称之为内涵的扩大再生产。所以，所谓企业承担原有资金价值量范围内的再生产责任，实际上就是承担内涵扩大再生产的责任。

应当指出，折旧基金由于扩大再生产和剩余产品价值投入扩大再生产形成的积累基金不一样。把折旧用于扩大再生产称之为积累，是相对它可以从实物形态上增加固定资产的数量和扩大再生产能力而言，这种用折旧进行的再投资，它本身并不增加任何数量的固定资金。一个企业，一个国家能够把折旧基金用于再投资，扩大生产能力也是有客观数量界限的，这个界限就是必须以保障原有固定资产正常更新为前提条件，即余下部分才是可以用来扩大再生产的，否则就会破坏固定资产再生产的正常进行，从而给社会再生产造成损害。

企业承担资金价值量范围内的再生产责任，并不意味着只把折旧全部留归企业，而不给企业留下任何数量的纯收入用于生产。不是的，不论从理论上说或从实践来看，要维持企业原有资金价值量的内涵扩大再生产，即保持原有固定资金价值量并维持其正常的发挥其机能，追加一定数量的货币资金是必需的。这是因为：

第一，虽然固定资金的价值形态与实物形态在周转过程中是可以分离的，并且在物质生产过程中这两种形态所发生的作用也不相同，但从再生产作为不断的连续过程，资金的价值量与实物量又是相互联系、相互影

---

[1]　《资本论》第 2 卷，人民出版社 1957 年版，第 671 页。

响、互不可分的。这表现在资金价值量周转是否正常，能否保持其数量完整而无缺，直接关系着实物形态周转能否正常更新的条件。而实物形态周转是否正常，能否保持不发生非正常损失，又是能否保持价值量完整无损的条件。在事实上，资金两种形态周转过程中，往往是都要发生非正常损失的。从价值量来说，在固定资金周转过程中，常常会碰到通货膨胀的影响，这就必然发生固定资产价格的提高，而按原来价格计算折旧就发生了贬损，原来已经提存的折旧基金量不再能更新固定资产的原有量，即便是"复制古董"也办不到了，这样要维持原有资金价值量就必须相应补充货币资金。而从实物量来说，在周转过程中，不仅存在有形损耗，而且还存在无形损耗。在新工艺、新技术飞速发展的现代，无形损耗则是经常发生的，这样就会不可避免地经常发生固定资金贬值情况。马克思指出：在发生无形损耗的情况下，"即使原有的机器还十分年轻和富有生命力，它的价值也不再由实际物化在其中的劳动时间来决定，而由它本身的再生产或更好的机器再生产的必要劳动时间来决定了。因此，它或多或少地贬值了。"[①] 这样，要维持原有资金价值量的再生产，也必须相应增加必要量的货币资金。上述两类资金价值量的贬损，其补充办法，在实践中只是采用相应提高折旧率的办法加以弥补，是不能完全解决的。因为技术进步等原因造成的固定资产无形损耗，虽然可以用加快折旧，提高折旧率的办法，加以适当解决，但有时由于估计不足等原因还是不能解决的，这时就要适当追加投资来弥补。而由于价格上涨，购买同样的设备要比原来投资多花钱的情况，则不是提高折旧率所能解决得了的。原来价格为 10 万元一台的设备，后来价格上涨到 15 万元一台，这样，折旧率再提高，最多也不过是 100%，是无法补偿这上涨的 5 万元的，只能追加投资解决。即使"复制古董"也办不到，只有依靠把一部分纯收入转化为资金，进行追加投资，方能实现。因此，要维持资金价值量范围内的再生产，就必须追加货币投资方能实现，否则就会形成资金价值量缩小的再生产。

第二，随着技术进步，用新的技术和新性能的机器设备代替旧的设备，就必须不断提高工人的技术水平，对其进行新技术操作训练，才能使原有资金继续有效地发挥作用。这就要相应增加流动资金，并且在技术不

---

① 《马克思恩格斯全集》第 23 卷，人民出版社 1972 年版，第 444 页。

断进步的条件下，不仅固定资产的更新不能"复制古董"，就是生产的物质产品也不能几十年一贯制，也是要不断推出新的规格品种的、不断提高其质量的。这样，即使维持简单再生产，要发挥原有资金的生产效能，也必须追加一部分货币资金用于科学试验和新产品试制才能实现。

第三，在某些生产部门，由于生产的特性决定，其固定资产投资无须一次投入，而可以，并且必须是在第一次投入的基础上，不断地分次再投入。比如采掘工业、矿山、油田等企业，就是这样的生产部门，要维持第一次投入资金量机能的正常发挥及其生产能力实现，就必须不断在该矿山报废之前，分次地相应地进行新的资金投入。由于上述种种原因，所谓资金价值量范围的再生产，或资金价值量内涵扩大再生产，绝不能简单理解为，就是企业建成投产时的资金价值量简单重复投入，而应当理解为两个方面的含义：一方面从资金价值量角度来说，在不增加资金量的条件下，所有扩大使用价值，或实物量的生产都属于内涵扩大再生产之范围；另一方面，从生产能力角度看，凡维持原有资金形成的生产能力范围内，所必须增加的资金量，都属于原有资金量内涵扩大再生产之范围。资金价值量的内涵扩大再生产，就是这两个方面内容的统一。因此，为了保证企业维持其内涵扩大再生产的正常进行，并对国家承担起完全的责任，除了必须把全部折旧留归企业之外，还必须根据上述各项增加货币资金投入的要求，相应地留下一部分纯收入给企业，这样，在正常情况下，为保证企业正常进行生产经营，所必须留给企业纯收入的数量界限 M_c，就是前述三个因素所决定的，必须增加投入的货币资金量的总和。

第三节　企业增加职工个人消费必需的纯收入数量界限

增加职工消费需要必须留利的数量界限，包括职工奖励基金和集体福利基金。其客观数量界限是由企业劳动者超额劳动数量及社会平均必要集体福利水平决定的。

在分析这个问题之前，有一点应当说明。企业纯收入是国营企业的销售收入扣除成本以后的余额，这是从企业角度观察的纯收入，它与社会总体角度考察的纯收入并不是同一的。从社会总体来看纯收入，则是社会再生产中劳动者为社会一般需要创造的剩余产品，这和企业纯收入是不同的。企业纯收入中还包括劳动者以工资形式取得的劳动报酬之外，由企业发放给劳动者的奖金及提供集体福利等项费用，只有扣除这一部分后，从本质上说，才是真正的纯收入，才和社会纯收入是一致的。为了说明上的方便和适应习惯，这里所用的纯收入，都是指企业纯收入。

企业职工的集体福利费用，是企业劳动者劳动报酬的一个组成部分。它的数量界限与其他劳动报酬一起共同受社会平均必要劳动，或平均必要产品价值量所决定。劳动者必要产品的平均必要量，并不等于个别劳动者必要产品量。个别劳动者的必要产品量由于种种原因，往往是与社会平均必要产品量不一致的，就是同一企业内部，不同劳动者的必要产品量也会不一样。但是，社会主义社会，实行按劳分配，只能承认社会平均必要产品量，只能按社会平均必要水平来实施。比如，有的企业由于经营不善，造成劳动者劳动消耗大量浪费，这种情况，虽然实际消耗了更多的劳动，但由于是无效劳动，社会并不能给它相适应的补偿。社会平均必要产品量是指正常的劳动生产耗费所必需的补偿量而言，是一个正常的平均补偿量。马克思在分析资本主义劳动力再生产所需补偿量时，就是这样确定的，他说："假如生产劳动力每天所需要的商品量 = A，每星期所需的商品量 = B，每季度所需要的商品量 = C，其他等等，那末这些商品每天的平均需要量 $= \dfrac{365A + 52B + 4C + 其他等等}{365}$。"[1] 当然，社会主义社会中，劳动者必要产品平均需要量不再只限于劳动力再生产的必要产品，它还包括一定限度的发展资料和享受资料。但其基本原理仍然是适用的。在现实生活中，社会必要产品价值量，即劳动者社会平均必要报酬总量，是由企业发放的职工工资、企业承担供给的集体福利费用及由国家供给的各项社会补贴支出三个部分组成。企业发给职工的工资，是由企业成本中开支，不由纯收入中供给，而企业集体福利及国家供给的社会补贴，则是由企业纯收入来满足，其中国家供给部分，是由企业上缴给国家的纯收入来满足。因此，在企业纯收入分配中，应当留给企业的用于满足集体福利需要部分的数量 Y，可用下列公式表示：

---

[1] 《马克思恩格斯全集》第 23 卷，人民出版社 1972 年版，第 195 页。

Y = S － （G + Q）

S 为社会必要产品价值总量；

G 为由成本开支的工资；

Q 为国家财政供给的社会补贴。

集体福利既然也是劳动报酬的组成部分，在确定每个企业集体福利数量多少时，就必须坚持按劳分配的原则，多劳多得。对企业超额劳动部分必须相应地给予增加集体福利数量。因此，在纯收入中除了按上述数量界限留给企业集体福利基金之外，还要加上依据企业超额劳动贡献多少，相应增加超额贡献集体福利部分 H。这样，企业集体福利留利的数量界限，可最终以如下公式表示：

Y = （S + H） － （G + Q）

集体福利的性质是什么？通常认为是属于按需分配性质，不属于按劳分配范畴。其实，在对企业实行经济核算制和按劳分配的情况下，实际上并不完全是按需分配性质。在集体福利中，有这方面的因素，比如，困难补助和托儿所、幼儿园的费用等，但在扩大企业自主权和自主经营自负盈亏的情况下，集体福利高低也是和企业经营状况、经济效益高低直接相关的。并且，这些费用只是一部分按需要供给，大部分并不是按实际需要多少就供给多少，而是随企业生产经营效果高低而变化。因此，从本质上说，集体福利也属于按劳分配范畴，只不过是以企业为单位分配罢了。

企业奖励基金，是企业职工对社会作出的超额劳动贡献的报酬，是超额增加经济效果的报酬形式。所谓超额劳动，是指在社会平均先进的劳动定额基础上，多付出的有效劳动，换句话说，是超额为社会多创造财富的劳动。因此，那些按企业和职工完成计划任务指标就给奖的办法，是没有理论根据的。在通常情况下，完成计划任务是企业和职工必须完成的定额劳动，这部分劳动已通过工资形式付给了报酬，如果再发奖金，就成了工资的额外附加，不符合奖金是超额劳动报酬性质的要求。所以，确定奖励基金的数量，必须以严格的合理的劳动定额为基础。

超额劳动报酬，既然仍属于按劳分配范畴，它必然也受社会必要劳动水平的制约。有人主张为了鼓励企业的积极性，应当采取固定包干办法，把企业由于超额劳动所创造的纯收入全部留归企业。这是与按劳分配原则不相符合的。超额劳动作出超额贡献，也同定额内劳动一样，必须分为两部分：一部分提供给社会，满足社会共同需要；一部分留给企业，供职工个人增加消费。这不仅是因为企业超额劳动，也是不能凭空创造财富，它还是要借助公有制的生产资料为物质基础。更重要的是，企业超额作出贡献，也是要以其他方面超额为之服务为条件，包括非生产部门的超额服务，这些部门也需要有超额报酬和超额的费用支出，而这一切是需要由物质生产部门超额劳动成果的部分中供给的。如果物质生产部门把超额劳动成果全部消费掉，这些部门就失去物质来源，无法为生产服务，那就会造成社会再生产的比例失调，反过来，企业的生产也就无法正常地继续下去，所以，企业的超额劳动成果必须向社会提供一部分，这是生产资料公有制性质及社会再生产发展的客观需要。以上各项因素是直接制约着留归企业用于奖励基金的纯收入数量界限，这一数量界限可以归结为如下公式：

$$B = \frac{W_y}{W} \times W'$$

B 为奖励基金数量界限；

W_y 为基本工资总额；

W 为定额劳动总量；

W' 为超额劳动总量。

集体福利基金数量界限与奖励基金数量界限之和，就是企业纯收入用于增加职工消费需要的数量界限 X，即：

$$X = (S+H) - (G+Q) + \left(\frac{W_y}{W} \times W'\right)$$

企业超额劳动量，是指凝结形态的劳动，"在劳动者方面曾以动的形式表现出来的东西，现在在产品方面作为静的属性，以存在的形式表现出来"[1]。劳动处于流动形态时不仅无法计量，而且它是否属于社会必要的，只有在它对象化之后方可检验，"处于流动状态的人类劳动力或人类劳动形成价值，但本身不是价值，它在凝固的状态中，在物化的形式上才成为价值"[2]。所以，超额劳动必须通过对企业生产总成果的超额增加来计量，

---

① 《马克思恩格斯全集》第 23 卷，人民出版社 1972 年版，第 205 页。

② 同上书，第 65 页。

通常表现为劳动生产率的提高。前边讲过企业超额劳动成果中，必须超额提供给企业用来满足社会共同需要。因此，企业超额劳动所取得的报酬数量界限，必然要小于劳动生产率提高所增加的成果量。同时，企业超额劳动报酬增长率，也不能超过企业劳动生产率的增长。还因为，企业物化劳动成果的增长，除了活劳动的熟练程度提高和劳动强度加大所致外，还包括其他因素变动的影响，诸如，劳动者技术装备程度的提高，以及利用新的原材料等，也会造成劳动生产率的提高，从而造成企业生产总成果的增加。对劳动者超额劳动报酬的支付，实际上也就是对劳动者个人消费品拥有量的额外增加，这又要以有相应的消费品增加为前提，而在正常情况下，随着劳动生产率的提高，消费品的增长要慢于生产资料的增长，也慢于社会生产总成果的增长，这是技术不断进步情况下的物质再生产发展的规律，所以，留给企业奖励基金的数量界限，还要受个人取得消费品增长不能高于劳动生产率增长因素的限制。在实践中，要用个人可能占有的消费品增长率低于劳动生产率增长系数，以及物质技术进步和增加对劳动生产率影响程度等加以调整。

　　无论企业留利总数量界限，还是其中各项具体的数量界限，都是一个可变量，并不是一个一成不变的绝对量。它将随着客观因素的变化而变化，但是，企业留利的数量界限又是客观存在的，在既定时间内，既定的条件下，它又是一个确定的量，人们可以测定和认识它，并自觉地遵循这个界限。当然，这一客观限量是指正常情况下的客观限量，在特殊情况下，这一正常限量将要受特殊情况下的特殊因素所制约，形成特殊情况下的特殊客观限量。例如，在新中国成立初期，面临着旧政府遗留下来的大量失业、通货膨胀、物价乱涨的国民经济烂摊子，需要集中大量资金用于社会救济，稳定物价，安定人民生活，以保证解放战争的彻底胜利。在这种情况下，企业纯收入除极少量外，只能绝大部分用于满足这些社会共同需要。为此，国家采取统一财政经济管理的重大政策，企业的利润全部上缴财政，这完全是符合当时历史条件下的客观需要。再比如，党的十一届三中全会前，由于"左"的干扰和"四人帮"的破坏，使国民经济结构比例严重失调，由于长期忽视人民必要的消费，造成消费与积累比例严重不合理。在这种情况下，就使企业纯收入分配各方面的数量界限也发生变化。为了调整失调的比例，提高人民的消费，就必须增加人民的收入。党和国家基于客观经济情况的要求，果断地采取了提高人民消费的措施。在企业纯收入分配中，提高了企业留利数量，先后采取了企业基金，全额利润留成、基数利润留成加增长利润留成、利改税等办法，使企业的利润留成不断提高，企业留利占企业纯收入的比重，1980 年为 11.9%，1981 年为 13.2%，1982 年为 15.7%，1983 年为 17.9%。而财政收入占国民收入的比重，则相继下降，1978 年为 37.2%，1979 年为 31.9%，1980 年为 28.3%，1981 年为 25.8%，1982 年为 25.5%。这种情况虽然与正常企业留利的数量界限不相符，但是，就其具体情况来说，则又是正常的。由于消费欠账，在几年内要集中解决欠账问题，而超过正常数量界限，就成了客观必然，这完全是必要的。但超出正常限量多少，也不能由人们随心所欲，它同样也要受客观因素所限定，在特殊情况下，又有其特殊的留利限量。当年社会生产所能提供用来消费的物质资料总量为最大限量，如果还债超出这个限度，就会造成供给与需求不平衡，带来物价不稳定的弊端。特殊留利界限只能是暂时存在，将来调整工作全面完成，国民经济的比例完全正常，原来的特殊数量界限就又将发生变化，企业特殊留利的数量界限，将让位于正常界限。如果这时还按照特殊情况下的数量界限来确定企业留利水平，就必将违背客观数量界限，而给经济带来消极影响。然而在当前存在能源、交通紧张，急需增加能源交通重点建设投资的情况下，企业的留利界限则必然要不同于正常的数量界限，如果坚持一般的留利界限，就会使国民经济比例得不到正常恢复，最终必将阻碍社会再生产顺利进行。

当然，由于各类需要在客观上都有一定的弹性限度，因此，留给企业的纯收入数量界限，在实践中也会有一定的机动余地。国家可以根据某些发展经济的需要和为了达到某些特定目的，发挥企业利润的经济杠杆作用，运用留给企业纯收入水平客观限量的弹性，在弹性允许的限度内，制定合适的分配政策。但无论如何，都必须尊重客观限量，以保证国民经济顺利发展和保证国民经济正常比例。

第八章

国家与集体、个人之间财政
分配的数量关系

第一节　财政与集体经济之间分配关系的数量界限

集体经济是社会主义经济的有机组成部分，在集体经济中，生产资料不再是剥削别人劳动的手段，也不是个人私有财产，而是由劳动者集体公有。在集体经济内部，每一个成员都是生产资料的主人，各个劳动者都以生产资料主人身份进行联合劳动，并依据按劳分配的原则分配生产成果，从而排除了个人依靠生产资料所有权而无偿占有他人劳动成果的剥削关系。集体经济的这些基本特点，决定了它同社会主义全民所有制经济一样，都是公有经济，但是，集体经济与全民所有制经济两者之间又存在着差别，第一，公有化程度不同。全民所有制经济的生产资料及其生产成果属于全体劳动人民公有，是全社会范围的公有化，而集体经济的生产资料及生产成果只属于一个经济集体公有，是部分劳动者范围内的公有化。第二，在分配上，虽然和全民所有制一样，也是实行按劳分配，但全民所有制经济是在全社会范围内统一实行按劳分配，存在着两级按劳分配，即国家对企业实行按劳分配，和企业内部各个劳动者之间实行按劳分配。而集体经济按劳分配则只是一级，只是集体经济内部按劳分配，并不存在各集体经济之间在社会范围内统一的按劳分配。国家不能直接参与集体经济的初次分配。第三，全民所有制经济的扩大再生产投资由全社会统一调度，由国家承担。当然，在实际生活中，投资的形式并不完全表现为国家直接投资。比如，银行贷款和企业留利用于发展生产的投资，从表面上看，似乎是企业自己的投资，其实，银行贷款归根结底是要用国家所有的利润归还，企业留利用于投资，只不过是国家资金使用形式的变化而已。从本质上说，国营企业所创造的一切财富都是国家财产，全民所有制经济的任何形式投资，其性质只能是国家的投资。而集体经济的扩大再生产投资则要由集体经济本身承担。就是说，由于集体经济公有化程度的局限，集体经济的积累在性质上并未转化成为社会共同事务，而只是集体经济内部发展的事务。因此，它的需要只能由集体经济自己来满足。认识集体经济的性质和特点，对研究财政与集体经济之间分配关系，特别是研究其分配关系的数量方面，是极其重要的。对正确处理财政与集体经济之间分配关系，促进集体经济发展，加快四化建设，都有着重要意义。

集体经济的性质和特点，在客观上必然要影响和决定着财政与集体经济之间的分配关系，也必然造成在承担财政缴纳义务的数量关系上，与国营企业有一定区别。首先，集体所有制经济公有化程度的局限性，决定了集体企业的积累不能转化为社会共同事务，只能是集体经济范围内的事务。如果集体经济用于积累部分的纯收入，被财政取走，就会造成由于集体经济没有积累而无法继续发展。因此，财政与集体经济的分配中，不能像对待全民所有制企业那样，可以抽走用于积累的纯收入部分。而必须使集体经济的积累得到必要的保障，把用于积累的纯收入留给集体企业。其次，由于集体经济的生产资料属于劳动者集体所有，不是社会的投资，决定了财政分配中，国家不能以生产资料所有者身份向集体企业抽取资金占用费，而这个部分应当归集体企业所有。因此，财政与集体企业分配关系上，必须把相当于资金占用费部分的纯收入排除在集体企业应上缴的纯收入量之外。由于以上各种原因，就使集体企业在与财政之间分配纯收入时，要比国营企业额外多留下一部分纯收入。就是说，财政与集体企业之间分配关系上，只能是一个层次的分配，即财政只从集体企业的纯收入中抽走劳动者为满足社会共同需要而创造的纯收入部分，即相当于国营企业纯收入的 M_a 部分。而不能以生产资料所有者身份进行第二层次分配，取走企业余下的纯收入 M_b。并且，要考虑集体企业分配的特点，在核算上企业纯收入包含内容的差别，在确定企业纯收入量，计算财政缴纳义务时，要首先从纯收入中扣除相当于国营企业缴纳的资金占用费部分之后的纯收入 M_f，方能视同国营企业的纯收入一样，在财政与企业之间进行第一层次的分配。这样，财政与集体企业之间分配的数量关系，财政应得纯收入以 F 表示，则可用如下关系式表示：

$$F = (M - M_f) \times \frac{M_a}{M}$$

集体企业的必要积累的数量界限。集体企业纯收入扣掉应向国家财政缴纳的部分，即企业劳动者为满足社会共同需要而创造的纯收入部分，再扣除相当于资金占用费部分的纯收入，作为红利来分给各集体股份持有者外，余下的纯收入，原则上讲都是可以用于积累需要的。但留给集体企业作为积累的纯收入部分的数量界限，并不能这样来确定。集体企业作为社会主义经济总体的一部分，还必须从社会总体上来考察它所需要积累的客观界限，就是说，上述纯收入余额是可以用于集体经济的积累，但它还不完全是属于集体企业应当支配的积累。它还要在社会范围内进行调节。因为，任何一个经济单位的积累行为，都不可能是一个孤立的行为，要积累就要有保障积累所需要的物资供应来源，还要有其他方面与之相应的增加积累相配合，方能顺利实现。比如，集体企业进行积累，扩大再生产如果是加工工业，就不仅需要取得机器设备供应和增加原材料供应，而且还要增加能源、交通以及城市公用设施及基础设施等相应的扩大。如果没有这些方面与之相适应，集体企业的积累就无法实现，就是实现了扩大生产能力，也会由于缺少原材料供应和缺电、少水、运输跟不上而不能正常进行生产经营，也不会有好的效果。因此，积累必须在社会范围内进行平衡，它要受社会再生产的客观比例关系所制约。在一定时期内，社会总积累量有其客观限量，而在总积累内部，各个构成方面也是有其客观限量的。积累从社会总体来考察，它由两大部分构成，一部分必须从社会总体上集中进行组织实施的积累，比如，国家重点建设项目，大的能源、交通设施等，这些都是社会再生产中各个生产单位生产经营正常运行所必需的条件；一部分是可由各经济单位分散自行组织实施的积累，而且这部分积累也是相互制约的，也必须从社会范围来进行按比例调节。积累的这两个构成部分在客观上是有一定比例的。只有这两个部分比例协调，社会再生产方能顺利实现。因此，集体经济积累，既要受社会再生产比例制约，而接受社会的调节，又要把自己的纯收入，按照上述集中与分散的客观比例，分成两部分，一部分作为用于社会集中的积累，提供给国家，以增加社会共同设施的积累和保证国民经济的按比例发展。一部分作为自己的积累，集体企业积累中应当向国家提供多少，自己留用多少，其数量界限，决定于集体企业在社会再生产结构中所处的地位、比例和社会再生产比例状况，以及社会总积累中，集中积累与分散积累之间的比例状况。在社会再生产结构正常，各项比例也协调的情况下，集体企业用于积累部分的纯收入，自己留用多少，应上缴国家多少，则决定于集体企业积累与社会集中积累之间的比例。如果社会再生产结构不协调，需要增加社会集中积累部分（或需减少），则应相应调整集体分散积累与社会集中积累之间的比例。集体企业用于积累的纯收入部分，扣除经调整后的比例，所确定的应留给集体企业进行分散积累部分纯收入最后的余额，才是集体企业应当上缴财政，用于社会集中积累的最大限量 K。这样，集体企业与财政之间分配的数量关系式就要修正为：

$$F = (M - M_f) \times \frac{M_a}{M} \pm K$$

集体企业积累规模，不仅受可能留下的纯收入数量的制约，它还要受国民经济中的积累与消费比例所制约。一定时期内国民经济中的积累与消费比例，是有其客观数量界限的，这个客观数量界限，制约着国民经济各个方面的积累与消费比例。集体企业也不例外，集体企业的积累过多，消费过少；或积累不足，消费过多，都会破坏国民经济的积累与消费的正常比例。集体企业积累的合理界限，在其他方面的积累与消费比例恰当的情况下，集体企业积累的合理量，就是社会必要的积累量扣除社会集中组织实施的积累量，再扣除国营企业维持自身正常经营必需的积累量，以及个人进行的积累之余额。所以，上述集体企业用于积累的纯收入数量界限，还要用集体企业在社会总积累中占据的比率加以调整，才是最终可行的积累量。

第二节　财政与个人之间分配关系的数量界限

我国财政收入来自个人的缴款，其数量是很微小的。一般只有自行车牌照税以及国家机关为居民提供某些服务收取的规费等。近几年来，对个人开征了所得税，主要的也是对外籍人员及国内少数收入较高的劳动者征收。但随着经济的发展，人民生活的提高，这方面征纳将会逐步增加起来。

在社会主义社会中，国民收入分配，是在扣除了满足社会共同需要之后，才在劳动者之间按劳分配。既然在分给劳动者之前已经作了扣除，为什么还要再向劳动者个人再次征税呢？其原因在于，在国民收入分配过程中，社会的扣除，是根据劳动力再生产所需的社会平均必要产品量，从社会总体计算的，可是在必要产品实际分配的过程中，并不是按平均必要劳动产品量分配给每一个劳动者的，而是按每一个劳动者实际有效劳动量来分配。因此，每一个劳动者所得到的劳动报酬，并不完全与社会平均必要产品量相一致，一些超过平均有效劳动量，提供劳动的劳动者，就会得到超过社会平均必要产品量的超额劳动报酬。得到超额劳动报酬的劳动者，它们在消费活动中，就会比一般劳动者有一个超额消费量，为此，社会也就要对他提供超额服务。比如，高收入者，对社会某些公共设施的需要，就要比收入低的劳动者多些；收入高，就可能增加旅游的需要，从而就要增加公共交通、服务设施的消费；收入多就可能要求拥有较好较多的住宅；收入多就要进行较多的娱乐和享受资料的消费等。为此，社会就要相应增加公共设施，增加文化娱乐，公共服务设施等，这就必须增加支出。而这部分增加支出的来源，就应当从劳动者的超额劳动报酬中额外扣除。可是，社会在事先计算社会扣除时，只是按社会平均必要产品量扣除的，并没有对一些劳动者的超额劳动的超额收入加以扣除。这在客观上就要求超额劳动者把自己得到的超额劳动报酬分成两部分，一部分用于增加自己的消费，一部分上缴国家财政用于增加社会共同需要的消费。此外，社会主义是社会化的大生产，任何一个劳动者的劳动成果，都不是一个人孤立劳动的成果，都是经过多个人分工协作的结果，一个人超额劳动，必须由其他方面为他超额协作，才能取得应有的成果。这种超额协作或服务，存在两种情况：一种是有形的，为超额劳动服务的超额劳动，同时也取得自己的超额劳动成果，从而超额服务者也相应取得一定的超额劳动报酬；一种是无形的，超额服务者虽然超额为其他超额劳动的实现服务，但其超额劳动并不直接取得自己的劳动成果，其超额劳动的成果却间接表现在被服务的超额劳动的成果上。由于这种超额劳动没有自己的直接成果，也就无从计量，也就得不到超额劳动的报酬，而被服务者却因此可以得到超过他的实际劳动量的额外的报酬，这部分是不应当归被服务者的，社会必须对此进行必要的调节，就要把这个部分从超额劳动者报酬中扣除。总之，财政对劳动者个人收入的征收，只是国家从企业取得剩余产品形式的改变，是社会扣除的必要补充，并不是对劳动者为自己及家庭需要所创造的必要产品 V 的征收，仍然是对劳动者超额劳动所创造的剩余产品的征收。

在部门经济学的研究中，一定要注意把各个经济单位实际工作中的财务分配和核算上形成的 C、V、M，同作为政治经济学范畴的 C、V、M 区分开来，否则就会在理论认识上带来混乱。在日常企业财务活动中，为了不同的目的，是要从不同的角度对生产经营的耗费与成果进行核算的。因而，就会反映出不同内容和数量的 V 与 M。比如，为了考察企业正常的生产经营与成果状况，在比较企业成本与销售收入时，往往要把一些非正常原因造成的费用支出，不计入成本，在成本核算中只计入正常的费用，只从销售收入中扣除正常成本考察其剩余额的大小，通常把这样比较出的结果所形成的 M 量，称为销售利润。为了考察企业全部生产经营活动和全部实际耗费的结果，则要把营业外支出与营业外收入核算进去，从企业销售利润加营业外收入减营业外支出后的余额多少，来考察企业生产经营的实际状况，通常把这个剩余量 M，称为企业利润总额。不论从什么角度考察和进行的核算，所得出的 M 量，都不是企业最终的实际 M 量，都是与经济学上的 V 与 M，有着质与量差别的。同样，企业财务核算上的劳动者报酬量，所表现出的 V 量，也不是职工最终实际得到的全部 V 量，其中很大一部分 V，还包括在 M 量之中。在财务核算上，还表现为对 M 的分配过程之中，表现为 M 用于发放超额劳动报酬及奖金和用于集体福利的费用。其实这并不是 M 的使用，从本质说，它仍然是劳动者必要劳动创造的必要产品的分配和使用。所以，在企业财务核算上，所表示出的 V 与 M 量，都是不完整的，V 与 M 之间是交叉的，是你中有我，我中有你。企业利润总额中，既包括应当用于职工超额劳动报酬部分，又包括企业职工集体消费部分，而利润总额中，又没有完全把企业职工剩余劳动创造的全部剩余产品价值包括进去。因为，在财务核算企业利润总额中，是把企业向国家缴纳的工商税收作为费用计入销售成本的。因此，说财政分配 M，并不是指企业财务核算上的 M，说财政不分配 V，也不是指企业核算上的 V，而是从社会总体上来考察的 V，是生产劳动者必要劳动创造的，并最终归劳动者个人及家属消费的必要产品价值总量。

对生产劳动者收入征收的性质是这样，对非生产劳动者收入征收也是这样，也不是对劳动者的必要劳动成果 V 的征收。在社会主义社会，任何劳动都要分为两个部分，一部分是为谋取自我消费需要的劳动，一部分是为满足社会共同需要的劳动。在商品经济的条件下，非生产劳动者的劳动服务或劳动成果也是要等价交换的，同生产劳动者创造的 V 与 M 相交换，他们的必要劳动部分取得自己需要的产品，用剩余劳动换取满足社会共同需要的产品，或直接为社会共同需要服务。他们的必要劳动部分，也与生产者必要劳动一样，实行按劳分配。因此，他们由于实际劳动状况不同，所取得的实际报酬量也不完全与社会平均必要劳动相同，也存在超额劳动报酬。在他们的超额劳动成果中，应当用来满足社会共同需要的部分也没有事先扣除。因而，对他们收入进行征税，也是对他们的超额劳动报酬中，属于满足社会共同需要部分 M 的分配。

从上面的分析可以看出，国家财政与劳动者个人之间分配的数量界限，是由劳动者实际报酬量 V，劳动力再生产客观需要的社会平均必要产品量 $\overline{V}_1$，超额劳动平均必要补偿量 $\overline{V}_2$，超额劳动报酬引起的超额消费中所必须增加的平均社会共同需要量 G_x 这四个因素所制约。财政可以从个人收入中取得的最大限量，则是决定于劳动者实际得到的劳动报酬量与劳动力再生产社会平均必要产品量，及超额劳动平均必要补偿量所决定，其数量关系可用如下公式表示：

$$S_1 = V - (\overline{V}_1 + \overline{V}_2)$$

而财政从个人收入中取得的最低限量，则是由超额劳动报酬量 V′，及超额消费引起的社会共同需要平均额外增加百分比这两个因素所决定。这两个因素的变化与财政收入呈正比例变化，其数量关系可用如下公式表示：

$$S_2 = \overline{V'G_x}$$

财政从劳动者个人收入中征收的最低限量与最大限量都是极限，在这最低与最大之间则是可以变动的弹性区间。在实践中，一般都不按最低、最大极限来分配。因为，如果按最大限量征收，这就等于否定超额劳动应当得到较多的补偿的权力，从而使劳动者由于超额劳动付出的耗费，除了得到最低限补偿之外，不能增加享受资料及发展资料的消费，而抑制劳动者的积极性。如果按最低限量征收，就会使社会共同事务仅仅维持原有水平的再生产，而得不到应有的发展，适应不了劳动人民日益增长的需要。在正常情况下，应当在这个弹性区间内，寻求一个适当的界限，这个限量应当是既能保证劳动者的超额劳动耗费得到比最低限补偿之外有所增加，又使社会共同需要比原有水平有所增加，最终使劳动者消费能得到更多的持续的增长。

第九章

中央与地方财政分配的集中
与分散的数量关系

第一节　集中与分散的内容和客观数量界限

中央与地方之间，财政分配的集中与分散的内容是多方面的，从根本上说不外是财政责任、财政权力、财政利益三个方面的内容。这责、权、利三方面内容，是相互联系、相互制约、相互依存的统一整体，缺少任何一个方面，都不成为完整的财政分配关系。但这三者之间又是有主有从的，财政责任是主，是首要内容，财政权力和财政利益是辅，是从属内容。财政责任其所以是核心内容，这是因为，中央与地方在财政分配中实行分工的目的，并不是为了分权或分钱，而是为了明确各自的财政责任，以充分发挥中央与地方，两个方面财政分配活动的积极性，以保证社会共同需要的全面而有效的满足。并且，财政责任的集中与分散状况，也是财政权力和财政利益集中与分散数量界限的依据，是财政责任派生出财政权力和财政利益，没有财政分配的责任的规定性，财政权力和财政利益多少也就失去标准、失去意义。在财政分配活动中，只有正确处理了财政责任的集中与分散关系，处理财政权力与财政利益的集中与分散关系才有依据，才有意义。在调节中央与地方之间财政分配关系中，调节集权与分权关系并不是目的，它只是为了给各方面完成所承担的财政责任提供物质前提和条件。财政权力的集中与分散程度，只能以财政责任的集中与分散程度为依据，必须与财政责任的集中与分散程度相一致、相适应。我们讲积极性，就是讲承担财政责任和完成财政责任的积极性，提高财政效果的积极性。离开财政责任，只在财权的多少上，或在分钱多少上谈积极性，是与正确处理中央与地方财政关系的宗旨相背离的。当然,财政权力与财政利益为辅,并不是不重要,只有财政责任,没有一定的财政分配权力,也无法实现财政分配责任。财政权力是实现责任的物质前提。至于财政利益的集中与分散,则是为实现财政责任、提高财政效果提供经济动力,是使财政责任物质化的手段。就是说,只有把财政责任和财政利益结合起来,财政责任才具有实质性内容。财政责任完成得好,财政效果高,就可以多得财政好处;财政责任完成得不好,财政效果低,就会少得甚至得不到财政好处。这样,财政责任才会真正落到实处。如果只有财政责任的划分,而没有把财政责任完成得好坏,与财政利益直接结合起来,干好干坏一个样,就使承担财政责任失去实质性内容,责任将成空话。总之,财政的集中与分散的关系,包括责、权、利三个方面的内容,财政责任是核心内容,财政权力与财政利益是依财政责任为转移。从这个意义上说,虽然中央与地方之间,财政分配关系上存在着财政责任、财政权力与财政利益三个方面的集中与分散的内容,但只要找出财政责任的集中与分散的客观数量界限,财政权力和财政利益的数量界限也就在其中了。

财政集中与分散的客观数量界限,要从度与量两个层次进行研究。

所谓财政集中与分散的度,是指集中与分散的数量不可超越的最高和最低的客观幅度。所谓量是指在度的范围内,在某一个特定的时期内,与特定的条件下,集中与分散的客观可行数量界限。度制约量,是第一层次的数量界限。量在度规定的范围内,规定着各个不同条件下,不同时期内的数量界限,是第二层次的数量界限。

一　财政集中与分散的度

中央财政与地方财政之间的集中与分散的度,是由社会主义公有制及我国的具体国情和我国社会主义财政分配的性质所规定。财政分配是为了满足社会共同需要而由国家集中进行的一种分配活动。社会的共同需要,是以社会整体消费为特征的需要。所以,财政分配就其本性而言,它是社会高度集中化的分配,具有强烈的社会集中性。财政分配的这一特性,决定了它的分配和管理必须由社会统一来实施,必须集中于中央,否则就会破坏财政分配的社会集中性,无法有效地满足社会共同需要,从而妨碍社会再生产的顺利进行。但是,我国的具体国情又决定了财政分配具有层次性特点，不能只有中央统一集中，而没有必要的分散。必须在中央集中统一控制下，确保必要的分散。因为，我国是一个幅员辽阔、人口众多、多民族的社会主义大国，各地区的生产力水平参差不齐，社会经济情况区别很大，风俗习惯也不尽相同，这就造成了社会共同需要的许多方面具有地区的或民族的特点，因而形成了社会共同需要的层次性。有以全国为单位的社会共同需要，有以地区为单位，表现为地区特点的社会共同需要。比如，在一些少数民族地区宗教活动需要的社会公共设施，这种需要从本质上说，它是社会共同需要的组成部分，但它具有地区性特点，只能在需要的少数民族地区来实施和管理，因而它以地区需要的形式表现出来。再比如，城市的公用设施，它不仅仅是为一个城市的居民服务，也为全国各地居民服务，是属于以全国为单位的社会共同需要，但它表现为各个城市的公共需要，只能由各个城市来实施和满足。社会共同需要的这种层次性特点，决定了我国财政分配、财政管理也具有层次性特点。以全国为单位的社会共同需要部分，则必须由中央集中组织分配才能有效地满足；具有地区特点的社会共同需要，必须由各地区分头组织分配，才能有效地满足。这样，在客观上就形成了中央与地方之间，在财政分配上的集中与分散的数量界限，满足以全国为单位的社会共同需要的最低数量，是中央必须集中的最低限度，其余部分则是地区可以分散的最大限度；反之，满足具有地区特点的社会共同需要的最低数量，是地方分散的最低限度，其余部分则是中央集中的最大限度。这就是中央财政与地方财政之间，集中与分散的度。

二 财政集中与分散的量

中央与地方之间，财政集中与分散的量，除了受财政集中与分散的度所规定的范围约束之外，在各个时期的具体数量界限，是由各个时期的国民经济发展状况及国家所面临的政治经济任务所决定。

1. 国民经济发展状况是否正常，经济效益好坏，直接制约着财政集中与分散数量的变化。我们知道，每年财政可以动员的收入数量，是与国民经济效益高低呈正比例变化的，国民经济效益高，财政可以动员的收入量也就大，这样，中央集中必不可少的一部分财政资金后，即扣除必须由中央集中组织实施分配，才能满足的社会共同需要部分的余额，就可以多些，因而地方可以分散的部分就多些。反之，国民经济效益低，财政动员的收入总量就少些，扣除中央必须集中的部分后，余额就少，可分散给地方的就少。国民经济发展的协调程度，是与中央财政责任大小成反比例变化的。例如，国民经济发展的协调程度高，中央财政面临的发展全局性重点建设任务，就相对少些。为了调整国民经济所必需的各项支出量也会少些，从而中央财政集中的责任也就会轻些，中央财政集中的数量也就可以少些，地方财政就可以多办一些事。相反，当国民经济结构处于不协调，国民经济发展不够平衡时，为了调整国民经济，纠正不合理的经济结构，中央财政就必须承担较多的重点建设责任，客观上就要求中央财政集中的数量更大些。例如，当前我们的国民经济结构还不完全协调，能源、交通与经济发展需要很不相适应，必须较多和较快地进行能源交通等方面的重点建设，而这些任务的主要部分必须由中央来承担。因此，客观上决定了中央财政要比正常情况下，承担更多的责任，需要集中较多的财力，以保证国民经济调整任务的需要。从总体上调整国民经济，只能由中央来集中进行，各个企业和地方是无法承担的。因为，企业和地区所处地位的局限性，很难全面了解社会各方面需要总量及劳动总量的布局，只有中央才能综观全局，根据社会劳动总量按照社会需求及其构成，有计划按客观比例进行分配。

2. 国家在各个时期所面临的政治经济任务不同，中央与地方财政所承担的财政责任的轻重就会不一样。国家所面临的政治经济任务，需要中央办的多，中央财政责任相对增大，集中的程度就必须相应高些。反之，政治经济任务多数是可以在中央统一制约下，由地方分散去办，这样，中央财政承担的责任都相对少些，集中的程度就可以低些，地方分散的数量就可以大些。

总之，各个时期国民经济发展状况及国家所面临的政治经济任务，所决定的中央与地方财政责任大小，就是各个时期内，中央与地方财政集中与分散的具体数量界限。当然，这个财政集中与分散数量界限的量的变化，又是以不超过客观规定的集中与分散的度为限。

第二节　财政责任集中与分散的划分及其数量界限

根据前面的分析，可以看出，财政集中与分散的客观数量界限，其度是稳定的，其量在度的范围内是可变的，其具体的数量界限是通过各个时期财政责任的集中与分散的数量界限表现出来。因此，必须从认识财政责任的集中与分散程度入手，依据财政责任的数量界限来认识财政权力与财政利益的数量界限，方能在实践中正确解决集中与分散的限度，从总体上调节好责、权、利的集中与分散关系。1980 年实行的"分灶吃饭"财政体制的一个重要欠缺，就在于它测定中央与地方财政集中与分散数量的依据失当，从而在集中与分散的数量关系上背离了客观数量界限。在中央与地方之间，划分集中与分散关系，不是以财政责任为出发点，而是以企业事业的行政隶属关系为出发点，依据上年财政收支实际数量，来测定集中与分散的具体数量界限。这种办法虽然简单易行，也容易使各方面接受，但以这种办法来划定中央与地方财政的集中与分散的数量界限，既不能分清中央与地方的财政责任，也不能正确处理责、权、利关系，又不能符合集中与分散的客观数量界限。在现行的经济体制下，隶属于中央的企业和事业各项需要，并不等于都属于以全国为单位的社会共同需要部分。处于地方的企业、事业单位，虽然许多事情需要由地方来提供，由地方为它服务，但隶属于地方的企业和事业各项需要，也不都属于具有地区特点的社会共同需要部分，从而并不一定都属于地方财政所承担的责任，许多事情是需要中央为地方提供条件和服务。按隶属关系划分财政责任范围，就必然造成中央与地方之间财政责任不清、界限不明。这一点从实行"分灶吃饭"办法之后，在实际工作中发生的中央财政与地方财政相互扯皮的一些情况，就是生动的证明。中央财政总感到收入放下去了，而支出没有完全放下去，即所谓统收打破了，统支没有打破；而地方财政却不承认，认为"分灶吃饭"是在财政困难的情况下实施的，首先分支出，后分的收入，而且分的不是收入而是债，已明确划分了收支范围，没有什么统支没打破的问题。相反，收支已划分清楚了，可是中央还常出题目，开口子，额外增加地方支出负担，所谓包而不干。

同样，按上年实际收支来测定中央与地方财政之间的集中与分散的数

量界限，也必然会与客观的数量界限相背离。因为，1980 年开始实行的
财政体制，是旨在改变中央集中过多、统得过死的统收统支体制而改革
的，在统收统支的体制下，中央的各项开支，并不等于没有属于应当由地
方财政承担的责任部分，地方的各项开支，也会包括属于应当由中央财政
所承担的责任部分。并且，各年实际财政收支数量与财政责任的数量并不
完全是一回事。上年实际发生的支出项目和支出数额，只是说明中央与地
方财政为了完成当时发生的职责，花了那么多钱，不能反过来说，花了那
么多钱，发生了那么多项目开支，它的职责也就是那么多。因为，没有执
行它应当执行的某些职责，是不必花钱的，实际支出中也就没有这个项
目，上年没有发生的支出项目，不等于就不是应当由地方承担的职责。反
过来，上年发生了的项目，不等于今年也一定发生，即使发生了也不一定
仍然要支出那么多。花钱还有一个节约与浪费问题。同样执行一项职责，
可以开支的钱多些，也可以少些，花钱多，并不等于它执行的职责就一定
多。所以，以上年实际收支数额来测定财政集中与分散的数量，是不可能
与集中分散的客观数量界限相符合的，往往会造成背离客观数量界限，实
践证明了这一点。实行"分灶吃饭"以来，根据企业事业行政隶属关系
划分收支范围，和按上年实际收支数额测定中央与地方收支数额的结果是
中央财政只掌握了全部财政收入的 20%，而地方财政却掌握全部财政收
入的 80%。在支出上，中央实际支配全部财政支出的 55%，地方支出则
只达 45% 以上。结果形成中央财政靠向地方要钱来平衡预算的被动局面，
使中央财政失去了制约地方财政资金运用方向的物质力量，完全颠倒了集
中制约分散的关系，很明显是与客观财政集中与分散的数量界限相背离
的。那么，划分收支本身不也就是划分财政责任吗？不错，收支也是一种
责任，但这不是真正意义上的财政责任。所谓财政责任，首先是指实现财
政目的的责任。社会主义财政分配的目的是为了满足社会共同需要和提高
财政分配效果，划分收支只是完成满足社会共同需要的手段，社会主义财
政责任，只能是在满足社会共同需要的责任划分的基础上，保证满足社会
共同需要的供给，并做到以最少的支出，取得社会共同需要的最大限度的
满足。所以，为了克服"分灶吃饭"财政体制的缺陷，就必须改变测定
收支的办法和依据，即改为以社会共同需要的状况为依据。只有以测定中
央与地方为满足社会共同需要而必须承担办理的社会及经济的事业范围和

数量为依据，采用从划清中央与地方的事业责任范围，确定财政责任的集中与分散数量着手，依此划定财政收支数量的办法，才能正确处理财政收支的集中与分散关系。

那么，中央与地方各自应当承担办理哪些社会和经济的事业呢？根据前面我们讲过的，中央与地方财政集中与分散的客观数量界限的度的规定，需要以全国为单位组织实施来满足的社会共同需要，是中央财政的责任，为中央集中的范围。它应当包括：国家战备需要，外交援外需要，中央行政管理需要和需全国集中组织的科学、文化、教育、卫生等事业需要，国家后备需要，关系国民经济全局的生产建设需要，以及支援经济发展低水平地区的需要等，这些属于中央集中的事业范围。地方应当承办的事业包括所有具有地区性特点的社会共同需要的事业，诸如地方道路交通及城市基础设施的需要，城市建设、公用设施和公用事业的需要，必须由地方集中进行的生产性建设的需要，地方性科学、文化、教育、卫生及社会救济等事业的需要，民族特需的公共设施事业的需要，地方行政管理的需要等。这些都属于地方应当承担的社会共同事务范围。这一范围也就规定了，中央与地方财政责任的集中与分散的数量界限。当前，依照这一范围，根据历史的资料，结合国民经济发展状况及中央与地方面临的政治经济任务估算，从全国来看，中央必须承担的财政责任，大体要占全国财政总责任的 50%—60%，地方必须承担的财政责任大体要占全部财政责任的 40%—50%。如果还要考虑到中央财政对地方财政收入的调剂，以及实行宏观控制的需要，还要加大中央财政收入集中数额，以增强中央财政对地方财政资金运用方向的宏观控制能力。在财政收入上，中央集中的收入大体要占总收入的 65%—70%，地方分散的数量大体只能占总收入的 30%—35%。而在支出上，中央要集中财政总支出的 50%—60%，地方分散承担 40%—50%。地方收入不足以满足其支出的需要，则采取中央财政向地方返还收入的办法加以解决，以发挥中央对地方财政的制约作用。

第三节　正确处理集中与分散数量关系的途径

确定了符合客观数量界限的集中分散的数量，还要选取正确的办法来划分收支，才能达到正确处理财政分配的集中与分散的数量关系的目的。如果方法不当，也会带来各种消极后果。例如，在过去，我们曾多次向地方扩大财政自主权，试图正确处理集权与分权关系，实行分级财政。而分级财政无疑是符合我国国情的，它正确反映了客观形势的要求。但是，由于实施的方法不当，每次都是在保留各部门对财力实行条条分割的状态下实施，在方法上仅仅是财政对本条条的放权，其他各条条仍然归口对地方财力的分配和使用实施直接的干预，地方仍然不能因地制宜、统筹安排本地区的财力。因而，始终没有达到真正实行分级财政的目的。1980年的改革，总结了过去改革的经验，采取了按块块放权的办法，条条对于明确划给地方的各项事业，不再归口安排支出和分配支出指标，这就保证了地方统筹安排本地区财力，因地制宜发展本地区各项事业的权力。这才使一直没能真正实现的分级财政，初步得到实现。实行"分灶吃饭"体制以后，地方真正拥有了财政自主权，调动了地方当家理财的积极性。但这种体制在具体实施办法上仍然存在不当之处，从而给国民经济带来了一些消极影响，妨碍着分级财政优越性的充分发挥。"分灶吃饭"财政体制在具体实施办法上的主要欠缺是只着眼于中央与地方之间，从财政资金数量上分清你我，只注意了分，而没有注意统一制约的问题。因而，只能解决分，而不能解决集中制约和综合平衡问题。这表现在：

（1）为了扩权，在方法上，把统一的财政资金，分成预算内与预算外两块进行管理，而没有同时制定宏观控制和综合平衡的办法。这种只有分的办法，没有制约的办法，实际上等于放弃了财政的统一计划管理，这是与财政资金特有的社会集中性相违背的。

（2）在预算内资金的管理上，同样也只注意了分，而忽视了制约，结果造成中央与地方财政利益上相互脱节，财政分级变成分家。

（3）在地方预算收支平衡的办法上，采取了收支完全挂钩，地方单一地依靠自己收入平衡预算的方式。这种方法虽然有调动地方积极开辟财源的优点，但它却使中央财政失去诱导地方财政资金运用方向的物质力量。

（4）在收支范围的划分上，采取了按企业事业的行政隶属关系划分的办法。这个办法虽然有把地方的各项经济事业发展状况与地方财政利益紧密联系起来，调动地方办好本地区经济事业积极性的优点，但其缺点也很多。第一，不能正确地分清中央与地方之间的财政责任，这一点在前边已讲过，这里不再多讲；第二，造成中央财政利益与地方财政利益脱节。因为，把隶属于中央各部门的企业收入全部划归中央财政收入，把隶属于地方企业收入全部划归地方财政收入，就使地方企业只与地方财政利益发生联系，而与中央财政利益无关，中央企业收入只与中央财政利益相关，而与地方财政利益无关。地方出于自己财政利益的考虑，很容易对企业产生亲疏之分，对地方企业分外爱护，这不仅会强化"地方所有制"，而且会助长地区封锁，重复生产，重复建设等毛病。与此同时，由于地方企业的收入实现情况同地方财政利益和经济主管部门的经济利益挂得过紧，地方和部门出于自己利益的考虑，往往对企业进行过多的不必要的行政干预，使企业的经济活动束缚于行政的条块框框之中，不利于政企职责分开和简政放权，不利于保护企业商品生产者的独立经营自主权，不利于经济的横向联系，妨碍流通，妨碍流通体制改革。所以，要达到正确处理集中与分散之间数量关系的目的，寻找正确的财政收支范围划分办法是不可忽视的。

根据我国历次改革财政体制的经验，及现行财政体制实行方法的一些缺点，在进一步改革财政体制时，为了坚持分级财政方向，恰当地调整集中与分散的数量关系，在确定财政体制的具体实施办法时，以下几点是必须注意的：

第一，必须摒弃按行政隶属关系划分收支范围，采用收支分别划分的办法。在支出范围的划分上，首先要确定地方承担的社会共同事务责任范围，然后按地方承担的各项事业的性质，实行分类划分财政支出责任范围。各项事业按其性质和其关系全局的程度，可能有如下几类：（1）纯属地方性质的，不涉及全局的地方基本事业，如地方行政事业、城市建设、地方道路、公用设施等，这一类应全部划归地方负责。（2）虽属地方事业，但又关系到较多地区或全国的需要，例如具有特殊医疗价值的温泉设施、旅游胜地的开发等事业，这一类应由地方和中央共同承担经费供给的责任。（3）纯属全国性事业，但又需要由地方分头去办的事业，其责任应以中央为主，地方为辅，而其经费的供给应全部由中央承担。（4）纯属中央事业，而又只能由中央去办的事业，比如中央行政管理、国防战备、外交等事业，则应由中央负责，并由中央财政承担全部费用的供给。

在收入划分上则要采用能使中央财政利益与地方财政利益结合起来的方法。例如，实行中央与地方之间的财源共享的分税制，就是一个较好的办法。所谓财源共享，是指每一项财源，不论是隶属于中央或地方，都要成为既是中央财政收入的源泉，又是地方财政收入的源泉，其根本特点是，不论财政义务缴纳者的行政隶属关系属于谁，中央财政和地方财政都从他们的每一项财源中取得收入。这种共享制的分税制，与现在实行的总额分成办法不一样。总额分成并没有脱离按隶属关系划分收支的框框，而财源共享的分税制是要以否定按隶属关系划分收支和地方财政有独立的税制体系为前提的。

第二，在平衡预算方法上，要改变收支全部挂钩的方式，实行双重来源平衡预算办法。即地方财政要靠自己的固定收入和中央财政向地方返还收入，才能平衡自己的预算。这样，才能保证中央财政掌握诱导地方财政资金运用方向的物质手段。为了充分发挥中央财政向地方返还收入的经济杠杆作用，而又不妨碍地方财政的自主权运用，要根据不同情况采用多种形式。比如，可以采取如下一些办法：（1）按地方财政的年标准收入与标准支出的差额给予补助。这个办法主要用来帮助收入不足以维持和发展地方基本事业需要的地区。所谓标准收支差额，是指地方财政在正常情况下，按规定的标准计算应当取得的收入，和按标准费用定额计算的地方各项基本事业所需要的费用数额之间的差额。这种不按实际收支差额补助的办法，既有利于克服中央与地方每年争财政指标的矛盾，又可以促进地方努力增收节支，提高财政效果的积极性。按标准收支差额进行补助，其补助的数额可能等于实际差额，也可能大于或小于实际差额。如果地方讲求财政效果，完成各项基本事业所需的实际费用低于标准需要，或积极开辟财源和组织收入，实际收入高于标准收入，地方就会得到额外的财力，多办一些事业。反之，搞不好，就会造成中央返还收入不足以抵补实际差额，发生财政困难。（2）按规定的标准，给予一定比例的补助。这个办法主要用于地方举办有关全局性事业，和按规定应由中央与地方共同负担费用的事业。其特点是：不按实际需要，而是按规定的标准补贴；不考虑地方举办这些事业是否有足够的财力，只要地方举办这类事业，中央就按规定给予补助。这就可以诱导地方，积极举办有关全局性的事业，又可以发挥中央财政对地方财政资金运用的制约作用。（3）专项补贴办法，它不是固定的，哪些项目给补贴，每年由中央财政根据国民经济计划的要求和调节经济的需要来确定，并事先公布，它主要是用来指导地方财力运用方向，发挥财政杠杆作用。（4）中央对地方委托拨款办法。主要用于中央委托地方承办的事业需要。中央将要兴办的一些项目交给地方去包干办理，地方按质按量按时完成任务，如果资金结余则由地方留用，不足则要由地方负责弥补。这种办法有利于调动地方关心其境内的各项中央举办的事业的积极性。

　　实行地方财政收入来源双轨制，会不会减少地方财政自主权呢？不会的，这种办法是在坚持分级财政，扩大地方财政自主权的前提下实施的。这种返还，与统收统支体制下的中央拨款不同，也和现行体制中的调剂收入及中央给地方的补助不同。中央向地方返还是按规定的标准，不能随意少返还或不返还的，每年必须按规定如数返还。从这个意义上说，返还收入也是地方财政的一种固定收入，并没有收回地方财权，只是改变地方财政收入的形式，所不同的是中央财政通过返还办法，在一定程度上参与了地方财力使用的指导与制约，发挥了集中对分散的制约作用。此外，由于返还是按规定的标准，地方每年可以事先测算出自己可以得到的收入，便于从长远打算来统筹安排本地区的财力和发展地方事业。地方也不必再和中央财政争取收支指标，这对地方来说，也是自主权的一项有效保证。

第三篇
财政关系现象形态的研究

——财政调节论与控制论——

第十章

社会主义财政分配关系的现象形态

任何事物都是内容和形式的统一，内容是构成事物的内在各个要素的总和，形式则是构成内容的各要素的结构或外在表现方式。所谓财政分配关系的现象形态，就是构成财政分配关系总体的诸分配关系结构和外在表现方式，即财政分配形式。我国的社会主义财政关系，主要是由国家与国营企业、国家与集体企业及其他一些非全民所有制企业、国家与个人之间，以及各级政府之间诸分配关系构成。财政体制、国家预算、税收、利润上缴等，则是这些关系的外在表现形态。

事物的内容决定事物的形式，有什么性质的内容，就有什么样性质的形式。在历史上，财政分配关系，曾表现出多种多样的纷繁复杂的形式，这并不是由"显赫的国家的政治行为"决定的，而是财政分配关系性质及其发展变化的结果。社会主义财政分配的形式及其性质也不例外，同样是受社会主义财政关系的性质及其发展所决定的。因此，财政分配形式，也不是一成不变的，它也要随财政关系的发展而变化。研究财政分配形式，也就必须从发展的观点出发，方能对各项分配形式得出正确的认识。从广义说，财政分配形式，包括两类：一类是财政分配的基本形式，它是体现基本财政关系的一些财政范畴；一类是财政分配派生的形式，它是派生的财政关系的体现形式。在财政分配活动中，财政分配派生的形式既不是经常的筹集财政资金的形式，也不是支配财政资金的经常形式，它仅仅是在财政调节经济过程中发生的派生的财政分配关系的表现形式，诸如，财政补贴、国家信用等。本章只分析原生形式，派生形式将放在以后一些章节中去研究。

第一节　财政体制

一　财政体制的实质和内容

财政体制是什么？由于对财政本质认识上的分歧，看法很不一致。我们认为，财政体制是诸财政分配主体之间的责、权、利关系的量的规定性，及其具体体现形式。各种财政分配关系都有一个量的规定性（这些在前几章已做过分析），并且是通过一定具体的形式表现出来。比如，国家和各级政府之间的财政分配关系，就包括各自的财政分配责任范围的规定，财政分配级次的规定，财政分配权限的规定等；国家与各个社会经济单位之间财政分配关系，则包括各经济单位向财政缴纳剩余产品的方式，及缴纳的比例份额等规定，如果是全民所有制经济单位，由于其积累即扩大再生产职能属于社会共同事务，则还要规定有关积累的支配和使用权限等。但这些规定性如果抽去其各自的具体的表现形式，不外是各个方面在财政分配责任、财政分配权力和财政分配利益关系的量的规定性。这就是财政体制的基本内容。不同社会制度下的财政体制，有着不同的性质，在剥削阶级统治的社会中，财政体制反映的是剥削阶级与被剥削阶级之间，以及剥削阶级内部，国家与各剥削阶级集团之间，各剥削阶级集团之间，在掠夺和瓜分劳动人民的剩余价值方面的矛盾。这种斗争是无法调和的，因此，在资本主义各国，其财政分配体制上一直存在尖锐的矛盾和斗争。社会主义社会，生产资料是公有制，国家是为人民利益服务的，劳动人民之间，劳动人民与国家及各级政府之间，其根本利益是一致的，财政体制反映的是国家及各级政府之间，以及国家与企业之间，在满足社会共同需要的分配活动中，责、权、利协调一致关系。但是，这并不意味着没有矛盾了。1957 年 2 月 27 日毛泽东同志在《关于正确处理人民内部矛盾的问题》一文中说："国家的统一，人民的团结，国内各民族的团结，这是我们的事业必定要胜利的基本保证。但是，这并不是说在我们的社会里已经没有任何的矛盾了。没有矛盾的想法是不符合客观实际的天真的想法。"国家与各个方面在根本利益一致的基础上，在财政分配中还存在着国家整体利益与局部利益之间的矛盾，还存在着长远利益与眼前利益之间的矛盾，还存在着国家与企业及个人之间利益上的矛盾，以及国家与各级政府之间财政利益上的矛盾等，在财政分配中仍然有正确处理这些矛盾的问题。正确处理这些矛盾，调节好财政分配中各方面的责、权、利关系，则是财政体制的根本使命。

二　我国财政体制的形成和发展

财政体制并不存在一成不变的模式，它是随着财政分配关系的发展而不断变化的。因此，人们在研究财政体制时，必须随着财政关系发展变化，而不断地对其进行再认识，以便在实际工作中，使财政体制尽可能正确地反映财政分配关系的要求。

我国最初的财政体制，是在国民经济极端困难，财政存在大量赤字和财力十分分散、财政分配关系需要迅速向集中化方面转变的情况下形成的。在 1949 年，随着解放战争全面胜利，各解放区迅速地连成一片，许多社会共同事务都需集中到中央来办，大量支出都要由中央统一承担。当时，国家所面临的是，国民党反动政府遗留下来的经济崩溃、民不聊生的烂摊子。为了恢复经济，安定民生，巩固新生的人民政权，国家在全力支援解放战争、尽快完成解放全中国的革命大业的同时，又必须迅速制止通货膨胀，稳定物价，解决失业和进行大量社会救济。这就使中央的财政支出迅猛增加，而新中国成立前的财政收入都分散在各解放区，这种财政收支管理脱节的状态，与当时改变了的财政分配关系完全不相适应，客观上要求把有限的财力集中起来，用于国家急需。为此，在 1950 年 3 月，中央采取了统一财政经济管理的重大决策，先后颁布了《关于统一国家财政经济工作的决定》和《关于统一管理 1950 年度财政收支的决定》，以及其他一些决定。在决定中，对财政管理体制做了具体的规定，从而产生了新中国成立后的、统一的财政管理体制。这一体制规定：财政管理权限和财力都集中在中央政府，一切财政收支项目，收支程序，税收制度，供给标准，行政人员编制等均由中央政府统一制定；收入集中在中央，除地方税和其他一些零星收入留在地方抵充地方财政支出外，其他各项收入（包括公粮、农业税）、关税、盐税、货物税、其他工商业税、国营企业收入和折旧提存，以及清仓物资、战争缴获物资、没收汉奸战犯等的财产，新解放城市接管的金银外钞、其他实物、公债收入等，统归中央财政；支出全部纳入国家预算（除地方附加外），各地方政府及国营企业所需支出，一律按国家年度概算编制本地区、本企业的收支预算和财务收支计划，并逐级上报中央政府批准后，再逐级拨付。为了保证中央财力集中的实现，还规定在支拨粮款时，如有不足必须遵守先中央后地方，先军费后政费，先前方后地方等原则。

这种高度集中，重点保证中央需要的财政体制，后来称为"统收统支"体制，显然是会给地方与国营企业带来许多不便，地方要忍受某些需要一时得不到满足的困难。但这种局部的暂时的牺牲，却换来了全局的主动，壮大了中央财政力量，保证了战争及恢复经济的重点需要，取得了财政预算的平衡，制止了通货膨胀、稳定了物价的震惊中外的伟大胜利。

1950 年建立的高度集中的财政体制的成功，证明它是与当时的政治经济形势和财政任务相适应的。但是，这种高度集中的财政体制，是特殊情况下形成的财政关系的产物，它并不完全适合我国正常情况下财政关系的要求。为了建立更加适合我国国情和我国财政分配关系要求的理想财政体制，从新中国成立后到现在进行了多次探索，我国的财政体制经历了一个频繁的变化过程，其发展变化的历史大体上可划分为四个历史阶段：

（一）高度集中式的分级管理时期

新中国成立初期建立的统收统支体制，是特定历史条件下的产物，它本身存在不少缺陷：（1）这种体制使地方完全处于无权的被动地位，不仅不能因地制宜、因事制宜地运用财政资金，而且也使地方一些特殊需要得不到满足，不利于地方事业的发展。由于财力全部集中在中央，由中央统一调度，这不仅使地方可以不负财政责任，不利于财政资金有效使用，而且也使中央忙于日常财政事务，分散了精力，不利于研究财政方针政策。（2）"统收统支"收支不挂钩，影响地方组织收入的积极性。鉴于"统收统支"存在的这些缺点，1951 年政务院在颁布 1951 年财政收支划分的决定中，对中央与地方的财政体制作了新的规定。在坚持中央统一调度国家财力和集中管理收支等权限的前提下，实行了分级管理办理，把国家财政分为中央一级、大行政区一级、省（市）一级三级财政。中央一级称中央财政，大行政区以下均称为地方财政。在中央财政与地方财政之间划分财政收支范围，实行收支挂钩办法，即按照企业事业和行政单位的隶属关系及业务范围划分支出范围，根据核定的支出范围和支出的数额，相应地指定某些收入项目，用指定的收入抵拨其支出。但这种收支范围的划分是不固定的，每年的收支范围有多大，收支的数额划给多少，都要由中央财政按项目重新核定。核定后，各级财政必须按照核定的科目执行，如需变动必须经过一定的程序批准方可。地方只是在年度预算执行中收入超过了预算时，才有一定的机动余地。

在国家与国营企业之间的财务关系上，也仍然维持预算管理办法，不过在 1952 年开始建立了企业奖励基金制度。凡是完成国家下达的生产、销售、财务等计划的企业，都可以从计划利润和超计划利润中，提取一定比例数额作为奖励基金，用于职工奖金和集体福利。但企业在其他方面仍然没有决定权和机动的余地。以上办法至 1957 年基本没有改变。

从 1951 年开始实行的新的财政体制，虽然实行的是分级管理，也照顾到企业的一些利益，从表面上看比起 1950 年统收统支体制增加了地方和企业的自主权，其实，由于地方财政收支项目和数额每年都要由中央核定，而且核定后必须按科目执行，地方自主权是极其有限的。从企业来说，只不过是增加了一点奖励，它是没有什么实质性自主权的。所以，这次体制的改变，并没有触动统收统支的基本内容，所改变的不过是统收统支的形式，对地方来说是改变了收支的上交下拨的手续，对企业来说是在统收统支下，实行了奖励制度，并没有得到经营自主权。因此，新的体制虽然比原来体制有所前进，但从根本上说，那种集中过多，统得过死所造成的各种弊病，并没有得到克服，还不能正确反映变化了的客观财政关系的要求。1956 年 4 月 25 日，毛泽东同志在《论十大关系》一文中总结第一个五年计划时期的建设经验时指出：我们不能像苏联那样，把什么都集中到中央，把地方卡得死死的，一点机动权也没有。目前要注意的是，应当在巩固中央统一领导的前提下，扩大一点地方的权力，给地方更多的独立性，让地方办更多的事情。同时，他又指出：把什么东西统统都集中在中央或省市，不给工厂一点权力、一点机动余地，一点利益，恐怕不妥。要给工厂以权益，各个生产单位都要有一个与统一性相联系的独立性，才会发展得更加活泼。可见毛泽东同志在当时已完全看到财政经济管理体制上高度集中的弊病，并已指出了改革的方向。

（二）扩大地方和企业自主权时期

1958 年，我国的社会主义建设进入第二个五年计划时期，为了更顺利地实现五年计划，调动各方面的积极性，针对"一五"时期经济管理

体制存在的集中过多、统得过死的缺点，根据毛泽东同志的意见，进行了
以扩大地方和企业自主权为内容的经济体制改革。1957 年国务院颁布了
《关于改进工业管理体制的规定》和《关于改进商业企业管理体制的规
定》，同时也颁布了《关于改进财政管理体制的规定》，作出了进一步扩
大地方财政管理权限的决定。这次改革的主要内容是：（1）改变原来的
年年由中央财政划分地方的收支范围和核定收支项目与数额的办法，改为
按企业事业的行政隶属关系，以 1957 年预算实际执行数为基数，划分地
方收支范围和核定收支额度。收支项目和额度划定后，一定五年不变。
（2）实行收支挂钩，将地方支出分为两类：一类属于地方经常性支出，
如地方的经济建设事业费、社会文教事业费、行政管理费和其他地方经常
性开支等，这些经常性支出由地方根据中央划给的收入自行安排，多收多
支，年终结余地方留用；一类是一些特殊性支出，比如基本建设拨款，重
大灾荒救济，大规模移民垦荒等开支，由中央预算专案拨款，每年由中央
财政核定一次列入地方预算。从以上内容可以看出，这次改革比起原来体
制有一个最大特点，就是地方有了自己的固定收入和支出范围，真正有了
相对独立的财政自主权，从原来只有分职而没有分权，变成职权结合，有
职有权的真正一级财政。这是一次建立分级财政的尝试。在企业财务体制
方面，试行了利润留成办法，将企业实现的利润按照一定比例留给企业，
作为奖励职工、用于集体福利和改善生产技术条件之用。留成比例确定
后，一定五年不变。与此同时，进一步简化了税制，把原来的商品流通
税、货物税、营业税、印花税合并为工商统一税，使国营企业缴纳的税收
种类单一化。

　　这次财政体制改革，对调动地方和企业的积极性发挥了积极作用。这
表现在：地方发展经济的积极性调动起来了，企业内部技术革新和技术改
造，以及群众性的经济核算得到蓬勃发展，在改善企业管理方面创造了不
少的有益经验。这说明这次改革方向是正确的。但是，这次财政体制改革
是在"大跃进"运动中"左"的思想严重干扰下实施的，财政体制的优
越性带来的成果，完全淹没在高指标、浮夸风、共产风所带来的消极影响
之中。但尽管这样，应当说，这次体制改革，不失为一次实行分级财政的
有益的尝试。当然，也应当看到，这次体制改革本身也存在着重大缺陷。
其中一个缺陷就在于，在扩大地方和企业自主权的情况下，按理应当同时

加强综合平衡和宏观经济的控制，可是，当时却相反在计划体制上实行了"两本账"办法，这就造成层层加码，失去了统一的计划控制。而在财政体制上，本应加强税收的经济杠杆作用，以制约地方和企业的财政资金运用方向，但实际却不适当地简并了税制，使税收进一步失去了经济杠杆作用。再加上财政体制本身也缺少中央财政对地方财政的制约手段，中央财政完全失去了对地方财政的制约作用。因而在"共产风"的冲击下，在财政体制改革的同时，就不能不出现宏观经济失控的情况。

（三）重新强调财政集中管理时期

由于三年"大跃进"的失误，加上当时的自然灾害和苏联政府背信弃义地撕毁合同，致使我国国民经济从1959年到1961年发生了严重的困难。为了战胜困难，恢复经济，于1961年实行了"调整、巩固、充实、提高"的八字方针。与此同时，财政体制也相应作了改变，再一次向中央集中了管理权限。当时财政上的问题，主要是存在资金使用分散和财权分散等问题，而且主要是财权分散在专区、县、公社和企业。因此，在财政体制办法上，缩小了专区、县、公社的财权，同时将一部分重点企业、事业单位的收入收归中央。在支出上，将基本建设拨款权限从地方收回，改由中央专案拨款，取消了财政两本账的做法，缩小预算外资金的范围，实行全国统一的一本账、一个预算的办法。对国营企业取消了利润留成制度，恢复企业基金制度。总之，这次财政体制的改变，基本上是又恢复了"一五"时期实行过的集中式的分级管理财政体制。当然不是简单地重复"一五"体制，比如这次连"一五"时期地方财政掌握的各项附加收入形成的预算外资金，也纳入了国家预算内来管理，大大加强了统一的计划控制。这次再次实行中央集权财政体制，虽然对调整经济、保证重点需要、迅速恢复经济起了重要作用。但是，集中过多，统得过死的老问题也就再度出现。随着经济困难的克服，经济的恢复，问题也就更加突出出来，在此期间，对体制虽然作些局部调整，但由于时值"文化大革命"前夕，没有来得及作全面改革。

1966年，国民经济刚刚恢复，"文化大革命"开始了，在这十年中经济发展很不正常，财政体制的调整只能是为了解决当时的问题，这是属于不正常的一个时期，不多分析。

（四）再次扩大地方和企业财政自主权的改革时期

党的十一届三中全会以后，为了适应四个现代化建设的要求，在彻底清算"左"倾错误指导思想的基础上，对经济管理体制开始了全面改革。在财政体制方面，从 1978 年底始，对国营企业先后试行了企业基金办法，继而实行了各种形式的利润留成办法和各种形式的盈亏包干办法等，到 1980 年又开始在一些城市和少数企业中试行了利改税，1983 年 6 月 1 日在国营企业普遍推行了第一步利改税，即实行了国营企业所得税。1984 年 10 月又实行了利改税的第二步改革。从 1979 年开始对农垦企业实行了财务包干办法，对基本建设单位进行了由财政拨款改为贷款的试点，从 1980 年开始在中央财政与地方财政之间，实行了"分灶吃饭"办法。通过以上的改革，再一次打破了财政体制上的集中过多、统得过死的局面，扩大了地方和企业的自主权，调动了地方和企业当家理财、改善经营管理的积极性。几年的改革实践证明，这次改革的方向是正确的，效果也是显著的。但是，这一时期内所试行的财政体制，所采取的各项具体办法上，仍然存在不少缺点，结果，新体制在发挥积极作用的同时，也出现了一定程度的财政宏观失控、资金分散的情况，也对"地方所有制"、画地为牢、地区封锁、重复生产、重复建设起了助长作用。

三　三十多年来财政体制改革的基本经验

从三十多年来财政体制的发展和变革中，我们似乎可以总结出以下几点具有规律性的经验。

首先，我国财政从建立到现在，经历了两收两放的大变化。从实践看，在收的时候都有利于宏观控制和集中财力，但同时就出现对地方和企业统得过死，不利于发挥地方和企业的积极性的缺点；在放的时候，都有利于发挥地方和企业的积极性，有利于把经济搞活，但同时却又造成宏观失控，出现一些盲目性。这种一收就死，一放就乱的现象，是什么原因造成的呢？关键就在于体制办法不当，失之于偏。其表现是：一强调集中，就忽略必要的分散；一强调分散，就忽略了集中控制。就两次集中来说，都是由于当时经济上出现了特殊情况，不集中就无法运用有限的财力战胜困难。从这一点来说集中是必要的。但是，集中并不一定就是中央事无巨细地统管一切，把一切统死。财政集中无非是要统一调度财力，实现宏观经济的统一计划控制。我们知道，实现宏观控制可有两种办法：一是直接用行政命令手段来统管一切；一是把行政命令与经济手段结合起来，运用经济的强制力，运用经济杠杆的作用来实现。而用前者去办一定就会一统就死，而用后一种办法就可以既实现控制，而又统而不死。而我们两次集中都发生统得过死，就在于我们是单纯依靠行政手段统管一切。

从两次放权来说，都是由于要克服集中过多、统得过死而实施的，也是完全必要的。两次放都出现了盲目性，出现宏观失控的问题。当然，两次出现的问题情况和性质不同。1958 年的放，是在"左"的思想干扰下实施的，当时不但没有注意宏观控制，相反却放弃了统一计划，同时也放弃了运用经济杠杆作用，这就不可能不在放的同时出现乱。因为，不论地方还是企业，由于其所处地位的局限性，它不可能统观全局，它只能从它所处的局部情况出发，运用它的资财。这从局部看来是合理的，而以全局来看可能是不合理的，只有从宏观上给予指导和控制，方能使局部与全局结合起来。否则，就必然出现盲目性。1979年的改革，我们清算了"左"的思想影响，但在扩权中，在具体办法上并没有注意吸取 1958 年的经验，而是又重复了 1958 年的缺陷，忽视了宏观控制。在扩权中不但没有强化计划控制和指导，反而放弃了控制，使预算外资金不应有地膨胀起来。所谓预算外管理，从全局来说，实际上就是计划外，放弃计划，怎么能不失控？怎么能不分散财力？所以，历史经验告诉我们，要克服一统就死，一放就乱的毛病，就必须辩证地处理集权与分权的关系。在集权时，不能统管一切，而应当是集权而又不妨碍必要的分权；在分权时，又不能放手不管。应当是扩权而又不失去控制，控制而又保证分权搞活，这样才能达到管而不死，活而不乱的目的。其办法就是要充分运用经济杠杆的作用。

其次，三十多年来在财政体制上，进行了频繁的变动，但始终没有找到一个最符合我国国情的，集中与分散之间的数量界限比较适度的财政体制模式。往往不是失之于集中过多，就是失之于分散太多。这是为什么呢？回顾走过的历史，可以看到其关键在于确定集中与分散的数量范围的依据不当。在历史上每次改革，都是依据上年或以前几年的收支实际范围和数额来划分的。这种办法是不能正确确定集中与分散的数量界限的。为了搞好财政体制改革，我们必须寻求更科学的划分依据和办法。

最后，三十多年来的财政体制改革，始终都是以条条块块之间改革为主要内容，企业总是处于从属地位。要集中往往是把企业收回到中央管理，放权就把企业从条条管理放给块块去管。总之，实行集中也好，分散也好，企业都是行政的附属物。结果是，不论中央集权时，还是地方分权时，企业始终没有真正的自主权。党的十一届三中全会后，注意了这一问题，把扩大企业自主权放在重要地位。但由于财政体制改革没有摆脱过去那种把企业放在隶属地位上的框框，仍然把企业隶属于谁作为财政上的集中与分散的划分对象，结果由于企业不能从条条块块的行政束缚下解脱出来，妨碍了企业自主权的实施。因此，在当前的改革中必须注意这一历史经验，必须在改革中央与地方财政体制的办法上，改变那种把企业隶属关系作为划分中央与地方集中与分散界限的依据，把企业作为财政收支的筹码的办法，以保证企业自主权的发挥。

第二节　国家预算

国家预算是财政分配的综合计划。在预算中规定国家财政的各项收入来源及其数量和各项用途及其数量。它全面反映着财政分配活动的各个方面。毛泽东同志说："国家的预算是一个重大的问题，里面反映着整个国家的政策，因为它规定政府活动的范围和方向。"① 所以，国家预算实质上是财政分配关系数量方面的综合表现形式。

国家预算范畴是财政分配关系运动过程中收支矛盾发展的产物。国家预算到底是什么时候产生的呢？据现有的资料看，在西方大体是在古代罗马就已有预算的雏形。在我国早在周代就出现了类似预算的制度。据《周礼》记载，在周代就有由太府②规定九赋以抵充九式之需，规定九式以均节财用，九赋与九式相对应的规定。从九赋九式中可以看出，当时财政分配已具有相当规模，并且收支项目已很复杂了，其王室支出就包括：羞服之式、宾客之式、币帛之式、匪颁之式、工事之式、好用之式、荒服之式等③。《周礼》记载是否属实，无以考证，如果可信的话，这种把财

---

①　《在中央人民政府委员会第四次会议上的讲话》，转引自 1949 年 12 月 4 日《人民日报》。

②　主管财政收支的官。

③　参见周伯棣编著《中国财政史》，第 31—32 页。

政的各专项收入用于各专项支出的规定，和现代国家预算虽然不同，但它毕竟是一种财政收支的预先安排，说它是预算雏形并不为过。现代国家预算产生于 13 世纪后的英国，同样也是财政收支矛盾发展的产物。当时英国的资本主义生产方式，已在封建社会内部发展起来，资产阶级同封建君主及地主贵族之间斗争日益激烈。封建君主为了镇压新兴资产阶级的反抗和满足自己不断增长的挥霍无度的消费需要，日益加紧对资产阶级和劳动人民的掠夺，因而财政收支矛盾日益尖锐化，新兴资产阶级为了保护自己的阶级利益，要求国王限制自己开支，建立预算制度。

预算反映财政收支矛盾，因此，不同社会制度下预算收支的性质是不同的。剥削阶级社会的国家预算，反映着劳动者与统治者之间在财政分配上的基本矛盾，反映剥削与被剥削的关系，国家预算是用于掠夺人民，压迫人民的工具。社会主义社会中，人民是社会的主人，国家预算反映的是全体人民为社会整体利益互助合作的关系。因而，社会主义预算比起资本主义预算，具有本质区别和无比的优越性。

第一，资本主义国家预算收入来源是靠掠夺劳动人民创造的剩余价值，国家预算收入每增加 1 元钱，都意味着对劳动人民新的剥削，而国家预算支出则主要是用来巩固资本主义社会的存在，维护剥削制度。所以，资本主义预算是剥削压迫劳动人民的工具。社会主义国家的预算收入主要是靠社会主义经济的发展，而不是加重人民的负担，支出主要是用于提高人民的物质文化生活，发展社会主义经济和巩固人民民主专政的需要，是"取之于民，用之于民"，为人民谋福利的预算。

第二，坚持收支平衡、略有结余，不搞赤字预算是社会主义国家预算设计的基本原则。财政收支存在着客观数量界限，量力而行，量入为出，这是财政分配的客观规律。坚持财政收支平衡就是自觉地运用财政分配规律的结果。在我国每年安排预算时，都是坚持当年收支平衡，把收入打足，支出打紧，留有预备费，以备预料不到的需要。多年来，我国预算执行结果，都是收大于支、略有结余。当然，新中国成立以来由于经验不足及"左"的错误干扰，也曾多次出现过财政赤字，但是由于我们坚持收支平衡原则，每次出现赤字，都不是听之任之，而是及时采取措施，组织新的财政平衡，加以尽快克服。党的十一届三中全会以来，为了尽快消除"文化大革命"给国民经济和人民生活带来的严重恶果，为了调整国民经济的严重失调的比例关系，逐步解决生产和生活方面多年来遗留下来的问题，有计划地采取了一些重大措施。例如，较大幅度地提高了农副产品的收购价格，减免一部分农村税收，使农民得以休养生息，加快农业的发展；积极安排劳动就业，增加职工的工资和实行奖励制度，使职工收入水平有所提高；扩大了地方与企业的财政权力，增加它们的机动财力，以利于把国民经济搞活，提高经济效益，迅速提高我国的生产力，提高人民生活等。实行这些措施，使财政支出增加，收入减少，以致在 1979 年和 1980 年度国家预算暂时出现了大量赤字。党和政府为了坚持收支平衡原则，以利于国民经济发展和人民生活的安定，于 1981 年采取了果断的措施，一举在当年实现了预算基本平衡。这充分显示了社会主义财政的无比优越性。

在资本主义社会，随着资本主义社会基本矛盾的激化，经济危机更加频繁，于是采用凯恩斯主义的赤字预算政策来作为挽救经济周期震荡的法宝。从 20 世纪 30 年代资本主义世界大危机时期，罗斯福实行了利用国家预算干预经济的政策后，到 60 年代以后世界资本主义各国广泛信奉凯恩斯主义，运用财政赤字政策干预经济，这在当时对缓冲资本主义经济危机是起了一定作用的。因而，一些资产阶级学者相继把凯恩斯主义奉为经典，加以极力鼓吹和推崇。宏观经济学中的国民收入流量分析的理论，表现得更为突出。它们运用凯恩斯的所谓乘数理论，得出只要存在着生产过剩和需求之不足的状况，就必须安排一个财政赤字的结论。从理论上把本来对劳动人民是灾难的赤字预算，说成是人民的福音。宣称每年要求国家预算的平衡，是一个已经过时的教条。他们修正古典经济学关于预算平衡的概念，否定国家预算的年度平衡，代之以所谓周期平衡；否定国家预算内或预算本身的平衡，代之以所谓国民经济的平衡，或充分就业的平衡。说什么财政赤字不能从预算本身来看，要看经济发展情况是否充分就业，如果经济和就业情况良好，就是预算有赤字也是好的，不能算财政不平衡，等等。事实如何呢？赤字财政对缓解资本主义经济危机，增加资产阶级剥削量，在一定情况下和一定时期内，是发生了作用，这是事实。但这并不能解决资本主义的根本问题，只能是一种"兴奋剂"而已。因为，"群众的消费水平低，是一切建立在剥削基础上的社会形式，从而也是资本主义社会形式的一个必然条件；但是，只有资本主义的生产形式才使这种情况达到危机的地步"①。也就是说，资本主义经济危机主要表现为需求不足，生产过剩，利用财政赤字，扩大政府开支或减税创造一个人为的需求，一时是可以把资本家卖不出去的商品销售出去，从而刺激资本家投资，扩大就业，起恢复供求平衡的作用，因而对经济危机起了缓和的作用。但是，不取得支付手段，是无法实现赤字的，资产阶级政府为了取得弥补赤字的手段，就要用超过经济需要的数量发行纸币和用增加税收、发行公债等办法取得收入，这样又势必引起通货膨胀、物价上涨，结果沉重的财政负担，最终又落到劳动人民头上。只不过这种对工人的掠夺办法比资本家直接榨取要更隐蔽、更巧妙罢了。列宁早就揭露了资产阶级国家赤字预算调节经济的本质，他说"调节经济生活"的结果是给工人（在某种程度上也是给农民）建立了军事苦役营，给银行家和资本家建立了天堂。这一点资产阶级是很清楚的，凯恩斯自认不讳说："事实上，当雇主们设法压低货币工资时，其所遭遇之抵抗，比之当物价上涨，真实工资逐渐下降时，所遭遇之抵抗，要强烈得多。"② 所以，资本主义赤字预算的实质，是对劳动人民的额外掠夺。

第三，资本主义国家预算，由于资本主义社会基本矛盾作用的结果，经济危机的周期震荡是一种不可避免的痼疾。危机的袭击总是同时带来财政危机，导致财政困难，特别是当资本主义发展到垄断资本主义阶段，大多数国家都是债台高筑，预算的不平衡性和不稳定性，已成为无法治愈的顽症。社会主义国家预算是建立在计划经济基础上，预算是与国民经济的生产、流通、消费计划相适应，国家预算是作为国民经济发展计划整体的组成部分，这就充分保证了国家预算的稳定性。国家预算作为国民经济分配方面的一个重要计划，它必然要受国民经济生产、流通、消费和分配的其他方面的制约。同时，预算也对国民经济的各个方面有着强大的反作用。因此，国家预算在实现其分配职能的同时，对国民经济又有着重要的调节作用。社会主义国家，可以充分运用这一经济杠杆作用，为有计划地调节经济服务。

在我国，作为国家预算制度的补充，还存在着预算外资金制度。所谓

---

① 《反杜林论》，人民出版社 1970 年版，第 282 页。

② ［美］凯恩斯：《就业、利息和货币通论》，商务印书馆 1977 年版，第 223 页。

预算外资金是不纳入国家预算的，由各地区、各部门、各单位自收自支、单独管理的那部分国家财政资金。我国的预算外资金管理制度，也是财政收支矛盾的产物。长期以来，在我国实行着高度集中的统收统支财政体制，在这种财政体制下，各地方、各部门、各单位没有一点机动余地，从而影响了地方和单位的积极性及事业的发展。此外，我们国家处于发展之中，多年来财政负担很重，支出紧张，对地方、部门、单位某些零星需要或临时急需，在统一预算内很难得到照顾和及时解决。由于统收统支体制带来的这种收支上的矛盾，客观上要求财政收支给各方面适当的机动余地。这就是预算外资金产生的原因。随着财政体制不断改革，从高度集权向分级财政发展，我国预算外资金也就随之发展起来。最初，预算外资金项目不多，数量也很小，只有乡村自筹和各机关部队自己的生产收入以及用这两项收入解决的开支不纳入预算，以解决农村的文教、行政等经费之不足和机关的一些零星开支。据统计，在 1953 年这部分资金只占国家预算的 4%。1953 年后，我国进入了大规模的经济建设时期，为了解决财政收支统得过死，不利于调动地方、单位的积极性，和解决一些预算照顾不到的临时需要的问题，从 1954 年起，又规定生产企业可以建立企业奖励基金、福利基金和大修理基金，某些费用不再由预算开支而由自己提存自己支用。同时规定，某些事业单位的事业收入，如公路养路费、中小学校的学杂费以及各机关团体的零星收入等，不再列入预算，并将工商税附加也作为地方自筹不列入预算。这样，预算外资金又有所增加，到 1957 年上升到预算内资金的 8.5%。1957 年后，进一步改革财政体制，预算外资金也随之又有所增长，到 1960 年已达国家预算内资金的 20.6%。到三年调整时期，鉴于预算外资金使用上的某些混乱，进行了一次调整，到 1966 年预算外资金又下降到 14.5%。而后又开始增加预算外资金，到 1977 年已达 35.6%。党的十一届三中全会以后，改革经济体制，扩大地方和企业的自主权，继续增加预算外资金项目，到 1981 年已占预算内资金的 60% 以上，至 1985 年已高达 80% 以上。当前对预算外资金的内涵存在着不同认识，从而对预算外资金的外延的看法也很不一致。笔者认为，不能以统收统支时的口径认识预算外资金的内涵。因为，在统收统支的情况下，许多非财政性质的资金纳入了财政预算，比如维持国营企业日常再生产所必需的资金、折旧等本不属于满足社会共同事务需要的财政性资金，这在统一收统支的财政体制下，也把它作为国家预算资金纳入了预算。经济改革以来，把折旧留给企业，这本是还折旧资金的本性，是不应当再视同财政资金的。衡量一项资金是否属于财政性资金，只能以是否是用来满足社会共同事务需要为依据，凡不属于满足社会共同需要的资金，都不应当列入国家预算，更不能视为预算外资金。

从我国预算外资金发展历史来看，预算外资金的存在，原因在于实行统收统支财政体制。这种体制把许多非财政性资金也纳入了预算。可是企业和地方没有任何机动的余地又不成，只好划出一小部分，放在统收统支之外，这就出现了预算外资金的概念。今天不能再从统收统支体制出发来认识预算外资金，而要从社会主义经济是有计划的商品经济出发，重新认识这个问题。而站在这个基点上看，不仅许多种资金原不应看成是财政性资金，不应看成是预算外资金，而且，预算外资金管理办法已完成了历史使命。

把财政资金分成预算内和预算外两块管理，存在很大的弊端，由于它破坏了财政资金的统一性，就会带来财力分散的毛病。财政资金是社会集中化资金，它的使用和管理在客观上要求有高度的统一性和计划性。国家预算就其本性来说，就是国家财政资金筹集运用的统一计划，是与财政资金的性质相一致的。而把统一的财政资金，分成预算内与预算外两块，预算外一块同其他一些非财政资金混在一起称为预算外资金去管理，这不仅混淆了各类资金的客观界限和职能，妨碍各类资金职能的正常发挥，而且预算外也就是财政计划外，这实际上放弃了财政资金统一的计划管理，使一大部分财政资金的运用脱离了统一计划制约，这就不能不造成很大一块财政资金使用与筹集处于盲目之中，比如现在的许多摊派就属于这一类。此外，财政资金分成两块，一块放在计划外，也不利于实现财政的宏观控制，不能正确计量财政占国民收入总量的比重，不利于正确依据财政收支客观限量来安排财政资金筹集和运用。鉴于财政资金分成两块管理的弊病，在扩大了地方和企业自主权之后，已无保持两块分管的必要了，应当对预算外资金加以整顿，把不属于财政资金性质的预算外资金部分剔除后，其余部分应当纳入预算内统一管理。

第三节　利润缴款

利润缴款是国营企业向国家财政缴纳盈利的一种形式。社会主义企业盈利，是社会主义劳动者用剩余劳动创造的剩余产品价值的货币表现形式。在社会主义有计划的商品经济下，劳动者创造的剩余产品，不能直接地以实物形式表现，它必须通过价值形式，即以企业盈利形式表现出来。这是因为：第一，商品经济是高度社会化大生产的经济形式，每一个生产单位的生产品都不是为了满足自己的需要，都是为了满足社会的需要。因而，产品实物形态，无法区分哪部分是必要产品，是用来满足生产劳动者个人需要的，哪些属于剩余产品，是用于满足社会一般需要的。只有借助价值形式的核算，这两部分的数量界限才能区分开来。第二，在商品生产的条件下，社会平均必要劳动消耗和个别企业的劳动消耗的矛盾依然存在，不同的劳动还存在着质的差别，还不能直接用劳动时间单位直接计量劳动耗费的数量，各单位的劳动耗费还要通过社会，由社会按社会平均必要劳动时间计算，这种平均必要劳动时间，则表现为产品的价值。因而企业不能直接计算自己所创造的全部价值，只能通过计算它的生产成本，即用货币形式计算的生产过程中的物质资料消耗和依据按劳分配原则支付给劳动者的工资这样迂回的办法计算价值的一部分，然后通过企业成本与产品价值的货币表现价格之比较，方能看出企业是否创造了剩余产品和创造出多少剩余产品价值；当成本高于价格时，不仅说明社会承认的平均必要劳动量低于企业个别劳动消耗量，而且构成成本的那部分个别劳动消耗也没有完全得到承认，这就出现了亏损；当价格高于企业成本价格时，则说明企业的个别劳动消耗中，不仅构成成本价格的消耗部分被承认，而且还承认了剩余劳动的一定量，则表现为有盈利。所以，社会主义社会中，企业为社会创造的满足一般需要的剩余产品，还要通过盈利形式迂回地表现出来。

盈利，不仅是社会主义积累的来源，扩大物质再生产、发展社会主义经济所必需，而且也是维持社会主义社会存在和发展，维持社会主义社会的简单再生产所必需。人们往往忽略了这一事实，在社会分工有一定发展之后，把剥削者抛开不论，那些非生产者和非物质生产部门的存在，也是社会的再生产所必需的，无此，社会就无法存在下去。马克思在分析资本主义简单再生产所制定的公式中，明确表明了这一点。马克思在把社会总产品从实物形态上划分为两大部类和从价值形态上划分为三个部分（C、V、M）的基础上，首先分析了简单再生产的实现条件，得出简单再生产的三个实现条件：（1）两大部类交换关系是以 $I（V+M）=IIC$，为实现条件；（2）第 I 部类产品的实现和两大部类不变资本的补偿是以 $I（C+V+M）=IC+IIC$ 为条件；（3）第 II 部类产品的实现和两大阶级生活需要的满足是以 $II（C+V+M）=I（V+M）+II（V+M）$ 为条件。马克思这一公式不仅表明了简单再生产得以继续下去的两大部类的比例关系，其实也表明了剩余价值是维持简单再生产的条件。因为，再生产不仅是物质资料的再生产，也是生产关系的再生产，不维持原有生产关系，原来的简单再生产也不能维持下去。没有剩余价值，资本家就不能活下去，资本主义简单再生产也就无法维持下去。同样，也是维持社会主义简单再生产所必需。社会主义社会是高度社会化的大生产，社会直接物质生产过程，需要许多非物质生产部门为它服务，如果没有文化、教育、卫生、科学和政府管理机构等非物质生产部门的协助和配合是不可想象的，而维持这些方面的需要，没有盈利也是办不到的。认识这一点非常重要。过去有些同志对社会主义盈利采取否定或轻视的态度，认为盈利是资本主义的东西，是维持资本家存在的东西，社会主义没有必要了，允许企业亏损才是社会主义的优越性。这里说的亏损是指企业成本价格高于社会平均必要劳动形成的价值的状态。那种由于国家政策有计划安排的企业亏损并不是真正亏损，不在此列。亏损都是企业生产经营过程中资金耗费大于所取得的成果，都是企业收入不足以抵补支出。这样，企业不但不为社会提供剩余产品，反而要从社会总财富中取走一部分，用来弥补自己的过多的耗费，这是要减少社会总财富数额的。所以，亏损对社会主义社会发展来说，不但不是优越性，而且是一个消极因素。有人为亏损辩护说，企业亏损了，但生产出社会必需的产品来满足社会需要，这对社会是有利的。这完全是一种误解，从表面上看，一个企业所投入的人力和物力，只要是没有全部报废，不论亏损多少，总是会生产出一点产品来的，这些产品也的确可以用来满足社会的某些需要。然而，深入观察一下，社会虽然增加了一点某种特定的产品，可是由于亏损，要额外多消耗许多其他产品，从而减少了社会拥有的其他产品总量，减少了社会对其他种产品需要的满足。从社会总体来看，增加的满足量还补不上减少的满足量，归根结底是要减少社会需要的满足。一方面增加了一点满足，而同时又要更多地损害其他方面的满足，这怎么能说对社会全局有利呢？所以，企业盈利仍然是社会主义社会存在和发展所必需，只不过发生了性质上的变化，与资本主义利润有本质区别罢了。马克思说："一般剩余劳动，作为超过一定的需要量的劳动，必须始终存在。只不过它在资本主义制度下，象在奴隶制度等等下一样，具有对抗的形式，并且是以社会上的一部分人完全游手好闲作为补充。"① 社会主义消除了生产资料私有制，消灭了剥削，剩余产品不再归剥削者私有，而成为全体劳动人民的共有财富，是为全体劳动人民谋福利的手段。所以，社会主义国营企业盈利，是在生产资料公有制基础上产生的一个崭新的经济范畴。这一范畴的存在，在客观上也就产生了利润缴款这个财政分配形式。

第四节　税　收

一　税收产生及其发展

税收分配形式，是财政发展到阶级社会后出现的范畴。它是生产资料私有制，或生产单位成为独立的经济利益实体，和社会中心（国家）不直接从事物质生产活动，这种特定的社会经济结构的产物。社会经济结构的这两个特点，是税收范畴的产生和存在缺一不可的条件，只存在其中任何一个特点，都不可能产生或存在税收分配形式。这是社会发展的历史事实所证明了的。财政发展的第一个历史阶段是原始氏族社会财政阶段，当时社会中心（部落办事机关）已不再像原始人群体那样直接组织物质生产活动，而由各生产单位氏族自己进行，但是由于生产资料的所有制是公有制，社会仍然可以直接调用各氏族的生产成果和人力。到农村公社财政阶段，我们还可以到处看到这种情况，直至农村公社已经瓦解，生产资料已成为家庭所有，家庭奴隶制出现，财政分配形式，才从社会中心直接征调和各社会单位自愿贡献方式，变成了临时向各家庭摊派方式，但这仍然

---

① 《马克思恩格斯全集》第 25 卷，人民出版社 1974 年版，第 925 页。

不是税收。因为，它不是一种经常性的，而是临时需要发生后，全体社会
成员协商后自愿分摊的。不过这里已埋下了划分你我和义务缴纳性的种
子。当私有制完全建立，财政进入阶级社会财政历史阶段后，最初是奴隶
社会财政。当时生产资料占有方式是由最大奴隶主——国王（他本人又
是国家代表）代表各奴隶主集体私有，然后由国王向各奴隶主分封的办
法，国王手中直接占有大量土地和奴隶及生产工具，并直接组织奴隶生
产，国王可以直接支配奴隶的生产成果和奴隶劳动。奴隶社会财政主要是
依靠直接使用奴隶劳动，因而，在农村公社瓦解时已发生了的摊派形式，
在奴隶社会并没有发展成税收形态。有的仅仅是由于各奴隶主要从国王分
封中取得土地和奴隶，各奴隶主诸侯，为了向国王表示酬答，表现诸侯对
国王的从属关系，才把自己所在地的土特产向国王献纳一些，这就是历史
上出现的贡纳。贡是表示诸侯向国王表示臣属的一种信物。它的特点，一
是定律的，即必须按期交纳；二是定律并不定量，或定律、定期并不定
时；三是不指定交纳的具体实物内容，纳贡者愿贡什么就贡什么。这三点
是古代贡纳形式的基本特征。在奴隶社会也存在着少数的自由民（多数
是手工业者），他们人身虽然是自由的，可是他们的经济实力太小，还要
求助于大小奴隶主的保护，否则就有被当成奴隶的可能，他们为取得保护
就要向奴隶主进贡。我国考古发现的，云南晋宁石寨山青铜图像上描绘
的，有背负猪腿来献者，有牵牛来献者，有抬物品来献者，这大概就是向
奴隶主纳贡的场面。有人把这也说成是税收形式，显然是不妥的。税的特
征是与贡完全不同的，下边将详细分析。至于在财政史学研究中，关于夏
商周三代的财政分配形式的"贡、助、彻"内容的争论，至今没有定论，
这给财政学研究上带来一定困难。但是，应当说，孟轲所说的"夏后氏
五十而贡，殷人七十而助，周人百亩而彻，其实皆什一也，彻者彻也，助
者籍也。"[①] 到底是什么内容，连他本人也没有说清楚。他说的皆什一也，
有人说这就是十抽一，定率征收，是税的特点。其实不然，朱熹在注解
《孟子》时就已经发现这一点，他说："商人始为井田之制，以六百三十
亩之地，画为九区，区七十亩，中为公田，其外八家各授一区，但借其力
以助耕公田而不税其私田。""惟助法乃是九一"，"周制则公田百亩中以

① 《孟子·滕文公上》。

二十亩为庐舍，一夫所耕公田实计十亩通私田百亩为十一分而取其一。"①
也就是说，孟子说的都是井田问题，不是税。此外，孟子自己解释什么是
助彻时，也说："彻者，彻也。助者，藉也"② 前者等于没说，后者说的
是指借助八家之力共同耕种公田，是一种共耕公田的制度，充其量也不过
是力役地租形式。接着孟子又说："诗云雨我公田，逐及我私，惟助有公
田，由此观之虽周亦助也。"③ 说的是周的彻也是助，而助就是共耕公田
办法。可见，孟子自己也不过是根据传说的一种推测，也并不肯定就是什
一税。从历史唯物主义观点来看，力役地租比实物地租要为先。因为生产
力发展水平低下，单独一个人的剩余劳动很难为剥削者生产出剩余产品，
只有把这些剩余劳动集中起来投入生产，方能取得一定数量的生产成果。
所以，只有生产力有了一定发展，才能出现实物地租，而孟子的说法正好
相反，是禹时采取实物地租形式，而周却是力役地租。

　　财政发展到封建社会阶段，在封建社会中土地私有制全面确立，基本
生产资料不再是由国王为代表的地主阶级集体私有，国家也不再直接进行
土地生产经营，从而失去了直接从物质生产中取得收入的条件，只能从国
民收入再分配中取得收入，税收才成为一种客观必然的财政分配形式。在
我国，史学界都把公元前 594 年鲁宣公十五年实施"初税亩"，作为土地
私有制确立的标志。同时，许多同志也认为这是财政分配取税收形式的初
端。郭沫若在其主编的《中国史稿》第一册中说：在我国历史上这时才
"正式废除井田制，承认私田的合法性，而一律取税"④，"初税亩"是一
种按土地数量征收农产品的组织财政收入形式，在古籍中，对此各家有不
少的叙述，诸如，管仲对齐桓公谈"履亩税"时说："相地而衰征，则民
不移"⑤ 说的就是依土地质量的不同而课以不同数量的税，办法好。在
《论语》上载有，鲁哀公问于有若曰："年饥，用不足，如之何"有若对
曰："盍彻乎"哀公曰："二，吾犹不足，如之何其彻也？"⑥ 这里说的是

① 《孟子·滕文公上》，朱熹注。
② 《孟子·滕文公上》。
③ 同上。
④ 《中国史稿》第一册，人民出版社 1962 年版，第 170 页。
⑤ 《国语》卷六，《齐语》。
⑥ 《论语·颜渊》。

当时履亩税的税率为十分之二。从古籍中所载的各家对当时的"初税亩"、"履亩税"的论说中，可以看出，在我国最初的税收形式是属于直接税性质，税收产生之初是直接税，这一点也与马克思的分析相一致。马克思说："直接税，作为一种最简单的征税形式，同时也是一种最原始最古老的形式，是以土地私有制为基础的那个社会制度的时代产物。"① 根据上面关于"初税亩"的性质分析，可以看出税与以前的贡两者有着质的差别。其基本差别在于：贡只定律，就是说必须献纳，但没有规定数量，而税不仅定律而又定率，规定了明确的缴纳数量。贡只定期，如一年献纳一次，而不规定具体时间，税则不仅定期而又定时；贡只是表示从属关系的心意，并不规定献纳什么具体对象，而税则有明确课征客体。税的这些特征是完全与现代税收特征一致的。可见，税收性质和贡纳性质是不同的，贡纳是以人身依附或主从关系为依据的财政分配形式，而税收则是以生产资料私有权为依据的财政分配形式。所以，税收在财政发展史上并不是最初的财政分配形式，而且是财政发展到国家财政阶段以后一个时期才出现的。它的产生也比国家晚得多。税收既不是财政关系的最初表现形态，也不是国家财政的最初形态。恩格斯说："为了维持这种公共权力，就需要公民缴纳费用——捐税。捐税是以前的氏族社会完全没有的。"② 人们往往引用恩格斯的这句话，来证明税收是财政的最初形态，是国家凭借政治权力产生了财政。其实从这句话中并不能得出上述结论。首先，恩格斯说："捐税是以前氏族社会完全没有的。"这完全正确，历史事实就是这样。这一点我们在第二章中已经分析过。但是，恩格斯这句话并没有说明在出现捐税之前没有财政的意思，更没有说明税收就等于是财政的意思，这恐怕连引用这句话的同志也是不能否认的。既然如此，怎么能用这句话来证明财政是国家产生，税收是财政最初形态呢？其次，恩格斯说："为了维持这种公共权力，就需要公民缴纳费用——捐税。"这句话也很明白，其所说的捐税——费用，很显然是泛指国家征收的各项财政收入，而不是特指税收范畴。同时，恩格斯在这里也是说捐税是国家存在的经济

---

① 《马克思恩格斯全集》第 8 卷，人民出版社 1961 年版，第 543 页。
② 《马克思恩格斯选集》第四卷，人民出版社 1972 年版，第 167 页。

基础，"赋税是政府机器的经济基础，而不是其他任何东西"①。并没有说是国家产生了捐税的意思。这一点我们还可以从马克思在另一个地方说的话证明。他说："从物质方面说，君主制也和其它一切国家形式一样，直接用捐税来加重工人阶级的负担。捐税体现着表现在经济上的国家存在。官吏和僧侣、士兵和舞蹈女演员、教师和警察、希腊式的博物馆和哥德式的尖塔、王室费用和官阶表这一切童话般的存在物于胚胎时期（注意胚胎时期——笔者注）就已安睡在一个共同的种子——捐税中了。"② 这说的是，不是国家权力产生了捐税，而是捐税培育了国家权力。

　　税收连同其特性，都不是由显赫的国家权力所赋予、所创造，而是社会生产力发展引起的社会经济结构的变化的产物。税收从产生它那天起，本身就具有自己的特性，这是客观经济关系特性的反映。权利永远不能超出社会的经济结构以及由经济结构所制约的社会的文化发展。在一定生产方式下，任何经济关系、分配关系，对任何个人或任何社会集团来说都是一种客观的必然，任何个人或集团都只能在这个一定的经济关系中生活，和服从这个客观的经济关系的安排和其规律性的支配，否则就要受到惩罚。当然，国家权力对经济关系也不是无关紧要的。国家权力是客观经济关系产生的上层建筑，是为经济关系的巩固和发展服务的。在阶级社会中，人们之间经济利益上的对抗性，决定了经济关系的顺利发展和实现，又要依靠国家权力的保护，和以国家权力为代表来实施。税收作为一种分配关系，它的实现和发展，必须由国家权力以法律形式把它规定下来，形成一定的税收法律制度，方可具体得到实现。因此，从现象上来看，的确税收又是借助国家权力的强制力量，才得以实现。

　　二　社会主义税收存在的客观原因

　　社会主义社会生产资料已是公有制，为什么财政分配仍然要保留税收分配形式呢？这是因为：首先，社会主义社会的经济结构，仍然存在着决定税收存在的两个客观因素，这表现在社会主义经济中，除全民所有制外，还存在着集体所有制形式，和其他一些所有制形式，这些所有制的各

---

① 《马克思恩格斯全集》第 19 卷，人民出版社 1963 年版，第 32 页。
② 《马克思恩格斯全集》第 4 卷，人民出版社 1958 年版，第 342 页。

个经济单位，都是独立存在的经济利益实体，国家不能直接支配其生产成果，因此，社会主义社会仍然存在税收分配形式的客观必然性。其次，就全民所有制来说，国家是全民所有制的代表，国家是可以直接支配全民所有制各经济单位的生产成果，无须再采用迂回的形式进行征收。但是，体现客观分配关系的具体形式，它不仅决定于所有制关系，还要决定于具体的组织生产的形式，马克思在《政治经济学批判》导言中指出："参与生产的一定形式决定分配的特定形式，决定参与分配的形式。"① 国家参加国营企业生产的不同的形式，也决定国家与国营企业之间具体分配形式不同。长期以来在一些社会主义国家中，包括我们国家在内，都是国家对国营企业采取直接经营的形式，即把全民所有制企业全体组织成一个大工厂，进行半商品生产的供给制管理。在这种情况下，对企业采取的是统收统支的办法，全民所有制经济中，国家对企业既是投资者又是经营者，两个身份是合一的。这样，国家就可以不必采取其他形式而直接取得利润和处置利润。这就是长期以来对国营企业采取利润上缴形式的原因。但是，社会主义革命和建设实践证明，这种组织国营企业的生产形式，是不符合社会主义经济发展的客观要求的。在商品经济下，国营企业同样是独立商品生产者，也是有着独立经济利益的经济实体，只有实行经济核算制②，使企业自负盈亏，成为责、权、利统一的经济实体，才能有效地组织社会主义生产，才能把经济搞活，促使各个企业提高经济效率，灵活经营，充分调动企业生产经营的积极性，更好地为满足社会需要而进行生产经营活动。因此，在商品经济下，国家不能也不应当成为国营企业的直接经营者，国家作为全民所有制的代表者与企业经营者是分离的。为了保证国家所有者的利益，即全民整体利益，就不能再用利润上缴形式向国营企业收取盈利，客观上要求改用税收形式，用能够强化国营企业对社会（国家）的经济责任，而又有利于保障企业独立经营权的形式来代替，这种形式就是税收形式。因为：

第一，国营企业作为全民所有制的经营者，首先必须对自己的生产经

---

① 《马克思恩格斯选集》第二卷，人民出版社1972年版，第98页。

② 列宁在总结苏联经济管理实践经验后，提出要对企业实行经济核算制，要求企业对盈亏负完全的经济责任，这和我们今天实行的企业经济责任制、扩大企业权限的做法，从本质上是一致的。因此，我们的企业经济责任制、自负盈亏也可称为经济核算制。

营的经济效果向全体人民负责。也就是说，必须向国家提供盈利。而企业向国家缴纳利润形式，是与这一要求不相适应的。因为利润上缴形式，不论具体的办法，是采取利润包干办法，还是留成办法，都一样，企业实际上承担多少向国家缴纳利润的责任，是随着企业经营的效果好坏，利润多少有无而变动的。有利润时，企业则承担向国家缴纳的任务；没有利润，就不必承担缴纳的责任；利润多，则多承担些责任；利润少，则缴纳任务也少；发生亏损，不但不承担缴纳责任，国家还要给予补贴。这种随企业经济效益高低而变动的、具有弹性的财政分配形式，就使企业对国家承担的经济责任处于不定的状态中，这本身就是一种平均主义"大锅饭"。这是完全与企业自负盈亏，独立向人民承担经济责任的要求相违背的。

多年来经济改革的经验证明，用税收形式来调节国家与企业之间的纯收入分配关系，是稳定国家与企业之间分配关系，强化企业对国家承担的财政责任的有效手段。税收与利润缴纳形式不同，除了少数以企业利润为课税对象的税种之外，都是不管企业有无利润，只要属于税法规定的纳税范围，就要依法、及时、足额地完成向国家缴纳任务。这样，企业的财政缴纳责任就变成硬性的，不能再把盈亏责任推给国家财政，也就可以有效地解决企业吃国家"大锅饭"的问题。企业经济责任明确稳定了，不再随自己的经济效益好坏而浮动，企业的权力与经济利益才能随之稳定，才能真正建立起责权利统一的企业经济核算制。

第二，要使企业独立地对国家负完全的经济责任，就必须保证企业具有相应的权力，成为自主经营的社会主义商品生产者和经营者，没有自主权，企业也就无法承担经济责任。因为责、权、利三个方面是相互依存、相互制约的有机整体，缺少任何一个方面，其他两个方面也就失去依据和条件。要使企业具有自主经营权，就必须把政企职责分开，国家机构不再直接经营企业，不再直接插手企业各项具体的经营活动。使企业在服从国家计划和政策、法令的前提下，有权选择灵活多样的经营方式，有权安排自己的产供销活动，有权拥有和支配自有资金，有权依照规定自行任免、聘用和选举本企业的工作人员，有权自行决定用工办法和工资奖励方式，有权在国家允许范围内确定本企业产品的价格等。在国家财政分配采用利润上缴形式下，企业要按行政隶属关系向国家缴纳利润，这样就使企业利润的实现状况与各个地方政府、各级政府的经济管理部门的经济利益挂得很紧，地方和部门出于本身的经济利益考虑，不仅往往会对企业各种具体经营活动进行直接干预，而且也把企业分割在各个条条块块之中，妨碍企业之间在经济上的横向联系。企业无法从地方与部门的行政框框中解脱出来，不能真正有自主经营权，更不可能真正成为独立的社会主义商品生产经营者。采用税收形式却可以克服这些缺点。采用税收形式，企业不必再按行政隶属关系缴纳利润，地方和部门也就可以超脱，不必再直接插手企业的各项具体经营活动，从而有利于克服地方所有制、部门所有制倾向，企业才能从行政的条条框框中解脱出来。所以，政企职责分开，保证企业独立生产经营责任制，也要求改国营企业上缴利润形式为税收上缴形式。

第三，使企业成为自负盈亏的独立商品生产者，搞活微观经济，并不意味着放弃宏观经济的计划控制和调节。为了使各个企业的经济活动符合国民经济发展的总体要求，社会主义国家机构必须通过计划和经济的、行政的、法律的手段对企业进行必要的管理、检查、指导和调节，其中重要的一个问题，就是要充分利用经济杠杆的调节作用。通过对企业的经济收益水平的调节，来促使和诱导企业按宏观计划的要求，组织其生产经营活动。经济杠杆发挥调节作用的根本经济机制，就在于通过调节企业的利润水平，以增加或减少企业经济利益来实现的。也就是说，要发挥经济杠杆作用，必须做到使经济杠杆作用切实能够直接使企业的利益有所改变为条件。而财政分配的利润形式，却做不到这一点。因为，采用利润形式，不能稳定国家与企业之间纯收入分配关系，企业向国家缴纳利润多少是随企业自身实现利润多少而浮动，企业承担的财政缴纳责任是软的，当经济杠杆对企业的利润发生影响时，如果是使企业利润增大，则企业向国家缴纳的任务也就会相应增加，企业多得的收益被国家拿走；如果是使企业利润减少，则企业向国家的缴纳任务也相应减少，企业的利益也损失不了什么，甚至企业还可以强调一些客观理由，把全部损失推给国家财政。因此，利润分配形式使经济杠杆作用受到极大的限制，客观上要求改变利润分配形式。由于税收形式具有稳定国家与企业分配关系的特点，强化企业经济责任的作用，把利润缴纳形式改为税收形式，就成了新形势下的客观必然要求。

三　税收转嫁问题

不同社会制度下的税收，具有不同的性质和作用。剥削阶级社会，生产资料掌握在剥削阶级手中，剥削阶级是社会的代表，因此，税收是为剥削阶级整体利益和维持剥削阶级统治的社会再生产服务的工具，它反映的是剥削阶级对劳动人民的剥削与压迫关系。当然，从表面上看，剥削阶级也向国家缴纳税收，似乎剥削者也是税收的承担者，资产阶级学者把这种现象看成实质，于是提出租税转嫁的问题。他们把税收分成两类：一类所谓直接税不转嫁，是由纳税人负担；另一类所谓间接税是转嫁的，纳税人不负担，可以转嫁给别人。并且又把转嫁税的转嫁情况，分成顺转、逆转、散转等，说什么在转嫁问题上，大家都是平等的，供给者可以转给消费者，而消费者也可以转给供给者，生产者之间也能相互转嫁税收。也就是说，税收不是完全转嫁给无产者，资产者也要承担转嫁的损失。应当承认，从现象上看，这些情况的确存在。在剥削阶级社会，的确存在租税转嫁的现象，并且，的确存在不是任何情况都能转嫁出去的情况。但这并不是本质，认识这个问题，要有一个前提，那就是首先必须看到，任何税收都是由劳动者来负担的，劳动者是一切税收的最终负担者。因为在剥削阶级统治的社会中，社会财富都是劳动人民创造的，剥削者是寄生虫，他们不劳而获，剥削者自己还要靠剥削劳动人民剩余劳动过活，他们用什么缴税呢？只能是劳动者的剩余劳动创造的财富。税收分配的，只能是劳动者创造的财富，在资本主义社会中，不论什么情况，不论税收表现为什么形式，也不论税收在表面上是怎样的转嫁，税收都不过是国家作为资本主义社会的集中表现，作为资产阶级总体利益的代表，参与瓜分劳动者创造的剩余价值的一种形式。分配是受生产资料所有制性质制约的。在私有制社会，劳动人民在生产中处于被支配地位，对分配是没有发言权的。如果讲转嫁的话，也只有剥削者才有这个权力，因为他们手中掌握生产资料所有权。他们可以借助经济权力来转嫁税负，而对劳动人民来说，任何税也是无法转嫁的。他们只能是转嫁的受害者。这才是资本主义税收转嫁的本质，资产阶级学者离开这些，奢谈税收的转嫁与不转嫁，只能是欺人之谈。

至于直接税不转嫁，间接税转嫁也是没有根据的。从本质上看，间接税对无产者来说，并不间接，间接税也是资产阶级国家对劳动人民的直接征收，只不过是征收形式的改变，是借助纳税人和负税人可以分开这一税收特点，加强对劳动者的剥削和纳税的监督而已。因为，对资产阶级国家来说，剥削者从劳动者收入中扣税，代替劳动者缴税，是避免劳动者逃税的一种好办法。直接税对资产者并不直接，直接税表面上是资产者交纳，其实，资产者所交纳的直接税，最终也是要由劳动者的无偿劳动成果来支付，直接税只不过是对劳动者的间接征收。所以，不论直接税或间接税，对劳动人民来说，都是直接税。在资本主义社会中，"每出现一种新税，无产阶级的处境就更恶化一些"①。所以，如果讲税收转嫁，那也只有资产者向无产者转嫁，把税收分成直接税和间接税，就模糊了资本主义税收这一本质。

社会主义社会里，劳动人民是国家的主人，因而社会主义税收是为全体劳动人民整体利益服务的工具。它反映的是全体劳动者为了社会总体利益的互助合作关系。在社会主义社会中，劳动者是社会的主人，也是企业的主人，自己缴税自己用，这就从根本上消灭了租税转嫁的根源。当然，社会主义税收仍然存在纳税人与负税人可以分离的特点，有可能被一些极端个人主义分子，或本位主义者所利用，借以把税收负担转嫁给他人的可能。但这并不是客观必然，也不是社会主义税收本质的反映。

税收转嫁与税收调节是两个不同的范畴，税收转嫁反映的是负税人与非负税人之间的关系，是法律规定的负税人把税负推给非负税人承担的一种行为。税收调节作用反映的是国家对负税人收入进行再分配的关系。在论证税负转嫁问题上，人们常常以卷烟税为例，认为国家为了调节卷烟的消费，促进人们少吸烟，而定较高的税率，说这就是税收的转嫁现象。其实，这里根本不是卷烟厂向吸烟人转嫁税收，因为，当政府确定卷烟税率时，已明确考虑要增加吸烟者的负担，以限制其对卷烟的消费，是国家运用税收的经济杠杆作用调节消费的活动。

---

① 《马克思恩格斯全集》第 7 卷，人民出版社 1959 年版，第 336 页。

第十一章

财政在社会再生产中的地位与作用

第一节　财政与社会再生产诸环节的关系

　　财政在社会再生产中的地位，是由财政分配的特性及财政分配与社会再生产中的生产、分配、交换、消费四个环节之间关系决定的。只有从马克思主义关于社会再生产诸环节之间相互关系原理出发，把财政放在社会再生产过程之中，与再生产过程的各个环节联系起来进行观察，才能得到正确的认识。

　　社会再生产过程中，生产表现为起点，消费表现为终点，分配与交换表现为生产与消费的中介。生产、分配、交换、消费四个环节之间是相互联系、相互交错、相互制约的统一整体。分配作为产品的分配，它媒介着生产与消费，也媒介着生产与交换。财政分配作为社会再生产过程中分配环节的重要组成部分，在社会再生产中同样处于中介地位。不过，财政分配仅是分配的一部分，它不能媒介全部生产与消费。就财政一般而言，它只能媒介剩余产品的生产与社会共同事务的消费。在不同的生产方式下，由于财政性质不同，其在社会再生产中的地位，媒介生产与消费的广度与深度，又是不完全一样的。在生产资料私有制的社会中，生产是私人的事情，社会承担的共同事务的消费中，基本上没有生产和积累的事情。因此，其财政分配，只是生产与非生产性的消费的中介要素，财政对生产来说，它只是以外在于物质生产过程的形式为生产服务。社会主义社会实现了生产资料公有制，全民所有制经济占主导地位，从而生产不再完全是私人的事情，很大一部分成了社会共同事务。因此，社会主义社会财政，除了在生产与非生产性消费之间的媒介范围有所扩大外，它还直接媒介着生产与生产性消费，成了内在于物质再生产过程的一个因素，财政媒介生产与消费的作用，不论广度与深度都比私有制社会有了空前的扩展和加深。

一　扩大再生产要素的主要分配者

社会主义财政分配，作为扩大再生产的要素分配，是扩大再生产的决定性因素。积累是扩大再生产唯一的源泉，积累"按其实际内容来说，就是规模扩大的再生产过程"①。积累的多少，积累的分配状况，决定着生产规模扩大的程度。而社会主义积累主要是通过国家财政集聚和分配的。所以，财政分配处于直接制约社会主义扩大再生产的规模和方向的地位。我国生产建设的三十多年实践证明了这一点，1950 年至 1983 年，我国国家预算内用于经济建设的支出达 11000 亿元，其中用于工业生产的投资达 6000 亿元，用于支援农业生产的资金 2000 亿元，如果包括预算外财政投资，从 1950 年至 1983 年，仅全民所有制单位的固定资产投资总额就共达 11633 亿元。其中，基建投资总额为 8970 亿元，更新改造及其他措施投资总额为 2663 亿元。三十年来由财政进行的基建投资而增加的固定资产达 6440 亿元，相当于新中国成立初期，全国国营企业原有固定资产总值的 27 倍。建成大中型项目 3800 多个，小型项目数十万个，新增加的生产能力，大大超过了旧中国半个多世纪累计形成的生产能力的总和。其中，新增发电机组容量 6863 万千瓦，为新中国成立初期原有能力的 35 倍；煤炭开采 49153 万吨，为新中国成立初期的 5 倍；石油开采 14445 万吨，为新中国成立初期的 240 多倍；炼钢 3498 万吨，为新中国成立初期的 17 倍；水泥 6175 万吨，为新中国成立初期的 17 倍；棉纺锭 1294 万锭，为新中国成立初期的 2.6 倍。同时，填补了许多空白工业，从无到有地增加了许多新的工业生产能力，如化学肥料 1358 万吨，化学纤维 60 万吨，塑料 87 万吨，合成橡胶 16.5 万吨，合成脂肪酸 7.5 万吨，显像管 395 万只，汽车 15 万辆，拖拉机 12.6 万台等，以及造船、电子、航天、核工业等新兴工业部门生产能力也有很大发展，形成了门类比较齐全的工业体系。

在农林水利建设方面，至 1983 年底，全国共修了大中小型水库 8.7

---

① 《马克思恩格斯全集》第 24 卷，人民出版社 1972 年版，第 356 页。

万座，总库容量达 4208 亿立方米，新修堤防总长达 17 万公里。在交通运输、邮电建设方面，1953 年至 1983 年全国共建成交付运营的铁路新线 106 条，计 24549 公里，同时对原有铁路进行了技术改造，建成复线 6396 公里，电气化铁路 2332 公里，建成沿海港口泊位 198 个，新增吞吐能力 18185 万吨，新建公路 24.8 万公里，新建长途通信电缆 217 万公里，长途明线 47 万对公里，微波电路 0.7 万公里等。这些巨大成就的事实证明，我国社会主义财政，是发展社会主义经济，扩大社会主义生产的决定性因素。

二　国民收入分配的中枢环节

国家财政直接分配的国民收入数量大约占 30%。由于财政分配的数量大，高度集中，所以，它对其他各种分配都具有直接的制约作用。从我国历史上看，国家预算内分配的大体占 30%，近些年低一些，大体占 27%，如果加上预算外财政分配部分，则达国民收入的 50% 以上。国民收入的各种分配形式中，唯有财政分配是始终从社会总体出发的最集中化的一种。其他分配形式都是在各个生产单位及个人之间分散进行的。比如，工资分配是在各个独立核算的经济单位分散完成的；价格分配是从各项交换活动中，在各个经济组织之间和个人之间分散实现的。而财政分配则相反，它的资财的筹集、支配、耗用三个过程，虽然也是在各个经济组织及个人之间分散进行的，但这三个过程，都是从社会总体出发，由国家集中进行的。财政资财的筹集，是把分散在各个经济单位，并由各经济单位创造的剩余产品价值的一部分集中起来的过程。这一分配过程，表现为从分散到集中的过程；财政资财的支配，是把集中起来的资财，按社会再生产所要求的比例，向社会共同需要的各个方面进行再分配，这本身就是从社会再生产总体出发的一种分配活动过程；而财政资财的耗用，则是在分配比例确定后，由各执行单位消耗这些资财，完成各项社会共同事务的过程，事实上，它已是分配完成后进入了消费阶段。因此，财政分配是国民收入分配中最集中的一种形式。

由于财政分配占国民收入的比重大而又集中，尽管其他各种分配形式对财政分配也有制约关系，但财政分配对其他分配的制约作用要大得多。以财政分配与生产企业的工资分配为例，生产企业的工资是企业生产成本组成部分，它的分配在国民收入量一定的条件下，直接影响着企业盈利或剩余产品量的多少，从而制约着财政收入的多少。但是，在社会主义条件下，工资分配量的大小，归根结底是取决于财政分配如何安排国民收入使用于积累与消费比例，决定于财政从企业取走多少盈利。企业留利或剩余的盈利，是企业发展集体福利事业和增加职工工资的来源，财政从企业取走得多，企业留得就少，从而回归于必要产品价值的部分，能够转化为职工工资收入的数量就少。反之，财政取走得少，企业留下得就多，可以回归为职工工资收入部分就多。其他分配形式也一样，比如，财政在参与其他所有制形式的分配中，财政取走多少，就直接制约着可能留下的数量，直接制约着其他所有制形式的收入水平，制约着其他所有制形式中的个人收入水平和可能积累的规模，以及扩大再生产水平等。因此，财政分配在国民收入分配中，处于支配地位。

三　交换过程顺利实现的重要条件

财政分配和商品交换都是生产与消费的中介环节，两者虽然承担的媒介使命不同，但两者又是相互依存、互为条件的。在商品经济下，财政分配主要是价值形式的分配，整个国民收入的分配也是需要通过价值形式的分配才能实现。商品价值创造出来后，能否实现，决定于能否通过交换，交换实现了，商品的价值才能最终得到实现。生产部门生产出的商品，不能顺利通过交换，价值就不能实现，生产单位就无从分配，财政也就无从分配。所以，交换的实现，是财政分配得以实现的前提。反过来，财政分配又是交换得以正常进行的必要条件。财政分配直接决定着归财政分配的那部分国民收入的最终归属问题，同时也间接地决定了国民收入其余部分的归属问题。通过财政分配，大体上也就确定了社会再生产过程各个方面所得国民收入的比例份额，从而也就规定了各方面实际购买力。购买力又具体表现为对各种具体产品的需求，因此，只有财政分配结构所形成的物质需求结构，与国民收入的实物结构相吻合时，交换才能顺利实现。否则，就会发生供需结构性的比例失调，一部分价值不能换取所需的商品，另一部分商品的价值又得不到实现。可见，正确的、符合规律的财政分配是交换顺利实现的必不可少的条件。

四 媒介生产与消费的中心环节

分配是生产与消费之间媒介要素，财政分配不仅是剩余产品的生产与社会共同事务消费之间的媒介，而且也间接媒介着其他消费部分。社会再生产过程的消费，从总体上来看，不外包括生产消费和社会公共消费及个人消费三个方面。财政在这三个消费方面都占有重要位置。如果把基本建设的消耗，归结为生产消耗的话，那么财政作为积累的主要供给者和使用者，它本身就是生产消费的参加者。社会公共消费满足本身则就是财政基本使命。而个人消费方面，财政不仅是非生产领域中劳动者消费需要的主要供给者，而且由于财政分配对生产领域劳动者在国民收入分配中能够取得多少份额，有着直接的制约关系。因而，财政也间接媒介着必要产品生产与生产领域劳动者个人及家属的消费。所以，财政分配在社会再生产中，处于媒介生产与消费的中心地位。

第二节　财政是调节社会再生产的综合杠杆

财政在社会再生产过程中的地位，客观上是由财政在参与国民收入分配，满足社会共同需要的过程中，对社会再生产各个侧面的强大作用所决定的。财政学界对财政的职能与作用的认识很不一致。这种分歧的存在，在很大程度上，是由于对财政职能与财政作用的含义认识上的分歧所引起的。本书并不打算就这个问题展开讨论，为了说明问题的方便，避免误解，这里明确一下我们所使用的概念的含义。我们认为，马克思主义经济学上所谓经济范畴的职能问题，是指经济范畴本质的反映，即特定的经济活动在社会再生产中所承担的特定的使命。我们把对财政概念认识上的分歧存而不论，有一点是共同的，即都认为财政是为了满足社会特定的需要而进行的分配，这就是财政职能。所谓财政作用，是指财政在实现其职能过程中，在客观上所产生的对社会再生产的各个方面的影响或制约。也就是说，凡是由财政分配活动派生出来的对国民经济的影响，或制约都是财政作用。因此，财政作用从最高层次上进行概括，可归结为一个作用，那就是对国民经济的制约作用，或者叫调节作用。如果将其具体化，那又可以从再生产过程各个环节进行概括，可以分为对生产、分配、交换、消费四个方面制约或调节作用，并且，每一个环节的作用，又可以具体概括为若干项作用，甚至根据各个历史时期的政治经济任务不同，可以更加具体地进行概括。这就是为什么在财政作用上，我们可以看到存在五花八门的叙述的原因。但作为理论财政学，则应从最高层次来概括。

财政的调节作用是一种客观存在，只要有财政分配活动的存在，只要财政进行着实现职能的活动，它的作用就存在着。人们认识它，运用它也好，不认识它，不运用它也好，它都必然在发挥作用。不同的是，人们不承认它的存在，不去自觉运用它，它就会盲目发生作用；人们承认它，自觉地运用它，就可以趋利避害发挥积极作用。在经济学上把一些经济范畴的这种客观存在的，在实现自己职能过程中，又能对经济的有关方面发挥制约作用或调节作用，称之为经济杠杆作用。所以，财政在社会主义再生产过程中的作用，也可以称为经济杠杆作用。

有一种认识，似乎财政作为经济杠杆是从人们主观运用角度而言，不运用它则不发生杠杆作用。这事实上是否定了财政调节经济作用的客观性。经济杠杆作用，是一些经济范畴的一种客观特性，并不是以人们主观承认或不承认为转移的。所谓经济杠杆，是人们可借以运用经济规律的作用，调节社会再生产过程中各当事者的经济活动的利益高低，使之按照国民经济比例和社会需要方向运行的诸经济范畴的理论概括。作为具有经济杠杆性质的经济范畴，它并不是为了发挥经济调节作用而存在，它是社会再生产过程中客观形成的各种特定的经济关系。其存在的使命是实现社会再生产过程中某一特定职能，或者说是社会再生产过程中某一职能活动所形成的一种特定的经济关系，这些经济范畴之所以可以发挥经济杠杆作用，是因为，这些经济范畴在实现其职能过程的同时，又产生一种不以人们意志为转移的制约经济过程的各个侧面或某一侧面的作用，这种作用在客观上会形成一种对社会再生产过程有着推动或限制的力量，当人们从这个角度来认识这些范畴时，就把它概括为经济杠杆。所以，经济杠杆作用，从本质上说，它只不过是某些经济范畴运动的一种客观的派生力量。

在历史上，一些先进的思想家和政治家对此早有某些认识，也曾在某些方面和某种程度上利用财政这种经济杠杆作用，调节社会再生产过程的某些方面的经济利益，推动生产的发展。例如，我国汉朝建立后，面临着灾荒连年、人民生活极端困苦的局面，为了恢复生产，安定民生，巩固初建的汉王朝政权，就曾采取了减轻租赋，恢复生产的财政政策，这实际上就是利用了财政调节经济的作用。据《汉书》记载："天下既定，民亡盖藏，自天子不能具醇驷，而将相或乘牛车。上于是约法省禁，轻田租，什五而税一。"① 到文帝时，又把田租减为三十税一。其后十几年曾全部免除田租。汉代这种调整财政分配的结果，促进了经济的恢复和发展，至文帝时，经济已开始繁荣，财政状况也取得了很大的好转，《汉书》上记载：自孝惠至文景，与民休息，六十余岁，民众大增，是以"都鄙廪庚尽满，而府库余财。京师之钱累百巨万，贯朽而不可梭。太仓之粟陈陈相因，充溢露积于外，腐败不可食"②。当代资本主义各国，纷纷采取赤字财政政策，企图以赤字对私人消费和投资需求的不足能起到补偿作用，以平衡经济，缓解经济危机的震荡，这也是基于借助财政调节经济的作用。但是，在生产资料私有制的社会中，生产是私人的事情。加之，出于剥削阶级的偏见，是不可能正确和全面认识财政的调节作用的。即使在一定程度上运用一些调节作用，但不论从运用的深度和广度上，也不论其利用的有效程度上终究是有限的。这是因为，财政调节经济的作用是客观存在，它们要受各个社会基本经济规律，社会基本矛盾所制约。在资本主义社会所固有的社会化大生产与私人占有之间的矛盾，以及资本主义积累规律，决定资本主义经济危机是不可能从根本上消除的。因而，资本主义财政的调节作用也不可能真正解决国民经济比例失调的问题，只能缓解需求不足的矛盾，当今资本主义世界，普遍出现的国民经济滞胀的局面，这就是财政调节经济的客观必然结果。

社会主义社会，实现了生产资料的公有制，全民所有制经济占统治地位，从而消除了资本主义社会所固有的矛盾，使全社会整体上有计划组织经济不仅成为可能，而且成为客观必要。这在客观上就造成从社会总体上，全面而有效地运用财政杠杆调节经济的条件。当然，可能并不等于现实，不能把可能同现实混为一谈，这是两种不同的东西。要把这种可能变为现实，还必须研究财政作用的规律，必须掌握它，学会熟练地应用它。如果人们不能正确的认识财政调节经济的客观作用，忽视或不自觉地去运

---

① 《汉书·高帝纪》。
② 《汉书·食货志上》。

用它，它就会自发地起着调节作用，就会给经济带来不良影响。我国三十多年财政工作实践证明了这一点，当我们清醒地注意到财政调节经济的作用，正确运用它时，则对经济发挥了良好作用。每当忽视财政调节作用时，则给经济带来消极影响。例如，"一五"时期，我们就比较清醒地自觉地运用了财政的调节作用，从而有力地促进了社会主义改造进程，促进了国民经济按比例平衡发展，而在"二五"时期，由于"左"的思想影响，忽视了财政分配对经济的调节作用，在组织收入上单纯考虑筹集资金职能，把税制进行了不适当的简化和合并，忽视了税收的调节作用，结果是造成企业之间和不同产品之间经济利益上的苦乐不均。社会不需要的产品生产很多，而社会急需的产品，企业却缺乏生产积极性。由于重复征税情况的存在，在一定程度上促进了企业向大而全、小而全方向发展，妨碍了专业化协作，降低了经济效果。在财政支出上，片面强调保障供给，否定了支出对经济结构的调节作用，结果违背了再生产比例要求，带来了"骨头"与"肉"的比例失调，使经济遭受巨大损失。党的十一届三中全会以后，认真总结了历史经验，重视财政调节作用，自觉地运用了这一作用，从而在调整和恢复国民经济正常比例方面，在促进改革，调动企业积极性方面，都发挥了积极作用。在经济改革中运用财政调节作用的实践经验，也使人们认识到，财政调节经济的作用是客观存在。人们必须自觉地运用它，驾驭它，才能为社会主义经济服务。然而，人们要正确运用财政调节经济的作用，还必须正确认识它发挥调节作用的经济机制，有目的地创造控制其发挥作用的条件，这样才能按照人们的需要来发挥调节作用。

第三节　财政调节作用的经济机制

财政对社会再生产的调节作用，是通过两种经济机制实现的，一是直接控制，主要是通过财政收支的变化，例如，改变收支总规模及改变收支结构等，来直接影响和控制社会再生产的比例结构及总供给与总需求平衡等。一是间接调节，主要是通过财政的各种具体分配形式，改变人们在从事各项经济活动中所取得的经济利益状况，增加或减少某些经济活动的利益数量，来推动人们按照社会需要的方向运动。例如，运用税收分配形式，以征税或减税、免税等手段，来发挥奖励和限制作用等。财政调节作用的这两种机制，前者是财政活动本身就已具备，而后一种机制，虽然也是财政活动本身所具有，但由于它是一种间接作用，人们要按照需要来运用财政的这种调节机制，还必须创造各项经济活动的经济利益状况的可控性条件。所谓经济利益的可控性，包括两个方面的含义：一方面是被调节对象的经济利益的可控性，即人们可以根据需要，运用财政杠杆的作用，按预计的数量改变被调节对象的经济利益水平，而不会由于其他因素的反作用或干扰造成被调节者经济利益改变不了或改变过多或改变过少，以及虽然可以改变，但被调节者却可以逃避这种改变等。如果不具备这种条件，财政杠杆对微观经济的调节作用就会陷于空运转状态，甚至发生不良的副作用。例如，在国家与企业之间分配关系上还存在"吃大锅饭"的情况下，国家对企业则不论企业上缴多少盈利，都一样保证企业职工的工资和福利供给水平，这种情况用财政杠杆调节企业的经济活动，就无法达到目的。因为，调节的结果，如果是增加企业的盈利，也不过表现为企业上缴财政款项的增加，如果是减少企业的盈利，也不过表现为企业上缴财政款项的减少，而对企业本身的利益，无论增加上缴或减少上缴都没有任何影响，不可能发生影响企业经济活动取舍的问题。可控性另一方面的含义，是指财政杠杆本身调节经济利益分寸的可控性。也就是说，人们可以根据需要控制财政杠杆的调节分寸，控制被调节对象的经济利益改变的分量。如果财政杠杆的调节分寸或调节分量，不能按调节需要而被限制在一定范围内。或能够自发地随时改变，财政杠杆也就不能为人们所利用。比如，税收是财政杠杆的重要组成部分，通过税收的开征与停征，减征和免征等，可以调节企业的经济利益。但如果我们采取了包税的办法，按一定数量包给企业，使其保证完成一定税额，其余留归企业，这样做的结果，就是把税收的调节分寸固定下来，从而也就破坏了税收调节分寸的可控性。如需要运用税收对企业某些经济活动限制时，由于不能改变税收的调节分寸，也就无法运用税收的调节作用。

　　财政杠杆是一个综合性经济杠杆，它是通过多种分配形式来发生作用的。不同的财政分配形式，其具体的调节对象和调节作用是不同的，除了上述共同需要的机制之外，又各有其具体的特定的调节机制，只有在具备其各自的具体条件，方能为人们有效地运用。这一点将在以后几章内分别进行具体分析。

财政杠杆作为综合杠杆，它的调节作用也是多方面的，并且每一种分配形式的调节作用，往往也都不是对经济发生单一的调节作用，而是多方面的。在财政工作中，每进行一项财政分配活动，必须全面考虑到财政在客观上可能发生的调节作用，不能顾此失彼。如果在财政分配中，虽然也注意了财政的调节作用，但只是偏于注意其作用的某一侧面，而忽略了在此同时可能对其他方面发生的调节作用，就会造成此处得而彼处失，甚至造成经济上的某些混乱，达不到预期的目的。比如，在对国营企业实行利改税的过程中，为了解决把一些利润水平高的企业的多余利润，尽可能都收缴到国家预算中来，以保证财政收入，则利用税收的调节作用，开征了一户一率的利润调节税。结果，只注意了税收对企业利润水平的调节，企业利多的多征收，利少的少征收，这样企业的留利水平大体均衡了，多余的利润，也都集中到财政中来了，可是却忽略了利润调节税对其他方面的作用。在调节企业多余利润的同时，也就把其他各税种的经济调节作用给抵消了，极大地妨碍了利改税目的的全面实现。因此，任何一项财政活动都必须全面地注意其调节作用，才能自觉而又有效地利用财政杠杆调节国民经济，实现宏观经济控制。

财政的两种调节机制，在国民经济活动中分别对宏观经济活动和微观经济活动发挥作用，我们把这两个方面作用的统一，称为财政的宏观经济控制作用，下章将对这一作用作具体分析。

第十二章

财政对宏观经济的控制

第一节　宏观经济控制的含义

宏观经济控制，是自觉地、有计划地从国民经济总体上，控制社会再生产综合平衡发展的活动。综合平衡并不是各经济单位的平衡，或各个部门平衡的简单加总，而是国民经济总供给与总需求的平衡和社会再生产比例平衡的统一。宏观经济控制，是社会主义国民经济管理的重要组成部分。社会主义生产资料公有制的建立，消除了资本主义社会所固有的社会化大生产与私人占有之间的矛盾，从而也消除了生产无政府状态的根源，使有计划按比例地在全社会范围内统一组织再生产过程，不仅成为客观需要，而且变为现实可能。社会主义国家可以充分利用公有制这个优越性，从国民经济整体上，安排好各种比例，保证国民经济综合平衡，自觉地使国民经济合比例地发展。但是，这并不是说，可以把全社会组织成一个大工厂，所有的生产经营活动都由国家集中管理。相反，社会主义经济，是建立在生产资料公有制基础上的、有计划的商品经济。商品经济是以高度社会化的生产为基础。社会化程度愈高，社会分工愈细，社会产品的种类、规格、款式等就愈浩繁复杂。同时，生产每种产品所需要的物质技术条件和采用的方法，也是不同的，其具体生产过程，也各有自己的运动规律。这样，社会再生产过程的各个方面、各个环节都由国家直接组织经营和具体管理是不可能的。因此，生产资料公有制性质和社会主义生产力状况，又决定了国家只能代表全体劳动者占有生产资料，有计划按比例地组织和协调社会再生产的总过程，而各项具体生产资料的使用和各项具体的生产经营活动，只能根据生产过程的分工协作要求，把不同份额的生产资料交给不同部分的劳动者，组成不同的经济实体，独立进行生产经营。这样，整个国民经济管理，在客观上就形成国家直接对社会再生产过程的各个方面、各个环节的组织管理和各经济单位对自己的生产、经营所进行的管理两大侧面。前者通常称之为宏观经济管理，后者称之为微观经济管理。这两种管理，是既有区别而又是有机联系的统一整体。两者管理的总目的是一致的，都是为保证社会再生产按照社会主义生产目的，按比例、高效益地平衡发展。所谓按比例，是国民经济总量平衡和结构平衡的统一。要实现这一统一，由各经济单位，即微观经济的自由活动是无从做到的，只有社会从国民经济总体上，按照客观需要的比例，对自己的劳动时间进行直接的自觉的控制，方能实现。然而，只有社会的、宏观经济的自觉控制和对劳动时间的按比例安排，而没有微观经济按照宏观经济控制的比例方向的运动和发展，也是不能最终实现的。因此，为了最终实现国民经济的平衡发展，宏观经济就必须对微观经济的运转加以调节，使其沿着宏观经济所需要的方向运行。这样，宏观经济控制就包含两个层次的内容：一层是对宏观经济活动的控制，也可以说是宏观经济的自我控制，从国民经济总体上控制需求总量与供给总量的平衡，并在总需求与总供给平衡的基础上，控制社会再生产结构或称比例的平衡；一层是在总需求与总供给的平衡得到控制的前提下，对微观经济的调节和控制，使其沿着宏观经济控制的正确比例方向运动，以保证国民经济按比例发展的最终实现。这两个层次内容，是有区别又有联系的统一体，忽略任何一面都不能有效地实现宏观控制。第一层次控制宏观经济总供给与总需求的平衡，以及在此基础上实现国民经济安排的合比例性，这是宏观经济控制的前提。没有这一层次的控制，不在宏观经济安排和宏观经济活动中，自觉控制和保持住总供给和总需求的平衡，以及国民经济总资金流向及流量的合比例性，第二层次的控制，即对微观经济的调节，也就失去了依据。宏观经济活动失去合比例性，微观经济的调节也就必然失去合比例的方向，这是不言自明的道理。第二层次调节微观经济使其沿着正确方向运转，这是最终实现宏观经济控制的不可缺少的保障。没有第二层次的控制，微观经济就会在运行中发生盲目性，宏观经济所要求的比例也难以最终实现。国民经济中的总供给与总需求的平衡，在社会主义公有制的条件下，通过宏观经济控制的第一层次的控制，即通过宏观经济的自我控制，是完全能够实现的，也只有从宏观经济活动中，才能得到控制。然而，在总量平衡的条件下，社会再生产的比例结构状况，最终是由微观经济活动结果决定的。"宏观经济规定的正确的比例结构，能否成为现实，最终还决定于微观经济活动符合比例的程度。总之，控制宏观经济，调节微观经济，两者是缺一不可的，如果把宏观经济控制只是看成一个方面，就会在实践中，最终取消宏观经济控制。

随着周期性经济危机对资本主义经济的严重震荡，使资产阶级逐步认识到，从国民经济总体上组织和控制国民经济平衡的必要性。资产阶级经济学者对宏观经济问题的研究，从凯恩斯的《就业、利息和货币通论》一书问世（1936 年）之后，迅速地发展起来，纷纷研究影响供求平衡变化的因素，及对供求不平衡的对策等。特别是自第二次世界大战后，随着资本主义生产社会化的发展，资本主义固有矛盾日益激化，经济危机周期震荡加剧，一些资本主义国家政府，纷纷采用了资产阶级宏观经济学提出的政府干预经济的对策，企图以此来解决资本主义经济不平衡的矛盾，缓解经济危机的震荡。根据这一点，有的资产阶级学者得出了资本主义经济也要实行经济计划，实行了宏观经济调节的结论。怎样看待这一问题呢？我们认为，资本主义中的宏观经济调节与社会主义经济中的宏观经济控制是根本不同的。

首先，社会主义实现宏观经济控制的目的，是为了保障人民群众日益增长的物质和文化生活的需要，体现着全体人民总体利益，控制和计划的目标与方向，不是由某一社会集团，或某一阶级利益来决定，而是由全体人民的需要来决定。也就是说，社会主义宏观经济控制是根据实有资源和整个社会需要而制定的计划来支配这一切东西。资本主义经济的计划和宏观经济的调节的目的，在于缓和资本主义经济矛盾，维护垄断资产阶级的根本利益，维护资本主义制度，计划和控制的目标与方向，是以垄断资产阶级整体利益为转移的。所以，资本主义经济的宏观调节和社会主义经济的宏观控制，两者的性质是完全不同的。

其次，计划性。宏观经济控制最根本的特征，是社会自觉地按照社会需要的比例，安排全部资源的配置和使用，是社会的生产无政府状态让位于按照全社会和每个成员的需要对生产进行的社会的有计划的调节。也就是说，计划性是社会主义宏观经济控制的首要特征，不是个别或单个的经

济单位的计划性和组织性，也不是对个别单位的控制和调节，而是对整个
国民经济，对社会再生产整体进行计划控制，是从国民经济总体上，经常
地、自觉地保持的平衡。而资本主义社会，由于生产资料私有制，社会经
济中的计划和宏观经济调节，并不能从社会再生产总体上自觉地、按比例
地安排其资源配置和使用，实际能够安排资源使用的只有各个垄断组织和
企业内部，整个社会再生产仍然是处于盲目竞争的无政府状态。这是资本
主义经济的一个本质特征，是资本主义社会固有的基本矛盾的一种表现。
社会化生产和资本主义占有之间的矛盾表现为个别工厂中的生产的组织性
和整个社会的生产的无政府状态之间的对立。资本主义国家的计划，并不
是实质性的对社会总资源的自觉地按比例安排和使用，而仅仅是一种参考
性的预测，政府所进行的宏观经济调节或干预，也不是直接对宏观经济的
控制和调节，只不过是针对资本主义经常发生的供给过剩的情况，通过财
政和货币手段，给国民经济总流量中注入一个虚拟的需求，以暂时缓解供
过于求的危机而已。这种干预，实际上是对资本主义市场的某些调节，从
本质上说，它并不是自觉地保持国民经济平衡，而是从反向上破坏国民经
济的总量平衡来实现的。经济危机是由于市场上有效需求低于市场上的供
给的结果或反映。在资本主义社会中，这种需求小于供给，是由于资本主
义基本矛盾造成的现实需求暂时变成沉淀需求的结果。从国民经济总流量
上看，并不存在不平衡，一国的国民财富产出多少，必然都要有一个归
属，都会转化成收入，这收入本身从另一面看，就是需求，两者是相等
的。凯恩斯经济学也承认这一点，他们认为，从供给方面看，在没有注入
量和漏出量的情况下，国民收入等于各生产要素得到的收入的总和，等于
工资＋利息＋地租＋利润。从需求方面看，国民收入等于用于消费支出＋
用于投资的支出，等于消费＋投资，总供给与总需求都与国民收入量相
等，因此，供求本应是平衡的。如果发生不平衡，就是由于出现漏出量。
也就是说，有一部分收入没有能够变成现实的，或有效的购买活动，没有
变成有效需求造成的。这样，当资本主义政府对经济实行干预，注入一个
虚拟的需求后，使危机趋于缓解的同时，原来沉淀的需求，也随之浮了起
来，变成现实的需求，结果就出现货币表现的需求过大，出现通货膨胀，
物价上涨，因而，又反转来进一步降低劳动者的实际购买力，又造成新一
轮需求不足的开端，这种情况就是资本主义国家干预经济后，出现滞胀局

面的基本原因。因此，资本主义经济计划干预，是与社会主义计划经济根本不同的。

第二节　财政是控制宏观经济的一个总阀门

国民经济总供给与总需求平衡与否，社会再生产是否按比例发展，从根本上说，是由国民收入分配和使用状况决定的。社会主义财政处于国民收入分配的核心地位，它对国民收入分配的其他方面都有着直接的制约作用，这就决定了财政分配状况，在宏观经济控制中居于举足轻重的地位。

首先，它是控制国民经济总供给与总需求平衡的一个总阀门。

在社会主义社会中，消除了剥削和压迫，生产的目的是为了满足人民日益增长的物质文化生活需要，消除了资本主义那种经济危机的根源，消除了发生需求小于供给，需求不足的可能性。但这并不是说，总供给与总需求不必控制，就会自动达到平衡。在商品经济条件下，国民收入分配是以货币形式进行的，在客观上就造成了可能发生总供给与总需求的不平衡情况。在社会主义社会中，消除了剥削，失去了总需求小于总供给的社会根源，但总供给小于总需求的可能性仍然存在，社会主义宏观经济控制的任务，主要是防止这种情况的发生。总需求超过总供给，实质上也就是国民收入超分配的表现。国民收入的实物形态是不可能发生超分配的。这是因为，要分配必须有可分配之物，而能分配的只是生产的成果，如果把外债和外贸因素存而不论，从实物形态看，在一定时期内生产出的国民收入就那么多，当然也就只能分配那么多。但是，从价值形态看，以货币表现的国民收入的分配，却存在超分配的可能。当发生货币超量发行（这里讲的货币，包括现金和非现金两部分）时，同时就会发生价值形态国民收入的超分配。这种超量货币供给的发生，在国民收入初次分配过程中是不可能出现的，只有在再分配中方可出现。由于在各个经济单位初次分配中，除了自己生产的产品之外，别无其他可分配。参加分配的各方也只能取得经济单位创造的国民收入的一个份额，哪一个方面额外多取，必须有另一些方面少取方有可能。而在再分配过程中，创造货币的机构——银行信用参加了进来后，就使情况发生了变化。由于银行信用参与国民收入再分配过程，就使财政和银行一道具有了超过国民收入实有量，向国民经济中提供超量货币购买力的能力。银行能够利用派生存款进行贷款，通过信用膨胀，来向国民经济中提供没有相对应的国民收入实物保证的货币购买力，从而造成国民收入超分配，总需求超过总供给。所谓派生存款，是相对银行的原生存款而言。原生存款是经过国民收入分配后，各方面将取得的有与之相对应的实物形态国民收入的货币存入银行账户，银行运用这部分存款，作为信贷资金来源进行贷款，是有物资保证的，是不会发生货币超量供给的。但是，当银行把存款贷放出去后，贷款再次转化为存款，这就形成了派生存款，这笔存款从本质上说，它应当是非现金货币的回笼。如果银行再把它贷放出去，就形成了非现金过多投放，形成超过国民收入实有量的一种支付手段或超出总供给量的购买手段，是一种虚拟的信贷资金。用这种派生存款进行贷款，就造成国民收入超分配。通常认为信贷平衡就不存在没有物质保证的贷款，其货币发行也就是正常的，或所谓经济发行。这种认识，只有在真正的信贷平衡的条件下才是正确的，所谓真正的信贷平衡，既不是指银行账面上的平衡，也不是信贷计划平衡表的表面平衡，而是指银行吸收的原生存款总额，扣除准备金余额部分，或者叫银行吸收的原生存款中可以经常占用的存款余额的总额与银行贷款总额之间比较，贷款额不超过这个余额，才是真正的信贷平衡。这样的平衡当然是不存在信用膨胀，是不会造成货币超量供给而形成国民收入超分配的。

财政预算赤字，可以创造超过自己实际占有的国民收入量，向经济中供给超量的货币。这种情况在国家财政直接发行钞票来弥补赤字的情况下，是很明显的。但是，在信用比较发达的历史阶段，财政赤字的弥补往往是通过信用手段进行时，财政并不直接创造货币，而是直接或间接通过银行信用来创造。财政发生赤字，利用信用透支手段来取得弥补来源。就会直接迫使银行进行超量发行货币，以弥补信贷资金不足。如果财政不向中央银行透支，而是向企业和个人发行债券，这就会减少企业与个人在银行的存款，就会间接地挤占银行信贷资金。在银行不能相应压缩信贷的情况下，同样也会迫使中央银行超量发行货币弥补信贷资金之不足。所以，预算赤字和银行信用膨胀，这是造成国民收入超分配的根本原因。在现实经济生活中，每当出现国民收入超分配的情况时，往往是表现为消费基金增长过多，或固定资产投资增加过度的结果，而且，每一次解决超分配所造成的后果问题，都要从控制消费、压缩积累的增长着手。这种现象就有可能使人们认为，国民收入超分配是由于消费基金和基建投资增加过多的结果，而与预算赤字和信用膨胀没有直接关系。从表面上看，这种认识并不错，国民收入分配的结果，不是用于积累，就是用于消费，国民收入超分配的结果，一定会表现为积累与消费的过度增加，否则也就不可能存在国民收入超分配；也正因为是这样，每当出现国民收入超分配之后，就必须采取控制消费，压缩基本建设的措施，以消除国民收入超分配形成的过多需求，才能实现总供给与总需求的平衡。但是，深入一步分析，就会发现，多积累、多消费的各个单位自己是不能凭空制造货币的，要超过自己占有的国民收入份额之外，多分配就必须有超额来源，没有额外的货币，要多消费和积累是不可能的。各单位可能办到或者压缩积累，增加消费，或者压缩消费，增加积累，改变国民收入使用的比例，而不能突破国民收入总额。只有银行和财政用自己创造的虚拟资金向微观经济供给超量货币时，才能使国民收入超分配成为现实。所以，财政与银行向国民经济中注入超量供给的货币，这才是国民收入超分配的真正的源。微观经济过多的积累和消费，这只是流。把流看成源，在控制国民收入超分配问题上，就会达不到从根本上防治的目的。当然，一旦已经发生国民收入超分配之后，截流也是完全必要的，而且是首要的，不如此，不足以消除其不良影响。但是要从根本上解决问题，只有清源，从源头上控制才能办到。也就是说，只有解决财政赤字与银行信用膨胀问题，才能消除国民收入超分配的根源，方能治本。总之，国民收入能否出现超量分配，其根本就在于财政和信贷平衡状况，所以，财政与银行成为控制国民经济总供给与总需求平衡的两个总阀门。

其次，财政分配是控制社会再生产比例结构的重要杠杆。

马克思在分析资本主义再生产实现条件时，把社会总产品的实物形态划分为两大部类，把社会总产品的价值形态划分为 C、V、M 三个组成部分。在这个基础上分析了再生产实现的条件。

根据马克思的分析，可以把简单再生产实现的一般条件，归结为 $I(V+M) = IIC$，把两大部类不变资本的补偿和第 I 部类产品的实现条件，以及工人阶级与资本家阶级生活需要的满足和第 II 部类产品实现的条件，分别归结为：$I(C+V+M) = IC + IIC$，和 $II(C+V+M) = I(V+M) + II(V+M)$ 两个公式。

把扩大再生产实现的一般条件，归结为：Ⅰ（V＋M）＞ⅡC，把这个不等式改成平衡公式，则为：Ⅰ$(V+\dfrac{M}{Z}+\dfrac{M}{Y})$＝Ⅱ$(C+\dfrac{M}{Y})$①。马克思所指出的再生产实现条件的原理，对社会主义扩大再生产也是必须遵循的。马克思虽然是从交换角度分析的，但从分配角度来看，也是一样的。从分配角度看，就是分配所形成的消费、补偿、积累三大基金的总量及构成，必须与社会总产品的总量与构成相平衡，社会再生产才能顺利实现。社会主义财政，特别是对积累与消费基金的形成，有着决定性的作用。补偿基金本应是按再生产过程中实际耗费的物质资料数量，从产品中扣除形成，本是与财政分配无关，但在实践中，固定资产损耗的补偿，却要根据财政确定的折旧率来扣除。这样，如果财政确定的折旧率高于实际损耗的数量，就会造成补偿基金形成过多，而挤了其他基金。反之，如果折旧率低于实际损耗的数量，就会造成再生产的物质损耗，得不到全部补偿，妨碍再生产顺利进行，也造成其他基金在数量上的虚假。因此，在社会再生产比例正常的情况下，财政分配坚持按实际损耗的数额确定折旧率，就可以直接控制补偿基金正常量的形成，如果在补偿基金不足的情况下，财政适当提高折旧率就可以使补偿基金量恢复正常，从而保证再生产的正常比例。至于积累与消费基金的形成，财政则始终是这两个基金形成的参加者。积累与消费两项基金在国民收入量一定的条件下，两者是互为消长的。消费基金大，则积累基金就相对小，积累基金增加，就要相应地减少消费基金。这两者变动任何一方，都必然要涉及对方相应改动，一方面确定了，另一方面也就随之确定了。为了方便起见，我们这里从财政分配对消费基金形成的制约来分析财政对消费基金与积累基金形成的控制作用。

生产部门创造出的国民收入，经过初次分配的第一步，用于劳动者个人消费部分 V，是以企业资金的耗费的补偿费用，被分割出来。所以，分配的一开始，企业创造的国民收入，就已分成 V 与 M 两部分。V 表现为企业全体生产劳动者用于消费的国民收入数量。M 则是剩余产品的数量，这部分则是积累的唯一源泉。从这个意义上讲，经过初次分配的第一步，积累与消费比例大体就已规定，似乎和财政没有什么关系。但是，初次分

---

① $\dfrac{M}{X}$为资本家个人消费支出，$\dfrac{M}{Z}$资本家追加可变资本支出，$\dfrac{M}{Y}$为追加不变资本支出。

配所形成的 V，并不是最终形成的生产部门劳动者消费基金总量，其最终形成量，还要经过再分配，经过复杂的 V 与 M 相互转化过程，一部分 M 再转化成 V，一部分 V 再转化成 M 才最终形成生产部门劳动者的消费基金。而这个转化过程是受财政分配直接制约的。在社会主义社会中，生产部门所创造的 M 如何分配，财政起着决定性的作用，其中财政分配从 M 中取走多少，决定着企业可能留下的数量，并且，财政还规定企业留下部分用于积累与消费的比例。这样，财政取走数量的确定，以及对留下部分用于积累与消费比例的确定，也就规定了企业创造的 M 部分再转化为消费基金的数量，从而最终决定了企业消费基金数量。财政从企业取走 M 之后，还要经过再分配，用于满足社会共同事务的各个方面的需要，财政支配这份国民收入，最终也要形成积累与消费两部分。这样，财政分配就会像天平上最后一个砝码那样，决定着积累与消费的比例状况。财政在参与国民收入分配过程中，改变从国民收入中取走的份额，改变对所取得的那部分国民收入份额的分配结构，这样，就可以直接制约国民收入的积累基金和消费基金最终形成的比例及各自的数量。

总之，财政分配通过对社会再生产过程中三大基金的比例调节，能够对社会再生产的基本比例发挥控制作用，在社会再生产比例协调的情况下，财政分配严格遵照客观要求的比例安排自己的分配比例，就可以从客观上控制好国民经济的平衡比例。如果财政分配比例结构违背客观要求的比例，就会破坏社会再生产的正常比例，造成国民经济比例失调。如果在社会再生产比例失调的状态下，财政就可以通过改变分配比例结构，达到有效地纠正再生产已经形成的不合理的比例，使之恢复正常。在社会主义建设中，必须十分注意财政分配对宏观经济的控制作用，否则就会给国民经济带来危害，这已为我国几十年经济建设经验所证明。

第三节　财政控制宏观经济的限度及对策

财政分配对宏观经济有着巨大的控制作用，这是客观存在。但财政分配的这种作用，又是有限的。财政控制宏观经济的作用，不能不受客观经济条件的限制。

首先，要受社会再生产客观要求的比例所限制。财政在调节分配结构，控制宏观经济比例时，只能是在不违背客观比例的限度内实施。在一定的历史条件下，社会劳动按什么样的比例分配于社会再生产的各个侧面，并不能以人们主观意志为转移，它是受该社会的生产力状况及其基本经济规律所制约。在一定的社会生产力条件下，人们控制与征服自然能力的状况，决定着人们为了取得生活需要的各种不同数量的产品，所必须用在各方面的劳动量。就人类为了谋求生存和发展所必须取得与之相适应的各种生活资料而言，"要想得到和各种不同的需要量相适应的产品量，就要付出各种不同的和一定数量的社会总劳动量。这种按一定比例分配社会劳动的必要性，决不可能被社会生产的一定形式所取消，而可能改变的只是它的表现形式，这是不言而喻的。自然规律是根本不能取消的。在不同的历史条件下能够发生变化的，只是这些规律借以实现的形式"。[1] 这种客观要求的比例绝不会因为国民经济比例失调而被改变，失调正是违背规律的结果，调整就是要恢复比例，使之符合规律，如果调整中还违背这一客观规律，就必然要事与愿违。比如，消费欠了账，积累与消费比例失调，要极大地提高消费，才能加以克服，但财政在调节中，只能尽可能多地提高消费基金的数量，而不可能在一年内，把全部国民收入用于消费，以还清全部欠债。因为，这样做的结果，就必然把维持人民原有生活水平所必需的最低限度的维持性积累也消费掉了，这样，不但还不清欠债，反而会使原有人民生活水平也无法继续维持下去。所以，财政调节只能在客观比例限度内实施。

其次，要受历史上已经形成的比例结构所制约。当国民经济比例不协调时，财政发挥调节作用，纠正这一失调比例，使之恢复正常，但又不能不受这一失调比例的限制。因为，在再生产比例失调的情况下，新生产出的生产物的比例结构也是不协调的。比如，国民经济中轻重工业生产结构失调，重工业过大，轻工业过小，这种情况表现在社会总产品的结构中，也是重工产品过多，轻工产品过少，要纠正这一不协调状况，就必须扩大轻工业生产投资，增加这方面的积累，相应减少重工业投资。财政能够在多大程度上调整其投资，就决定于重工业生产资料有多少可以转移到轻工业方面来用，决定于财政收入的实物结构和社会总产品的实物结构，可由

---

① 《马克思恩格斯选集》第四卷，人民出版社1972年版，第368页。

重工转向轻工的转变的弹性限度。如果财政分配结构调整到超出这个限度，不但不能有效地实现对国民经济结构的调整，反而会在旧的不平衡有所缓解的同时，出现新的不协调。因此，在存在大的比较严重的比例失调的情况下，财政每个年度所能调整的数量和程度，是有其客观界限的。调整只能是在不超过客观允许的限度内循序渐进，方能取得切实效果。

　　财政对国民经济失调比例调节的对策，可以有两种选择，一是按短线调节，压缩长线办法来达到平衡；二是按长线调节，把财政支出主要用于短线上，抑制长线的发展来达到平衡。这两种办法，前者的优点是财政所受的制约较小，就财政而言，做起来比较容易，见效也较快，可以收到立竿见影的效果。但这种办法有很大缺点，那就是在调整期内，要给国民经济带来紧缩，带来劳动者失业等问题。后一种办法，是在原来格局的基础上，在新的国民收入分配中，加大短线方面的使用额，相对减少长线方面的使用额，逐步使短线赶上长线，达到合比例的状态。这种办法的优点，是在调整期不但不会造成国民经济紧缩所带来的问题，而且可以使经济保持一定的速度，其缺点是调整受前边所说的一些限度制约较大，调整的时间要加长，没有第一种办法快。在实际工作中，采取哪种办法，这要根据当时国民经济实际状况和财力的状况来选择。不过要注意的是，在采取后一种办法时，必须注意控制长线增长的速度，在客观允许的限度内尽可能加快短线发展速度。否则，尽管短线发展很快，但长线仍然在较高的速度下发展，就有可能出现旧债未还，又欠新债的危险。在 1979 年开始调整国民经济的最初一段时间内，一些城市在调整中就曾存在过这样的问题，尽管调整了财政分配结构，加大了城建投资，加快了基础设施和公用设施的建设，城建发展很快，但是生产发展更快，结果生产与非生产设施之间的比例，骨头与肉的比例，差距缩小得不快，甚至有些地方差距反而扩大，这种情况是在采取第二种调节对策时，必须注意的一个问题。

第十三章

财政对微观经济的调节

第一节　财政调节微观经济是商品经济的客观要求

社会对微观经济如何调节，决定于社会经济形式。不同的社会经济形式的运行规律，规定着各自的微观经济调节形式和调节手段。迄今为止，我们所知道的社会经济形式共有四种，即自然经济形式、商品经济形式、产品经济形式（计划经济）和社会主义商品经济，这四种经济形式各自决定着自己的微观经济调节形式。

自然经济形式的基本特征是，生产为了满足生产者个人及家属或经济单位自己的需要，而不是为了满足他人或其他单位的需要。它排斥社会分工，每一个生产单位或生产者利用自身的经济条件，几乎生产自己所需要的一切产品。列宁说："在自然经济下，社会是由许多单一的经济单位（家长制的农民家庭、原始村社、封建领地）组成的，每个这样的单位从事各种经济工作，从采掘各种原材料开始，直到最后把这些原料制造成消费品。"[①] 完全是一种自给自足的生产，生产者与需要者是同一的。因而，在自然经济形式下，微观经济的调节，就必然表现为以自我需要为基本动力的生产者自我调节形式。

商品经济形式，是以交换为目的，以满足他人需要而进行生产为基本特征。这种经济是建立在社会分工基础之上，生产者与需要者是分离的，生产者的生产品是否能满足需求者的要求，和自己能否以此在市场上换取

---

① 《列宁选集》第一卷，人民出版社 1960 年版，第 161 页。

所需要的产品，都要通过交换，才能使商品生产最终得以实现。这在客观上就要求每一个生产者必须时刻注意市场的需求，必须受市场的调节，按市场需要而进行生产。因此，在商品经济形式下，市场就成了微观经济的调节者，市场调节是其主要调节形式。

产品经济形式（计划经济），是生产资料公有制的产物，其基本特点是以社会总体为单位，进行自给自足式的生产，各个生产单位的生产活动，只不过是社会总工厂内部生产分工的环节，它的生产和消费，统一由社会中心指挥和供给，排除了商品交换。所以，在产品经济形式下，宏观经济控制与微观经济调节是同一的，一切经济活动都在社会直接的控制下进行，社会的直接控制，就成了微观经济的主要调节形式。

不同的经济形式要求有不同的微观经济调节形式，在实践中只有遵循这一客观规律，采取与经济形式相适应的微观经济调节形式，社会再生产才能得到顺利而高效的发展。

社会的特定历史阶段，社会再生产采取什么样的经济形式，是由生产力水平决定的。不同的经济形式与不同的生产力水平相适应。自然经济、商品经济、产品经济这三种经济形式，在历史上呈现出一个先后依次发展过程，是与生产力水平从低向高发展过程相适应的。在人类历史上，从原始社会到奴隶社会，进而到封建社会，这样一个漫长的历史阶段中，由于生产力水平发展缓慢而低下，因而，自然经济形式始终占据国民经济的统治地位，直至封建社会后期，随着生产力提高，社会分工扩大，商品经济得到了迅速发展，自然经济才逐渐为商品经济所代替。我国的社会主义革命，是在社会分工不发达，自然经济还处于优势地位的、半殖民地半封建社会基础上取得成功的。革命胜利后的生产力水平，距马克思预想的未来社会那样的高度，还相差很远，不可能跨越商品经济的历史阶段而立即向产品经济转变。因而，在我国无产阶级革命后所面临的历史重任，只能是迅速发展生产力，打破与无产阶级革命后建立起来的生产资料公有制不相适应的自然经济形式，大力发展商品经济，发展社会化的生产。当然，社会主义的商品经济与资本主义的商品经济有着本质区别。首先，资本主义商品生产是为了追逐利润，是为了剥削劳动者创造的剩余价值，而社会主义商品生产是为了不断地满足人民日益增长的物质文化生活需要。资本主义的商品渗透到一切方面，而社会主义制度下，劳动力不是商品，土地、矿山、银行、铁路等一切国有的企业和资源也都不是商品。其次，社会主义商品经济是建立在公有制基础上的有计划的商品经济，资本主义商品经济是建立在私有制基础上，存在着社会化生产与私人占有之间的矛盾，它不可能在全社会范围内有计划地进行生产要素的分配，各个商品生产者都是在市场的自发力量支配下行动。社会主义公有制消除了资本主义私有制下所固有的基本矛盾，客观上为自觉地运用市场机制，实行对微观经济的有计划调节创造了无限可能。但是，在有计划的商品经济形式下，对微观经济的计划调节，既不能采用产品经济决定的那种直接控制形式，也不能采用私有制下商品经济那样完全依靠市场自发的调节来实现。只能运用市场规律，依靠各种价值分配形式为调节手段，实行对微观经济间接控制来实现。因为，第一，在商品经济下，任何经济管理都必须充分运用价值规律，保障各微观经济的独立商品生产地位，以及依据市场需要进行生产经营决策的权利，否则也就会背离商品经济发展的规律。第二，在社会主义商品经济下，每一个生产单位的生产目的，都表现为两重性：一是要按照社会主义基本经济规律要求，生产出尽可能多的能够满足日益增长的人民物质文化生活需要的物质产品；一是要进行价值增值，以便取得维持自身存在和发展所必要的资金和利益。这两重任务中，价值的增值和实现状况，决定着生产者自身利益的大小。对生产者说来，取得更多的价值增值，对他的利益更为直接。可是，商品是使用价值与价值的统一，使用价值是价值的物质担当者，只有生产出符合人民物质文化需要的使用价值，才能实现交换，才能得到价值的实现，生产者才能从价值的增值中得到应有的利益。生产者为了实现更多的价值，就必须按照人民的物质文化生活需要进行商品生产。这样，生产者的价值增值目的，又推动着企业为实现社会主义生产目的，为满足人民的物质文化生活需要生产出更多的使用价值。社会主义商品经济下，生产者的这两重目的，就在争取创造更多的价值增值的基础上统一起来的。因此，在宏观经济管理中，通过价值分配，调节各生产者在生产经营中的价值增值和价值实现状况，就可以制约生产者对自己的生产经营活动的某些方面的取舍和进退，从而达到控制微观经济沿着国家计划要求的方向运行的目的。

在商品经济下，财政处于国民收入价值形态分配的中枢地位，财政的每一项分配活动，无不牵动着社会再生产各方面的价值收入量的变化，特别是财政分配的各种具体分配形式，都与各微观经济活动的价值收入量有着直接的互为消长的关系。因而，财政参与对微观经济调节，就成为有计划的商品经济发展的客观必然要求。

第二节　税收调节微观经济的功能

一　税制要素的特定调节功能

税收是财政组织收入的主要形式，也是财政调节经济的一个重要手段。税收从总体上观察，它对微观经济有着广泛的调节作用，并且可以对微观经济发挥多层次的调节作用，而就每一种税来分析，又都有其特定的调节范围和不同的调节作用。一个税种有什么样的具体的调节作用，以及调节范围多大，是由构成该税种的各项税制要素的具体形态决定的。构成税制的基本要素，主要是课税客体、课税主体和税率等项，这些基本要素中各自执行着特定的功能。课税客体，即对什么征税，它规定着各税的征收范围，从而也就规定着各税种的调节对象和调节范围；税率，是征收税款的计量尺度，它具体规定课税对象与征税数量之间的关系，因而它直接决定着各税种的调节分寸和程度。各项税制要素的性质并不是单一的，每一项税制要素又都具有多种性质和形态。要素的不同性质和形态，不仅具体地规定着各税种的具体性质和特点，也具体决定着各税种所能调节的对象和调节作用的深度和广度。

课税客体的范围是十分广泛的，仅就我国正在开征或曾经开征过的各税种的课税客体的性质分类，大体上就有如下几类：

（一）流转税类，如产品税、营业税、交易税等就属于这一类。流转税类的特点，是和商品及劳务的移动或销售有直接关系，而与商品和劳务的成本及盈利大小无关。流转为课税对象，是以商品交换存在为条件的，没有商品交换也就不存在商品和劳务的流转。因而，也就失去了流转这一课税对象。

（二）收益税类，即以纳税人的收益总额为课税对象的税，比如工商所得税、个人所得税等就属于这一类，收益税的特点是，课税与否，课税多少，只与纳税人有无收益和收益多少有关，而与纳税人其他行为无关。因此，这类税只能对纳税人的收益水平发生调节作用，而对生产、流通等不发生直接调节作用。

（三）财产税类，即以纳税人的财产为课税对象的税，例如房地产税、遗产税等就属于这一类。这一类税的特点是以纳税人拥有财产的多少和有无为依据，而与纳税人的收益多少和有无，以及其他因素无关。因此，这类税对产权有直接调节作用，而对生产、流通、消费等方面都不发生直接调节作用。此外，财产税类还有另一个特点，就是课税对象与税源不一致，对财产征税，而纳税来源都是纳税人的收入。因此，财产税对纳税人收入也有间接的调节作用。

（四）行为税类，是对某种特定的经济的社会的行为课税，诸如，屠宰税、特种消费行为税、文化娱乐税等，就属于这一类。这类课税的特点，是以纳税人有无应税的特定行为为课税依据。因此，它只对课税的特定行为发生调节作用，除此之外，不能发生调节作用。

税率，不仅高低的变化可以多样，它还存在多种形式。按大类划分，它包括比例税率、累进税率、定额税率三类形式。

比例税率，是征税额与课税对象或计税依据数额之间比例固定的税率。其特点是课税比例不因课税对象的数量变化而变化，纳税人的负担水平，也不因所拥有的课税对象数量的多少而变化。比例税率又可以分为无差别的比例税率、差别比例税率、弹性比例税率、有免征额的比例税率、有起征点的比例税率和有正负零之分的比例税率等类。无差别的比例税率，是一个税种只规定一个征税比例，无论什么情况，无论纳税人是谁，都一视同仁适用一个税率。差别比例税率，是同一税种不同税目，或不同地区、不同行业、不同纳税人等规定不同的征税比例，这种税率有利于在税收上区别对待。弹性比例税率，是同一税种或同一税目，规定有高低幅度的征税比例，征税时可依具体情况适当掌握的税率。有免征额的比例税率，是同一课税对象扣除一定数额之后，其余部分按一个课税比例征税的税率。有起征点的比例税率则是课税对象在一定数量内不征税，只对超过部分按比例征收的税率。有正、负、零之分的比例税率，是同一种税，或同一税目的课税客体的不同数量，或者同一税种的不同数目分别规定正税率、负税率或零税率的一种比例税率。这种税率的最大特点，是对某些情况，国家不但不征税反而通过征税形式，按一定比例给予补贴。比例税率是税率的基本形式，其他各种税率都不过是比例税率的变种。

　　累进税率，是随课税对象计量额的增加而逐渐提高征税比例的税率。这种税率的特点是，把同一课税对象在数额上分成若干档次，从低到高，每一档次规定一个比前一档次更高的征税比例，课税对象的数量越大，征税比例越高，纳税人的纳税负担随所拥有的课税客体数量的增大而增大。累进税率又分为全额累进税率和超额累进税率两种。全额累进税率，是课税客体的数量每达到一定高度，就对全部数量规定一个比前一级次更高的征税比例的税率。假定课税对象数量总额为10000元，又假定把它划分成五个档次，1—2000元为一级，2001—4000元为二级，4001—6000元为三级，6001—8000元为四级，8001—10000元为五级，这五个级次的税率分别为10%、20%、30%、40%、50%，按全额累进税率计算，则1—2000元都按10%计税，而1—4000元之间则都按20%计税，以此类推，这种税率的特点是累进性强，每达到一定高度，则课税对象的全部数额都要增加征税比例。但它也有很大缺点，就是在两个纳税等级之间的结合部位上的负担很不合理。还是以上例来说明，从上例看，第一级2000元以下征10%的税，而2001—4000元，征20%的税，这样，2000元以下者纳税额为200元，如果课税对象的数量是2001元，就要征20%的税，纳税额是402元，而2001元比起2000元的课税对象，只不过多1元，纳税额却要比2000元多交202元，显然是极不合理的。而超额累进税率则没有这个缺点，2001元仅是1元按20%征税，其余仍然按10%征税。这样，既有累进性，却可以消除全额累进税率的缺点，因此，当今世界各国的税收制度，大都采用超额累进税率。

　　定额税率，是按课税对象的每一单位量，规定一个征税的绝对数额的税率，是税率的一种特殊形式。其特点是不考虑课税对象价值的大小，只按课税对象的单位数量。我国现行的车船使用牌照税，采用的就是定额税率。

二　正确发挥税收调节作用的途径

　　构成税制各项要素的调节功能，是一种客观存在，只要存在税收活动，它就必然对经济发生这样或那样的调节作用。但是，税收的调节作用并不会自发地按照国民经济调节需要发挥作用，只有人们正确认识税收的调节功能，依据不同的调节需要，自觉地正确运用，才能发挥积极作用。

　　首先，必须按客观的调节需要，选择各项税制要素的具体形式，并使各项要素在税制中达到最佳的配伍，为此必须：（1）按调节的目的确定课税对象，并充分运用与课税对象这一要素相关的税目、计税依据等辅助要素，从质与量两个方面明确地限定课税的范围，以准确地规定税收的调节对象和范围。（2）按所需要的调节程度选择税率种类，以正确地限定税收的调节分寸。设定一种税，使其对特定的目标进行调节。只有做到课税对象与调节目标一致，调节分寸适当，才能有效地达到预期的调节目的。

其次，要十分注意税率的设计方法，同一税种，同样税率种类，税率的设计方法不同，其调节作用也会不一样。例如，准备用产品税和采用比例税率来调节，由于产品价格不合理给企业带来的利益上的苦乐不均，就必须依据产品价格脱离价值的实际数量，来设计税率水平方可奏效。如果不是这样，而只是按产品之间利润水平的高低来设计税率，利润高的则定较高税率，利润低的则定低税率，这在一定程度上虽然可以调节价格不合理造成的企业利益上的苦乐不均，但也会出现调节不当的情况。因为，在正常情况下，价格高于价值的，利润就会高些；反之，则会少些。但在实践中，情况要复杂得多，造成产品利润水平高低不同的原因，除了价格因素之外，还有市场供求状况变化，企业生产经营效果高低等因素。而简单地依据利润高低来设计税率，就有可能把不应调节的利润也给调节掉了，从而造成调节不当的问题。特别是在运用一个税种，对两种以上的目标进行调节时，设计方法就更为重要。不同的设计方法，所能达到调节目的的程度是不一样的。例如，要运用产品税调节生产，同时还要调节由于价格不合理给企业之间带来利益上的苦乐不均，还要调节国家与企业之间分配关系使之稳定等。有两种设计税率方法可供选择：一种是采用通常的单一的设计法，以每种产品的实际盈利水平的高低，参照需要限制生产或需要鼓励生产的要求来设计税率，利润高的则定率高些，利润低的则定低些，另一种是组合设计法，按不同的调节目的，分别设计税率，即根据该产品应鼓励或限制的程度的需要，设计出调节生产的税率；根据价格不合理的实际状况，设计出调节价格不合理的税率；根据国家与企业之间分配关系的调节需要，设计出调节分配关系税率，然后将这三个税率组合成一个税率。这两种设计方法，从表面上看，结局都一样，都是税额占产品销售额的一个百分比，似乎后一种办法没有什么特殊意义，徒增麻烦。其实不然，这两种税率设计方法所设计出来的税率，在实际经济生活中的调节作用完全不一样。组合设计法要比传统的单一的设计方法有效得多，它能正确地发挥调节作用，并全面达到预期的调节目的。下面举例说明：

设有甲、乙、丙三种产品，甲产品是供应紧张的产品，而又价格低于价值，属于价格不合理的产品，乙产品是供求平衡，价格合理的产品，丙产品是滞销产品而又价格高于价值的价格不合理产品。又假定这三种产品分别由三个企业生产，各企业产品的价格、价值、盈利水平如表 13 - 1 所示：

表 13 - 1　　　　　　　　　　　　　　　　　　　　　　　　单位：元，%

产品名称	企业名	价格	价值	盈利额	企业留利水平
甲产品	A	180	200	30	30
乙产品	B	100	100	20	30
丙产品	C	220	200	50	30

按上面假定的资料，用两种设计方法设计税率：

一种是按传统的单一设计法，依产品的利润高低和企业留利数量进行设计。甲产品的生产要给予鼓励，多留利 2%，丙产品生产要限制，少留利 10%。这样，甲产品留利额为 $30 \times 32\% = 9.6$ 元，乙产品留利额为 $20 \times 30\% = 6$ 元，丙产品留利额为 $50 \times 20\% = 10$ 元。依此计算，应征税率，则甲产品为 11.3%，乙产品为 14%，丙产品为 18.1%。

另一种是按组合设计法，则首先要设计调节价格不合理造成的企业苦乐不均的税率。甲产品的价格低于价值 20 元，应当征负税，则税率为负 11%。乙产品价格合理，不必征税，则税率为零。丙产品价格高于价值 20 元，应当征税，税率为 9%。其次，再设计调节生产的税率，甲产品生产需要鼓励，为此要多留给企业利润 2%，应征负税，则税率为负 0.55%，乙产品不需鼓励生产，也不需要限制生产，因而税率为 0，丙产品是滞销产品，应当加以限制，为此，要少留利润 10%，则税率为 2.2%。最后，设计调节国家与企业之间分配关系的税率，甲、乙、丙三种产品的留利水平都确定为 30%，则甲产品税率为 11.7%，乙产品税率为 14%，丙产品为 15.5%。把以上三项税率组合起来，其结果是甲产品税率为 4.9%，乙产品税率为 14%，丙产品税率为 26.6%，依此征税，则各企业的实际留利状况如表 13 - 2 所示：

表 13-2　　　　　　　　　　　　　　　　　　　　　　　　　　　单位：元,%

产品名称	企业名	盈利额	设计的税率		留利额	
			第一种办法	第二种办法	第一种办法	第二种办法
甲产品	A	30	11.3%	4.9%	9.6 元	19.2 元
乙产品	B	20	14%	14%	6 元	6 元
丙产品	C	50	18.1%	26.7%	10 元	-9 元

用单一设计法设计出的税率显然是不合理的，不但达不到调节的目的，反而起了鞭打快牛、保护落后的作用。而用组合设计办法，则不仅可以全面实现调节目的，而且发挥了鼓励先进鞭策落后的作用。最后，在税制设计中，还要正确处理财政收入和调节经济两方面的关系。税收是财政组织收入的基本形式，在税制设计中不论出于什么样的调节需要，都不应忽视保证财政收入任务。但是，在商品经济下，财政还承担着调节国民经济的重任，并且，财政在运用税收组织收入的过程中，不论考虑没考虑税收的调节作用，它总是会发生这样或那样的调节作用。如果在制定税制，运用税收组织财政收入过程中，只从财政收入出发，而忽略或放弃税收调节作用，就会发生税收的盲目调节作用。这样，在保了财政收入的同时，也就给国民经济发展带来损害。所以，在税制设计中，既要防止忽视保证财政收入的作用，更要反对单纯财政观点，要兼顾两个方面，使之协调。当然，在税制设计中，常常会出现保证财政收入和调节经济作用之间的矛盾。要实现某项调节，就须减少财政收入，而要保证财政收入就妨碍调节作用的充分实现。当发生这种情况时，可有两种选择。一种是偏重于一方面而牺牲另一方面，或者只要调节或者只要财政收入，这是不可取的；一种是设法补救，使其最终达到调节与财政收入兼顾的目的。因为，由于税收有灵活多样的特点，当发生矛盾时，完全有条件进行另外的选择，并且从总体来看，保财政收入与调节经济的作用是完全一致的。调节了国民经济，使之按比例高效益发展，这本身就会更好地保证财政收入。反过来，当保证财政收入而造成妨害调节作用时，又完全可以考虑，改变税种或征收方法，以及采取另外辅助措施来加以纠正。只要认真研究，在税收这个广阔天地中，总会找到使财政收入与调节作用协调一致的办法来的。

第三节 国债的调节作用

国债是信用关系的一种特殊形式，包括内债和外债两类。本节仅就内债对经济的调节作用，进行一些分析和讨论。

一 社会主义社会仍然需要国债

国债，最初只是国家为了弥补财政赤字而举借的债务。开始只是一种偶然的，不经常的行为，到资本主义社会才得到充分发展，特别是垄断资本主义时期，随着经济危机的频繁发生，资本主义各国政府为了缓解经济危机的震荡，纷纷奉行凯恩斯主义，利用赤字财政刺激经济之后，国债作为弥补赤字的手段才被经常利用。从国债产生和发展的历史来观察，国债是和财政赤字紧密相连的，赤字"既是国家公债制度的原因又是它的结果"[①]。在社会主义社会，国家财政有可能也有必要经常保持平衡，赤字财政已失去了存在的客观基础，似乎国债也必然失去了存在意义。其实不然，在有计划的商品经济下，国家利用信用形式融通资金，仍然是客观的需要。

首先，社会主义财政仍然需要利用信用手段调节资金余缺。因为，虽然坚持财政收支平衡略有结余，是社会主义财政发展的规律，但这并不能保证财政在任何情况下都能平衡。由于人们工作上的失误或出现某些不可抗拒的客观原因等，会发生赤字。这时，国债仍然是弥补赤字的重要手段。即使财政不发生赤字。在财政分配活动中，财政收入的取得和支出的发生，在数量上和时间上不相吻合的情况是经常存在的。为了使收支相适应，也需要进行资金余缺调剂。这种调剂可以有两种办法，一种办法是保留一定的周转金或后备，这是我国财政一直坚持采用的办法；另一种是发行短期国债解决财政资金临时的短缺。但保留周转金办法，有欠缺点，保留多了会造成闲置，而用发短期债券办法则无此缺点。

其次，国债也是调节微观经济不可缺少的手段。国债从产生那天起，就不是单纯起着弥补财政赤字的作用，它对社会经济活动也有着重要的调

---

① 《马克思恩格斯全集》第 7 卷，人民出版社 1959 年版，第 90 页。

节作用。比如，在资本主义发展初期，国债就是一个加速资本原始积累的重要杠杆。马克思在谈到国债这种作用时曾说："公债成了原始积累的最强有力的手段之一。它象挥动魔杖一样，使不生产的货币具有了生殖力，这样就使它转化为资本，而又用不着承担投资于工业，甚至投资于高利贷时所不可避免的劳苦和风险。国家债权人实际上并没有付出什么，因为他们贷出的金额变成了容易转让的公债券，这些公债券在他们手里所起的作用和同量现金完全一样。"① 这样每次国债的发行就有大量资本从天而降，落入资产者腰包。

社会主义社会的国债，虽然改变了资本主义性质，但并没有因此而消除了国债的调节经济的作用。在社会主义经济中，国债同样有着多方面调节经济的作用。

第一，对社会信贷资金流向有着重要的调节作用。国债是社会再生产过程中总信用量的有机组成部分，它与银行信用及其他信用之间，在数量上存在着相互消长关系。因而，国债发行或还本付息就会引起其他信用相应的紧缩或扩张效应（当然，这是在中央银行严格控制货币发行的前提下），增加国债发行就可以使其他信用形式相对紧缩，国债还本付息在不扩大新的国债发行的条件下，就可以使其他信用形式相应扩大。由于国债所筹集的资金使用方向与其他信用资金使用方向不同，其他信用资金大都是用于物质再生产过程中的资金余缺调剂和消费基金的调剂，其使用是分散进行的。而国债则主要是用于财政目的，投向社会集中化需要方向，其使用是由社会集中进行的。因此，发行国债就可以把分散用于生产和生活消费的信用资金的相应部分，移向满足社会集中使用方面来，从而改变社会资金的流向。

第二，具有不改变国民收入所有权结构，而改变社会再生产比例结构的作用。信用形式动员的资金并不改变所有权，只在时间上改变使用权，因而当国民经济比例结构出现不合理的情况时，财政利用发行国债，暂时地改变一部分国民收入使用权，把它投向国民经济结构中短线方面，就可以达到调整国民收入使用结构，使其恢复平衡的目的，而又不影响企业及个人的必要的经济利益，有利于商品经济发展。

① 《马克思恩格斯全集》第 23 卷，人民出版社 1972 年版，第 823 页。

第三，具有调节积累与消费的作用。国民收入经过分配及再分配，最终形成积累与消费两大社会基金。国债是作为一种再分配形式，参与国民收入分配，它对国民收入分配最终形成什么样的积累与消费比例，有着直接的影响。因此，当国民经济中消费与积累不协调时，通过向积累基金方面或消费基金方面发行国债，并把取得的收入投向不足方面，而使积累与消费的比例趋于合理。比如，国民经济中积累偏小，而消费偏大时，向消费基金方面发行公债，把收入投向积累方面，就可以减少消费基金而增加积累基金，从而达到调节积累与消费比例平衡的目的。

也许有人会认为，上述各项调节功能，银行信用也都具备，银行信用可以完全代替国债的作用。是的，银行信用也可以实现调节财政收支暂时的余缺，以及调节经济中的各项比例等，但银行信用并不能完全代替国债的作用，因为国债作为信用关系的特殊部分，它具有其他信用包括银行信用所代替不了的特性。其一，其他信用基本上是债权人处于主动地位，债务人处于被动地位，就银行信用来说，借与不借，银行作为债权人处于主动地位，而存与不存，存多存少，何时提取，提取多少，都决定于债权人，银行作为金融企业，它无权强制债权人。而国债则不同，它是债务人国家处于主动地位，发行多少，还本付息期限，和发行对象等，都是由国家规定的，债权人无权过问。其二，国债具有法律强制性和稳定性。国债是以法律形式实施，它可以指定某些经济单位或居民必须认购，并且在法定期内，债权人不能索取本息，稳定性强。而其他信用则不同，是以存款自愿，取款自由为原则，信用关系的形成不具有法律的强制性，因而，稳定性就差。其三，国债通常是以信用形式筹集资金，而以财政形式使用资金，它没有银行信用能够产生派生存款的副作用，除了用来弥补财政赤字之外，不会造成通货膨胀。所以，国债作为经济调节手段，具有其他信用形式所没有的优点。

二 运用国债的客观限度

社会主义财政可以运用国债调节经济，但并不能无限制地运用。各个财政年度内可否发行国债，可以发行多少，要受许多客观因素所限定，是有其客观限度的。

第一，受财政偿债能力或承受能力所限定。发行国债取得收入可以充裕财力，似乎不存在财政承受能力问题，实际上国债与其他信用一样，是以有借有还为条件的。国债不仅要还本，而且要付息，加之，国债的使用是财政性支出，用出去并不会还回来。因此，借债充裕财力的同时，就决定着以后时期财政的负担量增加。这种负担量是同年度国债发行量以及国债发行累积量呈正比例增长。当然，国债收入如果用于生产，并能在还本付息之前增加经济效益，增加财政收入，这种情况下似乎国债发行可以不增加财政负担。但实际情况并不如此，因为就每一个财政年度看，财政收入总是有其客观限度的，因而，各年度内财政收入中可能形成的偿债基金，总是有限的，这在客观上就要求国债发行总量，必须考虑今后财政可能达到的偿债能力。财政每年的偿债能力的客观限度，在研究了财政收支客观限量之后并不难认识。财政收入客观可行限量扣除维持性支出客观必要量，和扣除发展性支出客观最低限量之后的余额，就是财政年度偿债能力的最大限度。国债发行量只有把偿债负担维持在这个客观限度内，才是可行的。否则，国债发行不但不能正常发挥其调节经济的作用，反而会因为财政偿债能力不足，被迫增发国债，以弥补赤字，就会使财政陷入借债还债的恶性循环之中，最后走向债台高筑的危险境地。

第二，受已经存在的偿债负担（简称偿债负担，下同）所限定。偿债负担与债务负担不同，债务负担是指国家负债总量，而偿债负担是指国债累积发行额所形成的每一财政年度必须支付的国债本息总额。每一财政年度国家财政所能提供的偿债基金量，即偿债能力，首先必须用来满足已经存在的必须支付的国债本息之需要，所以，新的国债发行，除了受偿债能力因素所制约，还要受偿债负担所制约。如果偿债负担量已等于偿债能力，则表示国债累积发行已达客观允许的最大限度，不能再举借新债；当偿债负担超过偿债能力，则表示国债发行已经过量。只有在偿债负担小于偿债能力时，才表明还有继续发行国债的余地。所以，偿债负担小于偿债能力的差额，就是新的国债发行的最大限度，只有新的国债发行量把偿债负担量维持在这个限度内，才是可行的。

第三，受应债能力制约。一定时期内的国民收入，可以作为信用资金的数量是有限的，信用资金的使用超出这个限度，就会迫使银行过量发行货币，以弥补信贷资金的差额，从而造成通货膨胀，物价上涨。社会可能形成的信用资金总量，并不是国债可以动员的最大限量。因为，在商品经济下，社会各方面对资金余缺调剂的需要，都是维持社会再生产正常运行所必需的。并且，各类资金调剂的需要，又都有其客观必需的最低限量，只有社会信用资金总量，扣除保障其他各种信用所必需的最低限量之后的余额，才是国债的最大应债能力。在这个范围内依据调节经济的需要，寻求国债发行的最佳数量，才有实现的客观基础。否则，就会造成国债发行达不到预期的额度，要不就会使其他信用的最低需要不能满足，从而给国民经济的发展带来拖累。

总之，应债能力 = 债务负担，偿债能力 = 偿债负担，这就是国债运用的最大限度，超出此限度运用国债，就会给国民经济带来逆调节，从而失去国债调节经济的积极意义。

此外，财政运用国债调节经济的有限性，还表现在国债的调节力大小和有无，国债不是在任何情况下，都可以按人们的意愿发生调节作用的，只有在年度内国债发行量大于偿债负担量时，国债才能沿着人们希望的调节方向运行。也就是说，财政年度内偿债负担越接近于零时，则国债发行的正调节力量最大。反之，则越小。当两者之差接近于零时，则国债正调节作用也就消失。当国债发行量低于偿债负担量时，则国债的正调节作用就让位于负调节作用，其差额越大，则逆向调节力越大，这是在运用国债调节经济时，必须十分注意的。

不同的社会制度下，国债具有不同的性质。资本主义社会的国债，是维护资产阶级利益，为垄断资本家剥削劳动人民，牟取最大利润服务的。在资本主义社会里，金融资本家和证券投机者，既是国债券的购买者，又是债券经营者，优厚的债券利息和经营债券所取得的利润，都落到资本家腰包。国债都是用来弥补财政赤字，刺激经济，为保证资本家取得最大利润服务的。同时，政府以大量订货的方式，又把债款收入装进了产业资本家腰包。而还债的负担，却通过增加税收，完全落到劳动人民头上。马克思说："由于国债是依靠国家收入来支付年利息等等开支，所以现代税收制度就成为国债制度的必要补充。"①

社会主义社会国债与资本主义国债相反，它是为人民利益服务的。国债收入主要是用于发展社会主义经济，提高人民的生活，而还债却不是靠增加人民的负担，而是靠经济效益的提高，靠生产的发展增加财政

---

① 《马克思恩格斯全集》第23卷，人民出版社1972年版，第824页。

收入来偿还。相反，由于国家向居民发行国债付给优惠的利息，人民不但不增加负担，反而会增加收入，有利于提高生活。当然，不可否认政府向居民借债，毕竟会延迟居民的消费，只能在居民应债能力限度内发行国债，才是提高人民生活的因素。超出应债能力，就会损害人民的当前利益，把正常的消费需要推迟到以后年度去消费，会妨碍正常消费的必要满足。所以，社会主义国家在运用国债时，必须严格限定在居民应债能力范围内。

第四节　财政补贴的调节作用

一　财政补贴调节作用的特点

财政补贴是财政调节经济过程派生的一种分配形式，是财政调节经济的特殊手段。它具有其他经济调节手段所不能代替的特点。

（一）具有调节作用覆盖面宽阔、选择性强的特点。在社会再生产过程中，除财政补贴之外，可以用来调节经济的各个经济范畴，都不是作为经济调节手段而存在，其调节作用不过是在执行其再生产的特定职能过程中派生出来的现象。因此，这些经济范畴的调节作用范围和调节客体不能不受其职能特性所限定。而财政补贴则不同，由于它是一个纯调节经济的手段，其调节作用是原生的职能，它的存在只是为了调节。这就决定了财政补贴的调节作用范围是没有界限的，它能够覆盖社会再生产过程的各个方面，因而它也就可以选择任何对象进行调节。

（二）具有调节作用单向性特点。所谓调节作用单向性，是指调节作用只局限在被调节的客体身上，一般不会发生向调节客体相关方面弹跳的现象。许多经济杠杆的调节作用是双向性的，在对一事务发生调节作用的同时，又会把作用弹跳到与调节客体相关的方面。例如，当价格杠杆通过提价给予生产者经济利益以调节供给的同时，就会给消费者带来利益的损失，从而发生抑制需求的副作用。当通过降价给予消费者经济利益以刺激需求的同时，就会给生产者带来利益上的损失，从而发生抑制供给的副作用。财政补贴则不然，由于它是通过国家对被调节对象单方面给予利益的形式来实现调节作用，并不直接影响与之相关方面的利益。所以，就不会有调节作用弹跳现象。

二　运用财政补贴的客观限度

财政补贴虽然有上述一些特点，在调节经济中运用起来方便灵活，是一种不可缺少的调节手段。但在实践中并不可以无限度地运用。因为，财政补贴是财政支出，每一项补贴的实施都意味着财政负担的加重，而每一个年度内，财政收入量又是有限的，所以，财政补贴手段使用程度，必然要受财政负担能力所限定。此外，除少数一次性补贴之外，多数补贴所引起的财政支出，都存在着自我增长的特性。每当一项补贴实施之后，其补贴支出量都会随着被补贴客体的发展，而逐年增加，这一点不论补贴用于经济方面或社会方面都是如此。补贴的使用程度，除了要受当年财政负担能力的制约，还要受今后财政负担能力的制约。如果在运用财政补贴手段的过程中，不注意财政承受能力的限度，而无限制地使用，就会给财政带来拖累，甚至带来国民经济的严重问题。波兰就是一个例子，1980 年波兰的财政补贴支出已占国家财政开支的 40%，出现了财政严重危机，被迫压缩补贴而提高食品价格，结果成了社会动乱的导火线。

财政承受补贴支出能力是一个客观存在，它是由财政收支数量变化规律决定的。财政收入客观可行限量和财政维持性支出客观限量以及财政发展性支出最低限量，是制约财政对补贴支出承受能力限度的基本因素。财政收入可行限量扣除财政维持性支出客观限量之余额，就是财政所能承受补贴支出总量的最大限度。超出此限度，就会破坏社会的简单再生产的正常比例，给国民经济带来损害。但是财政补贴最大限量，这是一个极限。在正常情况下，不能按此数量界限使用财政补贴。因为，按此数量使用，就挤去了财政发展性支出，从而不仅会造成国家重点建设的迟滞，而且会造成社会共同事务的各项效能和服务量，不能随国民经济发展而相应发展，导致社会再生产比例失调。所以，正常情况下，还要扣除财政发展性支出最低限量，即与生产发展要求相适应的发展性支出数量之后的余额，才是可行的财政补贴支出客观限度。

三　财政补贴形式的比较

财政补贴的具体方式虽然是多种多样的，但是从受补者感受的直接或间接方面来归纳，不外是明补与暗补两类形式。

明补是指补贴的全部支出纳入国家预算，并将补贴直接支付给受补者的补贴方式。在社会主义公有制下，财政补贴可以不由财政直接实施，而由公有制各经济单位来间接实施。这样，财政补贴就不仅仅表现为财政与受补者之间的关系，而且还表现为财政与补贴执行者之间的关系。所谓明补，从财政与补贴执行者之间关系看，则表现为，补贴执行者的财政缴纳任务与执行补贴的开支严格分开，桥归桥，路归路，应当上缴财政的，如数上缴，执行补贴任务的支出则由财政另外直接拨给；从财政与受补者关系看，则表现为受补者直接得到一定收入。

暗补是指补贴支出不全部纳入国家预算，并且受补者只有从节省支出上受益，而不直接得到收入的补贴方式。这种方式，从财政与补贴执行者之间关系看，则表现为财政补贴执行者在执行各项补贴支出后，由其所应缴纳的各项财政缴款中抵冲。抵冲后如果有余额，则上缴财政。如果不足以抵冲者，则财政再给予补足。补贴的支出和抵冲的财政缴款都不反映在预算中。从财政与受补者之间的关系看，受补者并不直接从国家预算中得到好处，而是从购买或享受各项福利设施中节省支出得到好处。我国许多补贴都属于这类形式。

明补与暗补两种形式，在我国是同时并存的，并且以暗补为主要形式。从多年实践经验观察，明补、暗补两种形式，各有长短之处，但相比之下，明补要比暗补优越得多。

明补形式的优点是，由于补贴有关的收支，都放在明处，各方面的经济责任也就分明，这就有利于各方面的经济核算，有利于维持各个商品生产者的自主经营和自负盈亏，更有利于保障国家预算的完整性。由于受补者可以直接感受到补贴的好处，也就有利于发挥补贴的调节作用。缺点是，由于明补不是在受补事务发生过程中实施，而是往往要在受补事务发生之前或发生之后实施，补贴与需要在时间上是背离的，这就不利于及时发挥补贴的作用，如果在事前补贴，还会发生补贴量与实际需要量脱离，造成补贴不足或补贴过量等毛病。

暗补形式的优点是，补贴工作量小，并且有利于节省补贴开支。因为，暗补是在受补事务发生过程同时实施，这就可以由补贴执行者在处理事务过程中同时处理，不必额外增加工作量。并且，在业务发生时受补，就可以避免补贴过量情况的发生，从而节省财政开支。缺点是，与补贴有关的各方面收支都放在暗处，各方面的经济责任不清，不利于维持各个商品生产者的自主经营和自负盈亏，不利于各方面的经济核算。同时也人为地缩小了国家预算的规模，造成国家预算的不完整。受补者不能直接得到收入，也不利于发挥补贴的调节作用。

第四篇
财政效果的研究

————社会效益论————

第十四章

财政效果的内涵和意义

第一节 财政效果的内涵和特点

财政效果是财政分配活动与所取得的社会实际效益之间的比较关系，它包括财政分配活动的合比例性和有效性两个方面的数量关系。财政分配的合比例性，是指财政资财集聚及财政资财的支拨结果，合乎客观数量界限的程度，以及各项社会共同需要满足的状况。财政分配活动的有效性，是指一定的财政资财的耗费，其所完成的社会共同事务的数量和质量。财政分配的合比例性及财政资财耗费的有效性的统一，就是财政效果的内涵。财政效果这一质的规定性，是人类社会再生产过程，必须注意劳动的分配和目的性与劳动消耗的有效性程度的客观要求决定的。人类社会各项劳动都是为了满足一定的需要而进行的，人类社会的需要，在社会再生产过程中，则表现为各项活动的目的。人的活动与动物的活动不同，动物的活动是纯属生物的一种本能，而人类的各项劳动，则是基于对客观的认识而进行的，是有目的的活动，并以这个目的，当作法则，来规定他的活动的样式和方法。人们为实现某种目的时，可以有多种活动方法供选择，并且每一种办法所需付出的劳动代价也是不完全相同的。为了能以最少的劳动代价，达到预定的目的，人们就必须比较各种活动的方式和方法所消耗的劳动状况及其可能达到预期目的的程度。此外，人类社会的需要是多方面的，人们在社会再生产活动中，就有与各种需要相适应的多种活动目的。而在一定时期内，社会所拥有的劳动资源又是有限的，有限的劳动资源用于多种需要，用于多种目的，要使各种目的都能很好地达到，以全面满足各种需要，就必须按各种需要的比例，合理分配劳动资源于各个方面，使不同的劳动机能与不同需要保持适当比例。这在客观上就要求人们必须比较劳动的各种分配比例所能达到的各种目的的程度。

财政效果是经济效果的有机组成部分，而经济效果的内涵，通常都归结为费用与效用的比较关系，这很容易使人们产生一种错觉，似乎财政效果也应当是费用与效用之间的比较关系，即用支出与效用的比较来概括其内涵。其实，费用与效用的比较，是就生产经营的经济效果而言，它是狭义的经济效果的内涵的概括。从广义上说经济效果，它是生产、分配、交换、消费四个方面效果的总称，费用与效用关系只能概括其内容的一个侧面，并不能完全概括其内涵。因为，广义经济效果的四个方面，虽然在内容上，都有费用与效用的关系，但由于四个方面在社会再生产过程中所处的地位和承担的使命不同，它们的经济效果又各有其特定的内容。以分配方面为例，它在社会再生产过程中，处于生产与消费的中介地位，其使命是解决生产成果归各个分配主体之间的比例份额问题，分配的结果表现为所形成的各个分配主体所得比例份额的状况。分配结果所形成的比例状况，越是合乎客观需要的比例，则越能全面、合理地满足各项消费的需要，越能使生产按正确比例发展。在分配过程中，分配活动本身也要消耗一定的劳动，因而，也有劳动耗费与效用的比较问题，但是，分配活动本身所消耗的劳动多少，只与分配活动本身的效果有直接关系，而与分配的结果所形成的比例份额状况，与各项社会需要是否全面、合理地满足，以及生产能否按正确比例发展没有直接关系。所以，分配的效果，除了要比较分配活动本身消耗的节约程度，即比较费用与效用之外，更重要的应当是比较分配结果形成的比例状况能满足消费的程度，及生产发展的合比例性。财政作为社会再生产的分配过程的有机组成部分，也当然是如此。财政作为分配活动，通常都归结为收支两大方面的活动，这当然是对的，但如果我们进一步分析一下，就会发现支出方面，它是由两个不同层次的分配活动构成的。首先是把财政收入向各需要方面支拨，即供给的过程，然后才是各需要方面具体的使用资财过程。这两个过程的行为是不同的，前者是财政机关向各需要方面的支出，或供给资金过程，后者是各需要方面具体使用或支出财政资财的行动。因此，财政分配活动，它具体表现为财政资财的筹集、支拨和耗用或支出过程的统一。财政资财的筹集过程，是财政作为社会共同需要的总代表，参与社会再生产总成果的分配，解决的是财政在社会再生产总成果中，所占有的比例份额问题，其效果表现在财政所取得的比例份额合乎客观限量的程度。财政资财的支拨过程，是财政将取得的资财，向社会共同需要的各个方面，进行合理的供给，解决的是把取得的有限资财，用来按比例地、尽可能多地满足各种社会共同需要的问题，其效果表现为各项社会共同需要满足的全面性及满足的程度。财政资财的耗费，是各个社会共同需要方面耗用的过程，解决的是社会共同需要的最终满足问题，这方面的效果，则直接表现为费用与效用的关系。以上三个方面效果的总和，就是财政效果的基本内容。

财政效果作为经济效果的特殊组成部分，它具有自己的特点：

（一）财政效果讲求的是社会总体的效益。财政的每项收支，都涉及社会再生产过程的各个方面、各个环节，它涉及中央与地方、国家与部门，国家与各个企业、事业单位，涉及各阶层、各阶级在社会生产品分配中的经济利益，从而影响着社会再生产过程的一切方面。因此，财政效果的评价，不能仅从财政收支本身直接的效用出发，还必须从社会总体出发，把财政收支放在社会再生产总过程中来考察，才能得出正确的结论。

（二）财政效果的表现具有多样性和多层次性特点。社会共同需要是多方面的，按大类划分，它包括：生产建设需要、社会行政管理需要、国防安全保卫需要、科学文化卫生教育等事业的需要、社会公用设施需要、其他需要等。财政效果就要从这多方面表现出来，以政治的、经济的、文化的、科学的、社会的等各种形式表现出来。财政效果的这种表现形式的多样性，使财政效果之间缺少通约性，就是说性质不相同，不好相加。这就决定了财政的综合效果，只能从观念形态上加以概括，要使用特殊尺度，才能得到正确的衡量。从指标上说，它只能是一个指标体系，而不能用任何一个单一的指标来评价。财政效果表现的多层次性，是由社会共同需要的多层次性决定的。社会共同需要的层次性，使财政分配活动产生层次性，从而形成财政效果的层次性，形成了社会总财政效果、中央财政效果、地方财政效果等。所以，研究财政效果，也就不能只研究财政社会总效果，还要从不同层次上进行研究。

（三）财政效果的外在性。财政效果在许多情况下，要借助财政分配活动的直接效果之外的，各相关因素的效果表现出来。财政分配与相关因素有着直接的经济利益关系。比如，财政资财的集聚效果，就其本身来说，就是得到一定数量的收入，但财政收入的集聚，它会直接影响社会再生产活动中的相关单位和个人的经济利益，从而就必然对社会再生产的某一侧面，或某一环节发生直接影响，发生推动其发展或抑制其活动的作用，如果财政资财集聚使相关因素发生不良影响，对生产的积极性发生某些抑制作用，就不能认为财政效果是好的。所以，在评价财政效果时，必须注意财政效果这一特点，必须透过相关因素的效果进行考察。

此外，财政分配的不同方法，不仅对实现财政分配目的的程度有不同的影响，而且对与财政分配活动相关因素的影响也是不一样的。在财政分配活动中，还必须比较不同方法所能达到的财政分配目的的程度，同时还必须比较财政分配的不同方法，对社会再生产的各个相关方面所产生的效用状况，以便选择能够最大限度地达到财政分配目标，而又对社会再生产相关方面影响效果最佳的方法体系。

第二节　讲求财政效果的意义

认真地、全面地讲求财政效果，不仅对财政分配使命的充分实现具有直接意义，而且对加速我国的四化建设，更好地实现社会主义生产目的，保障人民的物质文化生活的日益提高等也都有重要意义。因为，只有全面地讲求财政效果，才能正确地确定财政筹集资财的数量和按比例地支拨资财，才能使有限的财政资财，全面而又尽可能充分地满足社会共同事务的各方面需要，才能贯彻"一要吃饭，二要建设"的方针，从而达到既保障人民生活最大限度的满足，又能保障社会主义四化建设事业的迅速发展。

第一，讲求财政效果，就意味着在组织财政收入中，要正确地解决从哪里筹集，用什么方法筹集，筹集多少的问题。取之方向正确，办法得当，符合客观数量界限，就可以做到正确处理国家、企业、职工个人三者之间的分配关系，调动各个方面的积极性，促进生产的发展和经济效益的提高，加速四化建设。并且，生产的发展，经济效益的提高，财政收入也就会相应地得到增加。有了充裕的财力，又可以向社会共同事务方面，提供更多的支持，更多地从财力上支持社会主义扩大再生产和人民生活的提高，从而使财政与经济之间处于良性循环状态。

第二，讲求财政效果，就意味着在使用或消费财政资财中，力争节省，以最少的财力耗费，取得最大的成果。这样，就可以做到用有限的财力，办更多的事业，从而更多、更好地满足社会共同需要，保障社会主义建设的迅速发展，提高人民的物质文化生活水平。我国是一个发展中国家，家底薄、财力很不充裕，而各方面需要又很大，节省地、有效地使用财政资财就更加意义重大。在我国各个方面都存在着财力使用上效果低和损失浪费的现象，如果消除浪费，提高效果，就可以不增加财政支出，而成倍地扩大我们的事业，这样说并不夸张。例如，发展教育事业是实现四化建设中，具有战略意义的一项事业。党的十一届三中全会以后，党中央采取了各种旨在加速教育事业发展的措施，在财政上逐年增加教育经费支出。但由于财力有限，总的还是赶不上教育事业发展需要。随着经济发展，财力增加，在财力分配中，还将继续增加教育经费的份额，这是完全必需的。但是，也应当看到，我们的教育经费，一方面是极其有限，但另一方面又存在使用效果很低的情况，这不仅表现在教学器材的购置和使用不合理、效率低上面，更表现在我国教育经费支出结构不合理上面。据统计，我国高等院校人员结构存在很大的不合理，教学和教学辅助人员占全部职工的比重不到一半，而行政和附属机构人员却占一半以上。从教师与学生比例方面来看，也存在不合理。教育部规定教师与学生的比例是1∶6，而实际上大部分院校都没有达到这一要求。据统计，1949年高等院校教师与学生比例是1∶7.3，到1981年为1∶5.1，到1982年又下降到1∶4，师生比例呈下降趋势。我国高校中师生比例，比世界上一些发达资本主义国家要低得多，也比世界平均水平低得多。据联合国教科文组统计，英国高校师生比例最低，是1∶8，日本最高，是1∶19.3，世界平均水平是1∶14。如果把我国高校中师生比例提高到世界平均水平，按高校教职员工平均费用为年1000元计算，就可以节省近6亿元教育经费，用来发展我国的教育事业。或不增加教师而可以使一所大学发挥两所或三所大学的作用，成倍地增加学生培养量。其他，如科研、行政管理等方面，也同样存在人员结构不合理，人浮于事，机构臃肿等费用开支使用效果不高的问题。所以，讲求财政资金使用效果，大力节约财政耗费，这是加速四化建设必须十分重视的一个大问题。

第三，讲求财政效果，意味着在支配财力中，认真按照客观需要的比例，分配财政资财，这对保障社会再生产按比例发展，是有着极其重大意义的。社会主义财政，作为社会再生产的重要组成部分，其资财分配合比例性，对社会再生产比例状况，国民经济结构是否合理，有着决定性的影响，财政资财使用合乎客观需要的比例，就可以直接制约国民经济合比例发展。反之，财政资财的分配违背客观需要的比例，就会破坏国民经济原有的合理结构，这一点以后将详细分析。当国民经济处于调整时期，认真讲求财政效果，按比例地分配财政资财于各个需要方面，就尤为重要。如果忽视了这一点，就有可能使国民经济结构不合理状况得不到纠正，或者虽然是旧的不合理状况在纠正，但又欠了新账，出现新的不合理，这仍然会破坏国民经济按比例发展，妨碍社会主义建设事业顺利发展。

我国财政发展的历史经验证明，在社会主义社会中，讲求财政效果是客观要求，是人们不可忽视的一条规律。当人们重视财政效果时，社会主义各项事业就顺利发展，人民生活就会得到实惠，生产就会按比例持续发展；当忽视财政效果，违背财政效果要求时，社会主义各项事业就要遭受损失，人民生活就得不到实惠，生产发展就要受挫。例如，我国在第一个五年计划时期，当时虽然没有经验，但由于比较认真地讲求了财政效果，不仅在筹集财政资财上，大体遵循了客观数量界限，而且动员收入方法也比较得当，在财力分配上也遵循了客观需要的比例，做到了经济建设、社会发展、人民生活三个方面兼顾。结果，不论在建设方面，或人民生活方面，都取得了巨大的成绩。在"一五"时期内，工农业生产平均每年递增 10.9%，工业全员劳动生产率平均每年递增 8.7%，职工工资水平每年平均递增 7.4%，五年中平均每个职工提升了一级工资，农民收入每年平均递增 5.1%，生产建设蒸蒸日上，人民生活逐步提高，呈现出一派兴旺发达的社会主义景象。

1958 年开始的三年"大跃进"时期，由于"左"的思想影响，财政效果问题已被置之度外，片面追求提高积累率，提高经济发展速度，无视财政收支客观数量界限，既不注意按客观要求的比例支配财力，也不注意财力耗费的节省，结果是表面上看，财政也出现了"大跃进"，经济发展维持了高速度，却带来了国民经济比例的严重失调，经济效益急剧下降，人民的实际生活水平下降，社会发展的需要得不到应有的满足，造成城市建设、科学文化建设严重欠账。在"文化大革命"中更是这样，讲求经济效果，被当成资本主义而受批判，财政效果当然就更无从谈起。结果，给国民经济造成的损失更为严重，使国民经济濒临崩溃的边缘。据有关方面估计，三年"大跃进"及"文化大革命"给国民经济带来的损失，仅工农业产值就达一万四千亿元，财政总损失达四千八百亿元之多。

党的十一届三中全会后，拨乱反正，实行了对国民经济"调整、改革、整顿、提高"的八字方针，社会主义经济规律得到尊重，重视了经济效益和财政效果，财政在组织分配过程中，注意了客观数量界限和按比例的分配财力。因而，财政效果有了很大的提高，对加速国民经济调整，归还社会发展及人民生活的欠账，促进国民经济按比例发展，起了极大的作用。结果到1984年，国民经济的基本比例已基本协调，人民生活水平得到很大提高，城市建设、科学文化建设等社会发展得到很大的增强，经济也得到稳定的持续高速发展。当然，国民经济的成就与失误，不能全部归结为财政分配的成功与失误，归结为财政效果问题。但是，财政分配在国民经济中的重要地位，及其重大作用是不可否认的。因此，国民经济状况的好坏是可以直接和间接地说明财政效果状况的。

第三节　提高财政效果的途径

提高财政效果可有多种途径，特别是在各项具体的财政分配活动中，提高财政效果的办法更是不胜枚举。这里只是从财政分配总体上，摘其要者略加分析。

首先，要提高财政效果，必须提高对讲求财政效果的认识。讲求财政效果是客观要求，但客观要求并不等于现实，更不能自发地成为现实，如果人们不认识它，不去自觉地讲求效果，按财政效果实现的客观规律去办，财政效果不但不会成为现实，反而会给人们以惩罚，造成经济上的损失。只有当人们正确认识它，遵循它的运行规律，提高财政效果才能成为现实，方能在国民经济中发挥积极作用。

其次，要建立财政效果的责任制，使财政分配的各个方面，都对提高财政效果承担完全的责任。讲求财政效果和提高财政效果，要靠财政分配过程中，各个方面共同努力，任何一个方面或一个环节，忽视财政效果，都会造成财政效果的降低。因此，必须把讲求财政效果的责任，落实到各个方面，方能达到真正的全面的讲求财政效果的目的。要把财政效果落实到各个方面，就必须建立财政效果责任制度，把财政分配活动过程中，各个方面讲求财政效果的责任，从质与量两个方面明确起来。财政效果责任制度，是一套完整的财政效果责任的考核和奖惩制度体系。它主要包括各项社会共同事务活动的费用定额、责任定额和考核办法、奖惩办法等制度，费用定额是在一定的经济的、技术的、社会的条件下，完成一定质量单位的社会共同事务，其耗费的财力所必须遵守和达到的数量标准。它是控制财力耗费，评价财力耗费的节约或浪费的尺度。责任定额，是各个财政分配活动责任者，在一定时期内，所应承担的财政资财的筹集数量、财力供给中应达到的符合比例的程度，以及所必须完成的社会共同事务活动的数量与质量标准。它是评价财政分配活动效用方面的尺度。费用定额与责任定额，两者是财政效果责任制度的基础，缺一不可。在考核财政效果状况时，只有财政资财使用的节约与浪费的考核，而没有财政资财分配的质量及其所完成的共同事务的量与质的考核，就会走向单纯财政观点，这是与讲求财政效果毫无共同之处的。比如，某一政府机关，在年度内财政资财耗费节约了，但它的工作效率也随之降低更多，所承担的社会共同事务完成得很差，这决不能称之为有财政效果，只能叫浪费。反之，只讲完成共同事务的质与量，而不讲工本，不计耗费，这同样也是不能称之为有效果。只有把费用定额和责任定额两者结合起来考核，才能真正促进讲求效果。而建立财政效果责任制度，在我国尤为重要，财政分配活动至今仍然存在权责脱节、责任不明的状况，各个用钱方面在用钱之后，其效果如何，没有任何实质性责任。钱损失浪费了，或所得效果很差，可以不负任何责任，"官"照样当，工资照拿，福利待遇一文不比别人少。这种情况，极大地阻碍着财政效果的提高。所以，改革现行财政管理，建立财政效果责任制是提高财政效果的一条必由之路。

最后，要讲求理财之道。在财政分配过程中，除了注意政策，注意遵循财政分配客观规律，遵循客观数量界限，做到"取之有道而不伤民，用之有道虽寡而各方面平"之外，要防止单纯财政观点，要充分利用商品经济特点，和财政分配的特性，用活财政资财。在这方面，途径是很多的，在组织收支过程中，尽可能把支出转化成生财，把财力消耗转化为资财周转，把死钱变活钱，这是其中两条基本的途径。财政资财与生产资金不同，财政资财除了用于生产性投资部分，转化成资金之外，大部分都最终用于非生产性消费，它并没有资金运动的特性，它的耗费既不能带来新的价值，也不会周转，又怎么能够把支出转化成生财，消耗变周转呢？这是因为在商品经济下，财政分配是通过价值形式实现的，这就为财政资财使用和消耗过程，转化为周转过程，提供了物质条件。并且，财政分配过程的集聚资财、支拨资财、消耗（支用）资财三个阶段，是先后继起的，又同时并存的。财政分配过程必须先从集聚资财取得收入开始，不取得资财，就无法向各需要方面供给资财，即无从支拨资财；不进行支拨，各需要方面得不到资财，也就无从消耗或支用。财政分配过程的三个阶段，先后继起性是很明显的。可是，在一个财政年度内，国民收入并不能在一个早晨，全部创造出来，而是逐日生产出来的。因此，财政的分配过程，也是要逐日实现的，其三个阶段，也同样是逐日进行的，这就决定了财政的每一元资财，都是先后继起的经过三个阶段。但从每一个时点上看，则有的财政正在集聚中，有的正处于支拨中，有的则处于消耗之中。也就是说，财政资财分配的三个阶段，又是同时并存的。财政分配活动的这一特点，就使财政收支经常在时间上和空间上发生差异。从空间上看，往往会存在此地此时的收入形成很多，而支出发生还很少，或尚未发生；而彼地彼时却相反，支出要求已经发生很多，而收入尚未形成，或形成很少的情形。从时间上看，在同一空间内，往往会发生支出要求已发生，而收入尚未形成，或支出要求尚未发生，而收入已形成，处于暂时闲置状态等情况。这种财政收支在时间、空间上的差异存在，就给财政分配带来在时间上和空间上调剂资财的需要和可能，从而也为财政分配，把某些消耗变周转，集聚变生财，创造了可能性。因为，由于财政分配过程的三个阶段的先后继起，而又同时并存情况的存在，和由此引起的财政收支在时间、空间上的差异性存在，在没有发生赤字的情况下，就会在财政年度内，经常存在一笔没有用掉的资财，而且还会在年度之间滚存下去。如果把这种结存的适当部分，暂时垫给有收入而又投入快、产出快的需要者，在年度内就可以如期把垫支的财政资财收回来，而不耽误财政的正常用度和各项需要的满足。同时，又会因为生产事业的发展，而带来财政收入的增加，这就把财政资财的支用变成周转，把支出变成了收入。财政分配活动的这种收支之间转化，和消耗变周转的情况，在现实生活中是不乏其例的。上面讲的是财政分配活动内部的收支之间的转化，从财政分配外部进行收支之间的转化，也同样是存在的。财政采用国家信用手段进行聚财，就是一个明显的例子。用信用形式取得收入，如果用于纯消耗支出上，就会造成今日的收入，意味着明日的更大的支出，收入转化成支出。但是，如果用信用手段取得收入，用于有收入的经济事业，投入后可以增加更多的财政收入，不仅足以抵补国债的还本付息之用，而且还大大结余，这样就会使支出转化为收入。所以，在理财过程中，讲求理财之道，巧妙地运用财政分配的特点，把财政分配搞活，就可以极大地提高财政效果。

第十五章

财政效果的评价

第一节　财政资财集聚效果的表现形式和评价方法

财政资财的集聚，是财政分配过程的发端，是财政收入的形成阶段。这一阶段的基本任务，是在客观数量界限内，把一切可以动员的财力资源，如数地集聚起来，通过集聚所形成的财政收入实际数量，就是财政资财集聚活动的成果。财政资财集聚活动，如同其他经济活动一样，在取得收入的同时，也要消耗一定的社会劳动，表现为支出一定的费用。因此，在财政资财的集聚过程中，也存在着费用与效用的比较关系，即财政资金集聚过程中的劳动耗费总量 X_0 与形成的财政收入总量 S_u 之比，即：

$$\frac{X_0}{S_u} 或 \frac{S_u}{X_0}$$

但是，这种比较并不是评价财政资财集聚效果的理想指标。在这一比较中，费用量与收入量两个方面，都与财政资财集聚效果是函数关系，费用量高低与资财集聚效果成反比，财政收入多少与集聚效果成正比，就是说费用支出越少，财政收入越多，则集聚效果越高。反之，费用越大，收入越少，则集聚效果越低。事实上，财政资财集聚效果与费用消耗的收入量之间，并不完全是函数关系，也不应当完全是函数关系。在财政集聚过程中就费用而言，当然是越少越好，费用高低与财政资财集聚效果好坏是一种函数关系。而就财政收入量而言，则不是越多越好，或越少越好，收入的多少，要受客观数量界限制约。财政收入量只有在客观数量界限允许的范围内，才是正常的，超越客观限量允许的范围，或达不到客观要求的最低限度，都将给国民经济带来危害，都不能称为效果好。可见，财政收入量与财政收入效果，并不完全是函数关系。所以，评价财政资财集聚效果时，必须首先正确认识和找出财政收入的客观数量界限，把财政收入实际形成量与财政收入客观限量 K_s 相比较，这种比较可用偏离度 P_1 表示，则：

$$P_1 = \frac{S_u - K_s}{K_s}$$

然后，在这一比较的基础上，再比较费用消耗的高低，才能对财政资财集聚效果，作出正确的评价。

在实践中，经常碰到把财政收入的超收看成是财政效果的提高，这似乎和上面所说的，评价财政资财集聚效果的主张相矛盾。事实上并不矛盾。在日常理财活动中，所谓财政收入超收，是相对预算中的收入计划数而言，它和财政收入实际形成量与财政收入客观限量之间的比较，是两个不同的概念。在社会主义国家中，存在着发展国民经济的巨大潜力，预算的制定中，往往难以全面估计这些潜力，预算收入打不足的情况，是会经常发生的。通过预算执行，充分发掘增加收入的潜力，从而使财政收入实际形成量，超过了预算的计划收入量，形成了超收，这无疑是财政资财集聚效果提高的表现。当然，超收也要受客观数量界限所规定，也要以不超越客观数量界限为标准，才是真正的效果的提高。那种超越客观界限取得的超收，则不能视之为效果。

此外，财政资财集聚是要通过一定的形式或手段来实现的。不同的形式和手段，对财政资财集聚效果有着不同的作用。因为，不同形式和手段，对财政缴纳义务承担者的利益的影响并不一样。集聚的形式和手段恰当，就可以正确处理财政与缴纳义务者之间的关系，调动其培养财源的积极性。集聚形式和手段不当，不仅会影响财政收入的形成，而且会抑制缴纳义务承担者的积极性，限制财源的增长。所以，比较财政资财集聚的不同形式和手段，对财政收入量及财源的影响，也是评价财政资财集聚效果不可忽视的方面。

第二节　财政资财支拨效果的内容和评价方法

财政资财集聚起来后，还要经过向各需要方面进行分配的过程，才能有效地进入社会共同需要的满足过程，最终实现财政分配的使命。社会主义社会的共同需要，是多方面的，并且每一个方面的需要，又都存在着必须满足的客观数量界限。前面讲过，财政收入也有其客观限量，各方需要的客观限量和财政收入的客观限量，也就是供给的客观限量。由于两个限量分别由不同的因素决定着，因此，供给与需要之间就可能常常发生矛盾。财政资财的支拨过程，也就是正确处理这一矛盾的过程，如何把集聚起来的有限财力，以最优化的比例分派于各个需要方面，使各需要方面都能得到尽可能大的满足，是财政资财支拨过程的基本职责。支拨的合比例性和各项需要的全面而又最大限度地满足，这两个方面的统一，就是财政资财支拨效果的基本内容。

所谓财政资财支拨的比例性，是指向各需要方面供给财力的比例结构。不同的财力配比，或不同的财力使用结构，所能满足各方面需要的程度是不同的。从表面上看，在确定财力的配比结构时，只要以各方面的需要量及需求结构为转移，就可以达到良好的效果。实际上，财力的供给与财力的需求，不论在量上，或是在空间与时间上，都存在着不一致性和不平衡性。并且，财力支拨结构，还要受经济结构所制约，受财力的物质形态（使用价值）结构的约束，而需求方面对使用价值要求的结构，也不会完全与财力的使用价值结构完全相一致的。在财政资财的支拨过程中，只有依据财力的物质结构可能改变的范围内，寻求最佳配比，以最优的比例向需求的各个方面供给，才能使需求达到尽可能全面而又尽可能多的满足。在需要结构一定的情况下，同样数量的财力供给，其供给的配比不同，各项需要的满足程度，和需要的满足总程度，都会不同。财力配比越合理，则各项需要满足的程度就会越高，财政资财的支拨效果也就越好。下面举例说明这一情况。假设需要共有 A、B、C 三项，其各自的需要量 X 为：A 30 单位，B 50 单位，C 30 单位，而财力供给总量为 100 单位。再假设财力配比有三个方案，甲方案向 A 项需要供给 30 单位，向 B 供给 50 单位，向 C 供给 20 单位，则需要满足的程度如下：

甲方案：

	A	B	C	$\overline{M}_d$
需要量 X	30	50	30	
供给量 G	30	50	20	

| 满足程度 M_d | 100% | 100% | 66.7% | 88.9% |

乙方案：

	A	B	C	$\bar{M}_d$
需要量 X	30	50	30	
供给量 G	20	60	20	
满足程度 M_d	66.7%	120%[①]	66.7%	84.5%

丙方案对 A、B、C 三项需要按 3：4：3 供给比例支拨资财，则满足的程度如下：

丙方案：

	A	B	C	$\bar{M}_d$
需要量 X	30	50	30	
供给量 G	30	40	30	
满足程度 M_d	100%	80%	100%	93.3%

从上例可以看出，需要平均满足程度指标，不仅可以反映出各项需要满足的综合状况，而且也可以反映出财力支拨过程中，财力配比的合理程度。可见各项需要平均满足度，是评价财政资财支拨效果的一个重要尺度。其公式为：

$$\bar{M}_d = \frac{\sum m_d}{N} \times 100\%$$

根据财政分配的客观数量界限原理，各项需要的客观最低限量必须首先保证，否则就不能保证社会简单再生产的正常进行，从而破坏社会扩大再生产的合比例性。因此，在评价财政资财支拨效果中，还必须注意到这一客观界限的要求，其财力配比只有在全面满足各项需要的最低限度量的前提下，才能谈其效果。

为了更直接地观察财力配比的合理程度，还可以用财力实际配比偏离正常配比的程度指标进行评价。各项客观需要量之间的比例，构成正常需要的财力配比标准，实际财力配比的各项的数量，超出或低于客观需要的各项数量时，则都是不正常的。因为，低于正常需要量则会使各项需要得不到应有的满足，超过需要量就会造成资财的浪费，妨碍其他方面的满

---

① 超额供给属于供给上的失误，因此，超过部分在计算平均满足度时要扣除。

足，都会破坏社会再生产的正常比例。所以，财政资财的支拨所形成的财力配比偏离正常需要的财力配比时，都表现为效果不佳。反过来，其偏离度越接近于零，则效果也就越好。设各项需要量与财力实际供给量之间比为 P，则财力配比平均偏离度 $\bar{P}$ 的计算公式为：

$$\bar{P} = \frac{\sum P}{N}$$

以上是从满足需要的角度研究财政资财支拨效果的评价方法问题。下面再从财政资财的支拨对社会再生产影响的角度研究其效果评价方法问题。财政资财的支拨效果如何，不仅表现在实现其自身的使命，满足社会共同需要的程度上，它还表现在对社会再生产的有利或不利的影响上。财政资财支拨的正确，可以保障和推动社会再生产的按比例发展，提高国民经济效益。反之，就会给国民经济带来损失。因此，财政资财的支拨效果，还要从国民经济的影响方面进行评价。财政资财支拨状况对社会各个方面都有影响，包括政治的、经济的、科学文化的、人民生活等。然而，这些影响归根结底都会反映到生产上来，有的影响是直接作用于生产，有的是间接作用于生产，这种对生产的影响可能是有利的，也可能是不利的。所以，财政资财的支拨效果也从对社会经济带来的利与害方面表现出来。比如，财政在支拨资财中，忽略了城市公用设施建设的供给，或供给不足，就会造成城市公用设施紧张，满足不了生产的需要，从而带来人力的浪费和生产的困难，大大降低社会经济效益。据有关方面估算，由于长期以来在财力分配上，忽视城市的公共交通建设的需要，给国民经济造成的损失是极大的。例如，上海市由于交通不畅，造成行车速度下降，80年代比60年代货运车速，从时速30公里下降到20公里，公共交通时速由20公里下降到10公里左右，仅仅由于车速下降所造成的损失，每年就达5亿元左右。再如，北京市由于公交设施建设不足，车速下降每年损失达2亿元以上，这两个例子说明，在评价财政资财支拨效果中，要切忌片面的生产观点。过去在"左"的思想干扰下，往往是仅把财政向生产建设投资看成是生产性的，而把其他一些支出，比如科学文化、城市建设等支出，统统看成是与生产无关的、纯消费性的。在财政理论上，每当谈财政的生产性时，也仅仅从财政支出中，生产建设投资的比重来说明。这种片面的认识，也就带来了财政资财支拨上的片面性，忽视按比例地全面完成财政分配的使命。其实，只把向物质生产过程的直接投资看成是生产的，而忽视或轻视其他方面的供给，或尽力压缩其他方面的供给，来增加生产投资的供给，这并不是财政的真正生产观点，而是背离了社会主义财政的根本使命的表现。因为：（1）社会主义社会消除了剥削阶级的寄生生活的消费之后，社会的各项消费无一不是直接和间接地为生产服务的，从社会再生产的角度考察，都是必要的。（2）社会主义财政的根本使命是满足社会共同需要而进行的资财分配，而社会共同需要是多方面的，每一需要方面都是社会再生产的有机组成部分，都是物质再生产得以顺利进行的必要条件，只顾或偏重某一方面的需要，忽略或轻视其他方面的需要，都不能有效地实现财政使命。从根本上说，财政的生产性，恰恰就在于全面地满足社会共同需要。离开这一点，片面强调哪一种需要，都是生产观点不强的表现。（3）社会主义生产是社会化的生产，它与自然经济的生产不同。自然经济的生产是在一个经济单位范围内的封闭式的生产，其劳动力和劳动手段及劳动对象，不仅在一个经济单位狭小的空间中结合，而且也都基本上来源于这个狭小的空间之中。其生产成果也在同一狭小空间中消费，无须进行产品交换。劳动力的培养也是在一个经济单位范围内进行，很少需要专门的劳动力教育或单位为之服务，如此等等。从自然经济观来观察再生产，是无须生产以外的外部条件相配合的，因而除了物质生产过程的耗费，其他一切消费都是非生产性的，是越少越好，尽量减少这方面的消费，当然是合理的。社会主义生产则不同，它存在着高度的社会分工，任何一项直接的物质生产，都要有诸多的外部条件为之服务，方能顺利实现和正常进行。现代的一个专业化工厂的生产从原材料到水电运输等，都要依赖于其他方面来供给。由于它是处于城市空间之内，还要借助城市中的公共设施为之服务，比如要学校为它培养所需要的专门技能的劳动力，要靠公共交通每日把劳动力从居住地运往工厂，需要把产品从工厂运出来进行交换，又需要把原材料运进来等，缺少任何一项外部服务，它的生产就无法正常进行。这怎么能说，城市公用设施、公共交通等需要，是属纯消费性的呢？财政分配忽视这方面的供给，又怎么能说是效果好呢？所以，正确认识财政的生产性，是财政效果理论研究中必须解决的一个重要课题，否则，就不能正确认识财政效果。

把财政资财的支拨效果，放在社会再生产总过程中来考察，从财政资财的支拨状况对社会再生产的影响角度来评价，仍然要以社会共同需要平均满足度为基础。在此基础上，把由于满足需要的不同程度，给社会总经济效益带来的影响引进来观察，就可以得出正确的评价。

第三节　财政资财支用效果的内容与形式

财政资财支用过程，是社会共同需要的最终满足过程与财政资财的耗费过程的统一。这一过程主要是由执行社会共同事务的各职能部门来实现，由于各个部门从事的社会共同事务的具体性质不同，其财政资财支用的成果，也就表现出多种多样，有经济成果、政治成果、军事成果、科学成果、文化成果、教育成果等。这些不同性质的成果，其表现形式也不一样，有的表现为有形成果，有的则不能表现为有形成果，只是一种无形成果。所谓无形成果并不是无有，而是不能表现为具体实物形态的成果。比如，国防的成果则表现为国防安全度，公安成果则表现为社会的治安度等，这些是可以感受到而又没有具体的实物形体的存在，故把这类成果称为无形成果。财政资财支用成果表现形式上的这些特点，也就带来了财政资财支用效果的表现形式上的多样性。这在客观上决定了研究财政资财支用效果时，必须分类进行。财政资财的支用分类，按其为之服务的共同事务性质划分，可分为基本建设支出、科学文化卫生教育事业支出、国家行政管理支出、国防战备支出、其他支出等类。下面分别就这几类支出效果的评价方法，作些探讨。

一　基本建设支出的财政效果

财政资财用于基本建设方面，是财政分配活动，满足社会集中化积累需要的过程。财政资财通过财政分配的支拨过程，已确定了用于基本建设投资方面的资财总量，以及各需要方面的数额，但各项基建投资在各项社会集中化积累的实践过程中，如何具体使用，并没有确定，具体使用方案的确定，则是财政资财支用过程的任务。用一定数量的财政资财满足某一项社会集中化积累的需要，在实践中可以由多种办法来实现。比如，财政支拨给冶金部门50亿元资金，用来建造和购置冶金设备，满足生产100万吨生铁和钢材的需要，而冶金部门用这50亿元资金，完成100万吨生铁和钢材生产能力建造任务，可以有多种方案供选择，可以用扩建原有钢铁企业的办法来实现，也可以建一个 100 万吨生产能力的新厂，或新建几个小厂办法来实现，其他还有厂址的选择、技术的选择等。这些选择和确定的正确与否，都直接决定着基建投资效果的高低，所以，财政资财在基本建设方面的支用效果，也可以称为财政投资使用方案的效果。基本建设包括生产性和非生产性两个部分的建设。这两个部分建设差别的存在，决定了两者的效果的评价尺度上的区别，需要分别加以探讨。

（一）生产性基本建设投资效果的评价

生产性基本建设投资效果评价指标很多，从评价的实际效用观察，以下几个指标是不可忽视的。

1. 回收期指标。它是国内外评价投资效果比较普遍采用的一个指标，其计算公式为：

$$T = \frac{K}{M}$$

K 为投资总额；

M 为预计项目建成投产后的年平均收益额（税金及利润）。

如果是扩建或改建项目，在计算年平均收益额时，则不包括扩建和改建以前原固定资产总额及其提供的收益总额。

回收期指标，反映的是资金投入量与投资收益量之间比较关系。同样投入额，其收益越多，则回收期越短；收益额一定，投入额越少，则回收期越短。不同的投资方案中，其投资回收期最短的效果为最佳。

用回收期指标测算效果，简便易行，在许多情况下，都能够较好地反映出投资的效果高低，是一个较好的办法。但它也有其局限性，投资回收期快慢，只有在各项投资方案的投资额一样的条件下，所反映的投资效果高低，才是正确的。当不同方案所耗费的投资不同时，回收期长短就不一定都能正确反映投资效果的高低。有时回收期长的方案，不一定比回收期短的方案效果差。比如，建造同样生产能力的一项生产性固定资产，有两个投资方案可用，A 方案需投资 400 万元，回收期为 4 年，B 方案需投资 200 万元，回收期是 5 年，这样，两个方案从回收期的长短看，当然是 A 方案效果大于 B 方案，但如果把投资额的大小考虑进去，则不能得出 A 方案优于 B 方案的结论。因为，虽然 A 方案回收投资比 B 方案快一年，但 B 方案相对于 A 方案，一开始就节省了 200 万元，这 200 万元就可以用于其他方面投资，从宏观经济角度观察，当然是 B 方案优于 A 方案。

此外，投资效果的评价，不应当忽略资金的时间价值因素。基本建设投资往往不是一次投入的，这样，投入次数多少及投入间隔时间长短，从资金的时间价值方面衡量其效果，是不一样的。投产后年度收益是均匀，或是收益总量在年度之间分布很不平衡；以及投资需要总量上的差别、建设周期的长短等，从资金的时间价值角度来衡量这些因素，对投资效果高低影响是很大的，而这些因素的影响，用上述回收期公式计算，无法得到正确反映。为了把时间价值因素考虑进去，就要把不同时间的投入量和收益量，换算成同一时间的资金价值，然后再计算投资回收期，进行不同方案比较。

2. 资金盈利率。资金盈利率是投资总额与年平均盈利额之比。它反映的是项目建成投产后，所投入的每一单位资金年平均取得的盈利水平，每一单位投资额取得的盈利越多，则效益越好。在运用资金盈利率评价各方案的效果高低时，通常要进行两个方面的比较。一方面在各方案之间进行比较，另一方面还要把选出的最优方案的盈利率同社会平均资金盈利率进行比较。所选出的投资方案的盈利率，等于社会平均盈利率的，其效果则属中长；低于社会平均盈利率的，效果则差；高于平均盈利率的，效果则好，高得越多，效果越佳。在评价中，这两方面的比较缺一不可，没有方案之间的比较，无法选出最优方案；没有与社会平均资金盈利率比较，就不能看出方案效果的真正水平。在实践中，很可能存在如下情况，从各方案之间的比较来看，某一方案盈利率是最高的，但同社会平均盈利率比较，则其效果是低下的。遇到这种情况时，就要寻求其他新的投资方案，否则，就会给投资带来低效益。

资金盈利率与投资回收期，在评价投资效果上，具有同样的作用，但又各有所长，在使用中，可以依情况灵活选用。它们之间最大的共性，就是都根据盈利多少来评价投资效果好坏。社会主义生产目的不是为了追逐利润，而是为了满足人民的物质文化生活需要，特别是财政性投资，在某些情况下，为了保障社会再生产的合理结构和比例平衡，那些盈利少的，甚至会发生亏损的项目，只要必需，也是要投入的，这样用盈利高低来评价投资效果，是不是矛盾呢？财政必须向盈利少或不盈利的项目进行投资，这只是在特殊情况下才有必要性，往往是出于政策性需要，这种特殊需要，不能成为否定社会主义投资必须取得盈利的理由。是的，社会主义生产并不能像资本主义那样只是为了追逐利润，而是为了满足人民的物质文化生活需要而生产，最终效果应当是取得尽可能多的物质产品。可是，尽可能取得更多的盈利与此目的并不是对立的，而是一致的。在商品经济下，有无盈利是在再生产过程中是否创造出剩余产品的表现，是生产部门能否提供满足社会需要的生产成果的表现。物质产品并不能凭空创造出来，生产一定的产品，必须消耗一定的物质资料。人类社会要继续存在下去，就要不断地进行再生产，生产出来的产品，首先就要用来补偿生产过程消耗掉了的物质资料，而这部分物质资料是不能用来满足人民物质文化生活需要的。如果向生产中投入的物质资料量与产出的物质资料量一样多，用什么来满足社会需要呢？问题还不仅是这样，即使生产出来的物质资料抵补物资消耗之后，还有剩余，那还要首先扣除劳动力再生产所必需的物质资料部分，即满足生产劳动者生活需要，社会简单再生产才能维持下去。如果生产品扣除上述两项之后，没有剩余，那么，社会的其他方面需要，其他劳动者需要也就无从满足，只有足够数量的剩余产品，社会各个方面的需要才能得到必要的满足。可见，"利润也是满足社会需要的"。盈利的存在不仅是满足人民物质文化生活的需要，而且是物质再生产是否能够全面地满足社会需要的标志。因此，用盈利率评价投资效果，不仅与社会主义生产目的不相矛盾，而且可以更好地体现社会主义生产目的。

当然，用资金盈利率和投资回收期等，以盈利多少为标准的各项指标，也并不是任何情况下都能正确地对投资效果做出评价。投资效果的评价标准问题，是一个复杂问题，用任何一个单一指标，往往不能全面评价投资效果。不少同志为此曾设想利用指标体系来评价投资效果，并设计出各种指标体系。利用指标体系评价投资效果，从理论上说是比一个指标，即使像利润率这样最综合性指标，也具有更全面性的优点。可是，在实践中要复杂得多。首先碰到的问题，就是在现实生活中，很少存在一个指标体系中的各项指标，在同一投资方案中都表现为优的状况，往往是参差不齐，这就造成比较上的困难，难以分清各方案的优劣。最后只好偏重于某项指标，以某一指标的高低来取舍，其他指标只作参考，结果又必然地回到采用最综合的单一指标上来。所以，用一个综合指标评价投资效果，是迄今为止所知道的各种办法中，较为简便而又有效的一个办法。

评价投资方案的效果，只是评价基本建设投资效果的一个侧面。投资方案效果好，并不等于投资使用的最终效果好。最终效果高低，还决定于实施基本建设投资方案中资金的具体耗用状况的好坏。如果在投资方案的实施中，即具体的施工过程中，建设资金耗用方面浪费很大，原来计划的投资方案效果再好，最终也不会变为现实。因此，对基本建设投资效果还必须从投资方案实施过程中的投资耗费方面进行评价。多年来在我国的基本建设投资过程中，有些计划项目的投资方案和工程概算，都是效果颇佳，但在完工之后，却是投资耗费大大超出概算，有的甚至超出概算的几倍，这是与只注重投资前的效果预测和投资方案效果的评价，而忽略投资完毕实际投资耗用效果的评价有直接关系。当然，在财政计划和监督中，也不是对投资效果没有任何考核，而只是对工程进度、完工量等考核，但这实际并不是对投资耗用效果的考核和评价。既然生产性基建投资是固定资产的再生产，那么，基建投资实际耗用效果，就应当同其他生产一样，也是费用与成果之比较，具体表现为固定资产的生产建造成本。固定资产生产建造成本是指生产性固定资产建造过程中，实际发生的全部费用，包括建筑安装工程费、设备及工具器具购置费、各项管理费及其他各项费用。在评价基本建设投资实际耗用量的财政效果中，可以将实际的固定资产建造成本与概算成本相比较，计算成本节约额，或成本节约率指标；也可以将实际投资总量与形成的固定资产生产能力相比较，计算单位生产能力投资量，如单位建筑面积投资额、公里铁路投资额、吨煤开采能力投资额等指标就是这类指标。

（二）非生产性基本建设投资效果的评价

非生产性基建投资效果评价，同生产性投资效果评价的基本原理一样。所不同的是，由于非生产性基建投资项目，在建成投产后，并不生产物质产品，也不创造价值，它是直接用于消费的。因此，在评价中，其效用方面不能用盈利等指标表示和衡量，只能以建成后使用的效能状况来表示。在评价实施投资方案中的资财消费效果方面，可采用资财消耗量与形成的固定财产质与量相比较的办法。资财消耗越少，形成的固定财产质与量越高，则效果就越大。在比较各投资方案优劣中，可采用投资耗用量与所形成的固定财产的使用效能高低相比较的办法。固定财产质与量的好坏和多少，与固定财产的使用效能是既有联系又有区别的两个不同概念。前者就财产本身性能而言，后者是就财产的实际使用效能，以及使用中可能带来的劳动损失与节约而言，比如，建设一座剧院，花费了多少投资，剧院本身建造的质量及可容纳观众数量等，就属于投资耗费效果的问题，而剧院建成投入使用后，实际发挥其作用的状况，则与建造的质量不同，一座剧院可以是全优工程，建造质量很好，但由于在选择建造方案时，地点选择不当，选在远离居民集聚区而且交通又不方便的地段，就会造成利用率不高，影响上座率，使剧院使用效能减低。再比如，住宅建设中，一栋住宅的建设质量可能是全优的，资金消耗也是节约的，从投资使用效果方面看是好的，但是可能由于投资方案确定得不好，建筑标准过低，缺少必要的设备，而给居住使用上带来许多不方便和居住者时间上的浪费，这就是固定财产使用效能不高的表现。所以，在评价非生产性基建投资效果中，必须把形成固定财产的质量状况，与固定财产投入使用后的使用效能结合起来，以两个方面效益的统一为标准，才能得出正确的结论。

二　科学文化教育卫生事业支出的财政效果

科学文化教育卫生事业方面的支出，简称为文教事业，这方面的费用包括两大方面：一方面是基本建设支出，即修建试验室、大型科研设施、教学用建筑、剧场、医院等方面开支；一方面是事业费，即支付科学、教育、文化、卫生部门职工工资，公务费、业务费和购置费等项开支。基本建设支出的财政效果，如上所述，这里不再重复，这里仅就事业费支出的效果作些分析。文教事业费支出，作为财政资财支用过程的组成部分，其效果同样是资财耗用量与取得的业务成果之比较。财政资财的实际耗用量，从具体内容或数量上看，都很明白，也好计量，问题是业务成果的计量问题，由于文教事业的各个方面，不仅内容各不相同，各有其自己的运动规律，而且其成果也是各不相同的。比如，文教事业中的出版事业，它的成果表现为书籍刊物的数量和质量，文艺事业成果则表现为歌舞、戏剧电影、电视片的数量和质量等，而教育事业的成果，则表现为培养出学生的质与量，全民族文化水平提高的状况等，科研事业的成果，则表现为社会科学和自然科学的各种发明、发现和创见等。显然，文教事业费支出成果的各个方面是缺少通约性的，不能相加，只能根据各事业方面的成果特性及特殊内容，分别寻求其特殊的计量方法，对其效果进行评价。

（一）科学事业费支用的财政效果

科学事业发展规模的大小和速度的快慢，一方面决定于国家可能向科研事业提供经费的多少；一方面又决定于科研事业费使用效果的高低。党的十一届三中全会以来，鉴于"文化大革命"中对科学事业的破坏和迅速发展我国生产力的客观需要，在财力上作了极大的努力，向科学事业提供了尽可能多的经费。但比起一些经济发达的国家，我国财政用于科学事业方面的经费，还是少得多。发达国家的科学事业费大约占国民收入的3%—4%，而我国只占2%。如果从绝对量上比较，差距就更大，今后还必须努力提高科研经费的供给水平。然而，科研事业费的提高，在短期内还是很有限的。因为，我国的生产力水平还不能很快达到经济发达国家的水平，在生产力水平的制约下，我国的国民收入水平，在一个相当时期内不会很高，可能供给科学事业的费用总是有限的。所以，尽可能地提高科研事业费支出效果，就尤为重要。

讲求科研事业费支用效果，从根本上说，就是如何用最少的费用支出，取得更多更好的科研成果问题。这种费用与成果的比较关系，就是科研事业费支用效果的一般内容。在评价效果中，费用可以从财务核算的材料中直接取得，而科研成果的计量则要复杂得多。科研成果主要表现在科研项目的实施或科研课题的解决上，似乎可以直接以课题研究结果来计量。但实践证明，由于科研项目或课题本身有大有小、有难有易，加之，由于科研项目的性质不同，因而各个科研项目所需的手段和费用量差别也极大，并且，科研是一种创造性活动，它的成果，大多是单项一次性成果，很少重复，因而各项科研成果之间缺少通约性，既不能在量上加总又不好比较，所以，很难按科研成果的数量，直接计算科研费用支用效果。有的同志提出，科研成果最终都将转化为生产力的提高，可以用科研成果转化为生产力后带来的剩余产品量来计量。这是一个值得重视的思路，从发展国民经济，提高生产力角度来探讨科研经费支用效果，无疑有利于提高对科研事业意义的认识，利于重视发展科学事业。但是，这种办法很难正确解决科研成果的计量问题。

其一，这种计算办法过于迂回，在剩余产品的计量上，很难分清哪些应当算，哪些不应当算。不论就科研成果的综合计算，或就一个单项成果的计算，都是如此。科研成果转化为生产力后，所带来的剩余产品量的增加，在许多情况下，它的作用范围是呈逐步扩散状态，特别是基础科学的研究成果，一个定理的发现，一个物理规律的认识，它并不会直接转化为生产力。这中间还要经过一系列环节，诸如，要经过应用性科学研究和中间实验等，方能转化为现实的生产力。那么，对定理发现或规律的认识，这一成果应当给予多少剩余产品的计量，就很难确定。并且，一个定理或一个规律发现后，往往又可以应用到许多领域，带动生产领域的许多方面劳动生产率的提高。比如，从蒸汽机发明后，引起了整个产业革命。到19世纪下半叶，发明了电，又开始了新的产业革命。电的应用所引起的生产力提高，所波及的范围是无法计量的。电子计算机出现后，所引起的当代技术革命，正推动当代生产力的大幅度提高。显然，电及电子计算机的发明效果是无法用其带来多少剩余产品进行评价的。

其二，科研成果用于生产带来的经济效果和科研费用的直接效果，是两个不同的范畴，不能混淆。科研成果转化为生产力后的效果，是科研成果对社会再生产所产生的效用。上面所说的情况就是指这种效用而言。而科研经费支用效果是指运用一定的经费取得多少科研成果，或完成一定科研成果耗费了多少科研经费。因此，寻求科研事业费支用效果的计量方法，必须划清上述两个效果的界限，否则就会在效果的研究上出现混乱。科研成果的计量问题，只能就科研成果本身的价值量计算，即以科研成本费用 K 与科研成果的价值量 G，进行比较，表示为：$\frac{G}{K}$ 或 $\frac{K}{G}$。费用越低，价值量越大，则效果越好。科研成果的价值，如同物质产品一样，也是人类劳动的凝结，只不过它是复杂劳动的产品，需要折算成若干倍简单劳动量。科研成果的价值量同科研成果用于生产所造成的剩余产品量的增加，这是两个不同量，并不是一回事。例如，企业采用一项新的技术装备，提高了劳动生产率，从而增加了剩余产品量，这新增加的剩余产品量，并不是新技术装备的价值量。有的同志认为，科研事业是非生产性的，它并不创造价值。就直接的物质产品的生产而言，说它是非生产性的，当然有道理，但是，从社会的再生产角度考察，科学事业又具有生产性。科学事业是社会再生产发展的不可缺少的组成部分，是社会经济发展的重要因素，人类社会生产每前进一步，都和科学技术的进步密切相关，特别是近代社会的生产发展，对科技的依赖性更为明显。有人估计，一些经济发达的资本主义国家，其生产率提高中靠采用新的科技成果的部分，约占 70%。可以说，没有科学的发展，和众多的成果，也就没有现代化经济的发展。从这个意义上说，科学事业也具有生产性。社会主义社会的各项科学事业都是直接和间接地为生产服务的。社会再生产是物质产品再生产和劳动力再生产的统一，也是生产关系再生产和上层建筑再生产的统一，科学事业是为这两个再生产服务的，所以，没有科学事业，社会再生产就无法顺利发展。

社会科学事业费支出的财政效果，由于社会科学研究成果不同于自然科学，其评价要有自己的特点。自然科学绝大多数成果是有形的成果，而社会科学成果则不然。社会科学研究成果就其本身说，它是一种流动状态的精神产品，这种成果必须借助其他一些有形的劳动成果作为载体，才能呈现出有形状态。比如，一项理论观点的形成，是保存在研究者的头脑之中，只有通过一定形式的宣传媒介，如报刊、图书等形式，研究者头脑中的研究成果才呈现出有形的成果。但必须注意，印刷品是印刷厂工人的劳动产品，并不是社会科学研究成果本身，它只是科研成果赖以表现的形式。正因为文字印刷是成果的载体，所以人们常常把社会科学研究成果按字数来计量，以多少千字来表达。应当说，这种计量局限性很大，只是一种间接的计量办法，它不能正确反映成果的质量，五个字的科研成果的质量，不一定比一万字的成果质量差，甚至要高得多，这是在实践中常见的现象。所以，社会科学研究成果的具体计量问题，是一个有待进一步研究解决的课题。

（二）教育事业费支用的财政效果

教育事业是提高全民族的文化水平，提高劳动者的智能，培养现代化大生产的劳动力所必需，也是用马克思主义、共产主义思想道德和人类社会积累起来的科学知识，造就德智体全面发展的一代新人所必需。因此，财政必须在财力可能的范围内，给予教育事业尽可能多的经费，以保障社会经济发展对教育事业的需要。但是，教育事业发展的快慢，不仅取决于教育经费的多少，也取决于教育经费使用效果的高低，特别是在我国财力不够充裕的情况下，讲求教育经费使用效果，就更加具有迫切意义。

评价教育经费使用效果的关键，在于正确计量教育事业的成果。有的同志认为，教育经费是一种智力投资，这一投资可以提高社会经济效益，教育成果应当以社会因教育投资而增加的收益为计量依据，具体计量时，可以用毕业学生就业后工资收入量来计算，即用教育费用量与学生就业后的工资收入进行比较。教育对发展社会经济有着重要作用。据估计，在一些经济发达的国家中，其国民收入增长额中有百分之三十左右，是靠发展教育取得的。从这个意义上说，教育的确可以看成是一种智力投资。既然是一种投资，就会带来收入，那么，这种收入的计量，间接地以培养出的人才增加的工资收入为依据，也不失为一种办法。但是，在社会主义社会中却很难应用。因为：（1）我们的工资制度中，虽然对受教育程度不同的劳动者，规定有不同等级的工资额，但这种差额，并不是根据教育投资多少而定。并且是所有的学生，就业后都是一个标准，所以，用毕业生工资收入来比较，不仅不能表现出效果的差别，甚至会造成假象。（2）学生到工作岗位后，经过一段时间，他们个人之间的收入，会有差别，但这个差别，并不一定是由原教育效果高低造成的。因为，学生在校所学到的知识，只是一种潜在的生产力，而这种潜在的生产力，在学生进入工作岗位后，能否得到充分发挥，还要靠一定的条件和学生自己的努力。从实践中很难证明，在校是优秀生，到工作岗位后，也一定是优秀的工作者。所以，即使学生工作后，工资收入不一样，也不能间接说明教育投资的效果，更不能评价不同学校或教育单位的经费支用的财政效果。（3）我国工资制中包括有地区差别，不同工资地区类别，其工资额不同。这样，各年大学生毕业后，就业的地区结构不同，不论个人或社会总体看其工资收入，都会不同。如果毕业生大部分都分配到高工资类别地区就业，每个人的工资收入额就高，全社会的工资总额也高，表现在教育事业费的财政效果，也就会高。反之，如果毕业生大部分分配到低工资类别地区就业，不仅个人工资收入低，从全社会看工资收入额也低，教育事业费的财政效果就低。显然，这种工资的高低是和教育事业费效果高低无关的。（4）资本主义社会，人们进行智力投资的直接目的，是为了增加个人收入，而社会主义教育是为了提高全民族的文化水平，是为了向社会提供高智能的人才，为了提高社会生产力，并不是为了增加受教育者的收入。尽管我们对多受教育者和智能高的人才也给以相应多的收入，但这并不是我们办教育的目的，这只是为了贯彻按劳分配原则，为了鼓励人民积极提高文化水平，培养现代生产所需要的劳动力。仅就这些说来，在我国现实情况下，也不是用学生毕业后工资收入多少所能反映出来的。

根据上面分析，教育事业费使用的财政效果，应该直接从教育成果中去寻找计量标准。教育成果就是培养出具有一定知识的人才，这是教育的最终产品，评价教育事业费支用效果中，只能是将费用量 F_g 与这个最终产品量 W，即培养出合格的学生量相比较，即 $\dfrac{F_g}{W}$ 或 $\dfrac{W}{F_g}$。

各个时期内，国家需要的劳动力的种类和各类需要的多少，是有客观规定性的，教育投资所培养出的学生，只有符合客观需要的种类和数量，才是有效的。在评价教育事业费财政效果时，必须把这一因素考虑进来。因此，对上述公式还要用培养出的学生种类和数量符合社会需要的系数，加以调整，设 T 为系数，则其公式为：

$$\dfrac{WT}{F_g} \text{或} \dfrac{F_g}{WT}$$

调整后的公式，不仅可以从质与量两个方面统一的角度，评价教育事业费支用效果，而且可以完全排除掉非教育形成的效果，即学生毕业后自我努力所形成的智能和技能提高带来的效果，使教育费支用效果的评价更真实。

（三）卫生事业费支用的财政效果

关于财政的卫生事业费支用的效果，迄今没有引起理论研究者的注意。近几年来，虽然有一些财政学者和财政实际工作者注意了减少公费医疗方面的浪费现象的研究，但也仍然是从如何加强管理角度出发，而不是财政效果的分析和评价方面的研究。

我国的经济还正处于发展之中，财力很有限，能用于发展卫生事业的经费更是有限，加之，我国又是一个人口众多的大国，卫生保健需要量很大，这是一个很大的矛盾。认真地讲求财政效果，更好地运用这有限的卫生经费，更多地满足人民卫生保健的需要，是解决这一矛盾的根本途径。因此，研究卫生事业费支出效果，促进卫生事业发展，是财政理论研究的一项不可忽视的课题。

卫生事业费主要是用来举办医院、防治、防疫、保健等机构和公费医疗及扶持农村医疗事业的发展需要。因此，卫生事业经费支出的直接成果，主要是表现在医疗防治能力的增加和医疗保健质量提高的程度上。前者具体表现为住院治疗容纳量和门诊容纳量的增长状况两个成果；后者具体表现为医疗效果的提高上，表现为治愈出院率，住院病员死亡率，门诊人均复诊次数和误诊率。在经费一定的情况下，住院容量和门诊容量增加越多，而又治愈出院率高，门诊人均复诊率低，误诊率低，则效果就越大。因此，卫生事业费支出效果，大体上可以用以下几个指标来表示和评价。

1. 万元费用形成住院治疗病员容纳量指标。这一指标有两种表示方法，一种是以卫生事业费支出总额 F_w 与形成病床张数 B_n 比较，即 $\frac{B_n}{F_w}$ 或 $\frac{F_w}{B_n}$ ；一种是以费用总额与年实际容纳病员人数 B_i 比较，公式是 $\frac{B_i}{F_w}$ 或者 $\frac{F_w}{B_i}$ 。

2. 万元费用形成门诊治疗病员容量指标。这一指标，可用两种方式表示，一是用万元费用与门诊医生人数比较，一是用万元费用与门诊病员人数比较。这两个指标各有长处，前一计算方法，不仅可以反映费用在提高门诊容量方面的效果，还可以间接反映人员结构合理化的程度。但医生多，并不等于实际可以增加门诊量，门诊实际容纳多少病员，还有医护人员工作效果，以及物质设施条件等因素制约。因此，在应用万元费用与门诊医生人数比较指标时，还必须辅之以其他指标。后一计算方法可以克服前一指标反映不了医护人员工作效果的缺点，但也同样反映不出其他条件对门诊容量的制约作用，也必须配合其他指标使用。

以上万元费用形成住院病员容纳量和万元费用形成门诊容量两个指标，是评价各个卫生单位、各地区卫生事业费支用效果的基础指标。因为，卫生事业费的基本用途，是为了保持和增加对人民医疗保健的能力，如果卫生事业费逐年增加，而增加不了医疗保健能力，人民住院、就医越来越困难，这就谈不到卫生事业费使用效果好，更不能说是效果提高了。以上两个指标，虽然是基础指标，但它并不能全面反映卫生事业费的使用效果，它反映的是效果的数量方面，反映不了效果的质量方面。社会主义医疗事业，归根结底是为了提高人民的健康水平。足够的住院和门诊容量，是人民就医的重要物质保障。但仅有这个条件还不够，如果医疗质量不高，治不好病，同样达不到发展卫生事业的目的，也谈不上效果。因此，对卫生事业费的使用效果，还必须从质的方面进行分析和评价。卫生事业费使用效果的质量，主要表现在病人治疗效果和服务水平上，诸如，病人痊愈出院率和住院死亡率及医疗事故率、门诊病人复诊率、门诊病人平均复诊次数及误诊率等指标，则是评价效果的主要指标。但这些指标状况并不完全决定于卫生事业费使用状况，还决定于医疗单位的工作状况，而医疗单位的工作状况并不直接反映卫生事业费使用效果，因此，必须把这些指标同两项基本指标结合起来，才能成为评价卫生事业费使用效果的质量指标。

三　行政管理费支用的财政效果

行政管理费是国家财政用来维持国家权力机关和行政机关活动的开支。它是巩固人民民主专政，领导和组织国民经济和管理社会所必需的费用。就直接的物质生产而言，行政管理费支出，是纯消费性支出，它既不创造物质财富，也不创造精神产品，所以，在行政管理费用支出方面，我们国家历来是遵循精简节约原则，把行政管理费控制在尽可能低的水平上，这表现在我国的行政管理费占财政总支出量的比重，总的来看是呈下降趋势。当然，行政管理费也是维持社会再生产正常进行所必需，最低限度的费用支出是不可少的。并不是说行政管理费越少越好，只有在保障行政管理有效运行所必需的最低限度的费用供给的前提下，厉行节约才是真正的节约，才能谈得上行政经费支用的财政效果，压缩不应当压缩的必要费用所达到的效果，并不是真正的财政效果。

评价和计算行政经费支用效果问题，在财政理论研究中，至今只是提出问题，要在理论上补上这一空白，还有待各方面努力。本书也只能是作一点极粗略的探索。

行政管理费从总体上看有共同性，但就各项支出的具体内容来考察，又各有不同，有的和社会经济关系直接些，有的和社会行政关系直接些。因此，按内容划分，又可分为两大类：一类支出是社会经济管理的费用；一类支出是社会行政管理的费用。这两类支出取得的成果不同。前一类支出，可以加强国民经济管理，促进国民经济发展和经济效益的提高；后一类支出，可以巩固人民民主专政政权，加强社会秩序和社会生产及人民生活的安全。因此，前一类费用支出的财政效果，它表现为国民经济效益的提高，仍然可以像生产性费用一样，通过费用与国民经济效益的比较来评价。后一类费用支出的财政效果，则表现为社会生产和生活的秩序及安全程度的提高，原则上可以通过费用与秩序度和安全度的比较来评价。问题在于秩序及安全程度是属于无形成果，它只有从社会总体上观察才能看到，而某一单位的费用支出效果如何，就无法直接用社会安全度和秩序度来衡量，必须借助一些其他具体形式来表现。比如，负责交通行政管理部门的费用支出的成果，则要以交通事故率等指标，才能表达出该部门对社会秩序和安全度的贡献程度。再比如，公安机关的费用支出的成果，则要以刑事案件发案率、破案率等指标表示出来，如此等等。因此，在具体评价和核算行政管理费支出财政效果时，必须因各个行政管理部门的具体职能性质的不同，而运用不同指标进行计量和评价。

四　国防事业费支用的财政效果

讲求国防事业费支用的财政效果，是充分利用有限的国防经费，加快国防现代化建设的一项重要措施。在国防建设中，我国一贯坚持自力更生、勤俭建军的方针，多年来在提高国防事业费的支用效果方面，已作出了巨大成绩。可是在财政理论研究方面，只是近几年才开始起步，处于理论落后于实际的状况。总结我国的国防建设中讲求财政效果的经验，加强军事费用支出财政效果的研究，无疑是财政理论研究所面临的一个亟待解决的重大课题。

国防事业费是一种军事支出，似乎不能讲求财政效果。其实不然，国防消费是为了保卫国家的安全而用于军事防务以及和军事有关的一切耗费，它包括两大方面的消费：一方面是军用品生产的耗费；一方面是军队活动的耗费。军用品生产的耗费，它与民用品生产耗费有着共同性，它的生产也要耗费一定的物化劳动和活劳动，也生产出一定的具有使用价值的产品，在可耗费的劳动总量一定的条件下，每生产一个单位的产品，所耗费的劳动量越少，则可以生产出更多的物质产品。或者，在产品产量一定的条件下，就可以节省出劳动用于其他方面的生产。因此，军用品生产过程中，讲求费用的节省，讲求效果是完全必要的。当然，军用品生产中的费用消耗又与民用品生产中的消耗有所不同，军用品生产耗费的结果，所生产出的产品是用于满足国家军事活动的需要，是为了在平时增强国家防卫的能力，在战时为战斗胜利创造物质基础。这种为了国家安全和战争胜利而生产的产品，只要有需要就应当不计耗费地生产出来，这是毫无疑义的。因为，保障国家安全和战斗的胜利，是军事消耗的最大效果。但是，这并不能因此而否定军事生产讲求财政效果必要性。在一定时期内，国家财政能供给国防生产的财力总是有限的，合理而有效地运用这有限的财力，生产出更多更好的军用产品，就可以向军队和国防工程，提供更多更好的技术装备，达到国家安全方面的最佳参数。如果不讲求效果，浪费很大，就会降低军用品的生产量，从而削弱军队和国防工程需要的满足程度，也就会降低国家安全的保障程度。所以，讲求军费消耗的效果，是与充分保障国防安全和战斗胜利不但不矛盾，相反是完全一致的，是增强国家防卫力量，保障战斗胜利的重要手段。

军队活动的消耗，在客观上同样也要讲求效果。军队是执行政治任务的武装集团，它的功能在于保卫国家安全，必要时进行战争并取得胜利。军队活动的消耗，是一种特殊消耗，是非生产性消费，似乎是无财政效果可言。事实上并不是这样。第一，在军队活动中讲求财力消耗的效果，不仅可以充分发挥每一元军费的作用，收到少花钱多办事、充裕军事活动经费的效果，还在于讲求效果就可以实现完成同样的军事活动而节省消费，从而可以把节省下的钱，用于生产事业，壮大国民经济实力，反转来为充实军事消费提供更强大的物质后盾，因此，讲求军队活动的费用消耗效果，对加快国防现代化进程，增强国家防卫能力是完全必要的。第二，讲求军事活动消费效果，就意味着要把军费在各个需要方面合理分配，使执行国防任务的各军事部门，诸军兵种达到最优比例，这对保障军队效能是完全必需的。第三，军队活动是军事问题，但军力也是经济力的表现，军力要靠经济力来维持，军力本身也是一个经济问题，在客观上也就存在军力成果与经济力耗费之间的比较问题。

综上所述，国防事业费支用中，存在两个方面的财力使用效果问题，一是军队活动或军事活动要讲求以最少的财力耗费，取得最大的军事成果；一是军事经济工作，或称军事生产性活动，如军工生产等，要讲求用最少的劳动占用和劳动消耗，取得最多最好的军需产品。本书只就前一效果进行研究，后一效果从根本上说，基本上和生产经营的经济效果研究的内容是一致的，这方面专门论著很多，本书不再赘述。

军队活动的军费支用财政效果，虽然也可以用费用与效用之间比较来概括，但它的具体表现形式，由于要受军事活动特性所制约，必然具有许多特点。军队是一个庞大复杂的武装系统，同时又是一个庞大而复杂的经济力消耗系统，因此，军队活动包括军事、武装活动和经济活动双重性格，要受经济规律和军事规律双重制约。军队活动的这一特点，就决定了军费的使用效果，不同于财政的其他支用效果，它必然在表现形式上和具体评价上，具有军事特征。首先，在消费所取得的成果的表现形式上，平时则表现为战斗能力的储备和战斗力的育成的质和量。自古以来，都是"养兵千日，用兵一时"。军队的效用在于"千日"集聚，用于"一时"，没有"千日之聚"，就无法满足"一时之用"，平时的军力的储备，战斗劳动力的育成，就是军事费用支用的成果。在战时，军费的支用成果，则表现为保卫国家安全，战斗的胜利。所以，军事活动的财力耗费成果，都是一种无形的劳务，是不能用价值或使用价值来计量的。其次，在军费消耗形式上，则表现为战斗力储备及战斗劳动力育成的物质供给，或武装战斗中物质耗费，它不仅不生产任何产品，还要不断消耗物质产品和活劳动。在战时，除物质产品和活劳动的耗费外，劳动力的耗费，还表现为流血牺牲，人的生命的耗费，是劳动和劳动力同时消耗，这更是无从用价值或使用价值来计量的。军事费用消耗和成果的这些特点，决定着军费支用的效果的具体表现形式的特点。军事活动在平时既然是战斗力的储备和育成，原则上讲，军费支用效果则应表现为军费消耗量与战斗力之比较。战斗力虽然表现为多方面的内容，但归根结底是通过具有一定战斗技能和战斗器械装备起来的人，即武装起来的战斗劳动力表现出来。具体的可以通过如下一些指标进行评价：

（一）费用量与形成和储备战斗力量相比较。这里的费用量是指培养和储备具有一定战斗技能的战斗劳动力的耗费。费用量与战斗力量比较，前者越省则表现效果越大，但后者却不能是越多效果越好，这是研究军费支用效果中的一个特殊问题。在和平时期储备兵员并不是越多越好。因为，在和平时期如果储备战斗力过多，不仅会过多损失生产性劳动力，而且还要过多消耗国民收入，这会削弱国家经济建设的实力，到头来不利于军力的充实和国防现代化。当然，也不是储备越少越好，而是要适当。所以，平时战斗力储备和育成，只能是在客观的最高限量与最低限量之间，维持一个最合理水平，才能保证国防现代化和战斗力储备量的最优化的实现。平时战斗力储备这一特点，决定了费用与形成战斗力之间的比较，只能是用每单位战斗力所费财力量指标来计算：

$$单位战斗力平均费用量 = \frac{费用总值}{战斗劳动力量}$$

（二）每一战斗力得到的技术装备程度指标，即战斗劳动力总量与综合装备总量之比，可称之为战斗力装备率。

$$战斗力装备率 = \frac{综合装备量}{战斗劳动力量}$$

评价军事用费支用效果，绝不能用单纯的经济观点来考察，节约费用并不等于军事支出效益好。战斗力不是随便任何一种战斗力，而是指在特定的历史条件下，能够履行各种复杂战斗使命的战斗力，只有在技术装备程度达到这一要求的前提下的节约，才是真正有效的节约，而现代化的战争中，除了战斗员自身因素之外，兵器装备水平就更加具有重要意义。因此，单位战斗力平均费用量指标，只有同战斗力装备率结合起来观察，才有实际意义。

军队的装备，在现代战争中它包括一系列兵器、器械和设备，而这些物件之间，在特定的历史时期内和技术水平下，客观上存在着一定的比例要求。各种兵器、器械及其他装备之间要比例协调，才能更加有效地发挥战斗作用。同时，战斗劳动力的种类也要协调，即各军兵种之间要符合客观要求的比例，否则也会妨碍军队战斗力的充分发挥。此外，不仅要战斗力种类之间协调，兵器装备之间协调，而且还要人和物之间结构比例协调，只有这三者统一协调，才能使整个军队成为一个有效的战斗力系统。因此，军事活动的军费支用效果的评价，除采用前述两个指标外，还要结合以下三个指标来实施。即：

a. 战斗员种类按比例情况，即各军兵种之间比例结构合理情况，可简称为兵种结构合理率，可以用实际比例结构与客观需要比例结构进行比较，计算其偏离率或偏离度。

b. 各类装备之间结构按比例情况，可称之为装备结构合理率，可以用实际形成的结构比例，与客观需要的比例结构进行比较，计算其偏离度。

　　c. 人员结构与装备结构协调度。其计算办法与前两个相同。

　　这三个指标加上前述两个指标，分别从不同侧面反映了战斗力构成的各项基本因素，把这五个指标综合起来进行核算比较，就可以大体上对军费耗用效果进行粗略评价。

　　上述五个指标所反映的各项因素，并不是一个固定数，人员的技能或装备都要随着国防现代化的发展而不断提高，从而也就必然带来军费消耗的增加。因此，在评价军事费用支用效果中，如果进行历史的比较，必须把随军事技术进步造成的费用的正常增加扣除掉，这可用正常增长系数，进行调整等办法实施，否则，会得出效果降低的不正确结论。

后 记

党的十一届三中全会以来，为了适应经济改革和四化建设的需要，作者对社会主义财政理论进行了再探索，并在定性和定量分析的统一中对揭示财政规律方面作了一些新的尝试。这本书就是这些探索和尝试的初步成果。

这是一部理论财政学专著，它的任务只是在财政基本理论方面提出一些与传统观点不同的认识和论证，提供一个以马克思主义唯物史观为理论基础，以社会共同事务需要为主线建立财政理论新体系的框架。严格来说，它并不是一个完整的财政理论新体系。由于财政理论的复杂性，要形成一个确实能够站得住脚的新的财政理论体系，还需要在持赞同意见的同志和持不赞同意见的同志帮助之下，进行长期不懈的努力。现在不避粗陋，把它拿出来奉献给读者，不过是期望它的出版，或许对建立具有中国特色的理论财政学，对我国的经济改革有些裨益，同时也是为了借此以取得老前辈、同行及广大读者的帮助。

由于作者的实际知识和理论水平有限，书中所发议论，缺点和谬误在所难免，希望同志们批评指正。

在本书的写作和出版过程中，得到许多同志的关怀和帮助。孙蕴素同志承担了资料搜集整理和书稿抄写工作。有关考古、民族历史及军事经济等方面的专家给予了热情的指教，朱家祯同志提供了有关参考材料。在此一并表示衷心的谢意！

1986 年 6 月

中国社会科学出版社
"社科学术文库"已出版书目

冯昭奎：《21世纪的日本：战略的贫困》，2013年8月出版。

张季风：《日本国土综合开发论》，2013年8月出版。

李新烽：《非凡洲游》，2013年9月出版。

李新烽：《非洲踏寻郑和路》，2013年9月出版。

韩延龙、常兆儒编：《革命根据地法制文献选编》，2013年10月出版。

田雪原：《大国之难：20世纪中国人口问题宏观》，2013年11月出版。

中国社会科学院科研局编：《中国社会科学院学术大师治学录》，2013年
　12月出版。

李汉林：《中国单位社会：议论、思考与研究》，2014年1月出版。

李培林：《村落的终结：羊城村的故事》，2014年5月出版。

孙伟平：《伦理学之后》，2014年6月出版。

管彦波：《中国西南民族社会生活史》，2014年9月出版。

敏泽：《中国美学思想史》，2014年9月出版。

孙晶：《印度吠檀多不二论哲学》，2014年9月出版。

蒋寅主编：《王渔洋事迹征略》，2014年9月出版。

中国社会科学院财经战略研究院：《科学发展观：引领中国财政政策新思
　路》，2015年1月出版。

李细珠：《张之洞与清末新政研究》，2015年3月出版。

王家福主编、梁慧星副主编：《民法债权》，2015年3月出版。

何振一：《理论财政学》，2015年6月出版。